Pasteur Sawadogo P. Levi

Le Réveil Des Elus Pour La Mission Dans Les Derniers Temps

Pasteur Sawadogo P. Levi

Le Réveil Des Elus Pour La Mission Dans Les Derniers Temps

Éditions Croix du Salut

Imprint

Any brand names and product names mentioned in this book are subject to trademark, brand or patent protection and are trademarks or registered trademarks of their respective holders. The use of brand names, product names, common names, trade names, product descriptions etc. even without a particular marking in this work is in no way to be construed to mean that such names may be regarded as unrestricted in respect of trademark and brand protection legislation and could thus be used by anyone.

Cover image: www.ingimage.com

Publisher:
Éditions Croix du Salut
is a trademark of
Dodo Books Indian Ocean Ltd. and OmniScriptum S.R.L publishing group

120 High Road, East Finchley, London, N2 9ED, United Kingdom
Str. Armeneasca 28/1, office 1, Chisinau MD-2012, Republic of Moldova, Europe
Printed at: see last page
ISBN: 978-620-6-16988-8

Le Réveil Des Elus Pour La Mission
Dans Les Derniers Temps

Le Réveil Des Elus Pour La Mission Dans Les Derniers Temps

PASTEUR SAWADOGO P. LEVI

Édition originale publiée en langue française sous le titre :
Le Réveil Des Elus Pour La Mission Dans Les Derniers Temps
Par Pasteur SAWADOGO P. Levi

P. E : 2144, Bamako
Courriel : levisawadogo@hotmail.com
Bamako (Mali)
Tous droits réservés.

Table des Matières

AVANT-PROPOS

Jésus était au sérieux dans son ministère. Lisez Jean 20 :19-23 et Actes 1 :6. Celui qui reçoit l'appel de Dieu doit travailler sérieusement comme Jésus. Dans Jean 20 :21-22, Jésus donna à ses disciples le Saint-Esprit et les envoya comme le Père lui a envoyé.

Avant d'être à Christ, je servais les idoles, car je suis né dans une famille idolâtre. En 1969, je suis parti en Côte d'Ivoire, j'ai été converti à Christ là-bas en 1971 dans la ville de Sinfra, et j'ai été baptisé en 1972. Je reçus l'appel de Dieu en 1973, et je me suis marié en 1974 au Burkina Faso on se prépara pour faire l'école biblique au Burkina Faso à Banakélédaga. À l'école biblique, quand j'étais à ma 3e année, je reçus le don de guérison. À la fin de l'école biblique, je fus affecté dans un village appelé Dawéra. Dieu m'utilisa pour faire beaucoup de miracles et voici le premier : Une femme qui était liée par les démons pendant 22 ans fut libérée par la prière. Quand le Ministère commença à se développer, j'eus beaucoup de tentations. À l'époque, c'était le temps de Thomas Sankara. J'ai reçu l'appel de Dieu pour être missionnaire au Mali ou au Sénégal. Mais l'Église Nationale avait refusé parce que j'avais beaucoup d'enfants. Un missionnaire de Jeunesse pour Christ me demanda de venir avec lui au Mali pour la construction de leur école. Et c'est comme cela que je suis venu à Bamako. Après la construction de l'école, j'ai travaillé avec les Assemblées de Dieu pour un temps avant d'ouvrir une église à Titibougou au nom de l'Église chrétienne.

J'ai voulu écrire cet ouvrage pour servir de réveil aux élus de Dieu qui font face aux différentes tentatives de ce monde afin qu'ils puissent s'engager pleinement dans le ministère du Seigneur dans ces derniers temps. Comme c'est écrit dans *Mathieu 9 :38 : Priez Que Le Maître De La Moisson, Jehova Yahwe Sabaoth Envoie Des Ouvriers Dans Sa Moisson.*

Amen !

REMERCIEMENTS

Je remercie tous les frères et sœurs en Christ, qui m'ont soutenu par la prière, par les conseils et par les moyens financiers dans le ministère de Dieu.

Je remercie les pasteurs Reinhard Bonké et Max Isler pour leurs soutiens.

Je remercie les équipes Allemandes Water of Life – Stuttgart – GERMANY, pour leurs enseignements sans faillite ....

Je remercie à Alphonse Dara et M. Dara Maïmouna pour leurs soutiens dans la correction de cet ouvrage.

Et je remercie aussi Dr. Nehemie, pour sa contribution dans l'élaboration de cet ouvrage.

Que Dieu vous bénisse. Amen !

CHAPITRE I

Ceux qui cherchent la vérité

1   Premier Discours : La Torah et l'Évangile

1.1   1ʳᵉ partie : L'authenticité de la Torah et de l'Évangile

Exode 20 :1-7 : Nous croyons que la Sainte Bible (la Torah et l'Évangile) est la pierre angulaire et la fondation de toute doctrine chrétienne, ainsi que le juge auquel les chrétiens font recours pour résoudre les problèmes. Elle est le juste juge qui ne craint pas le blâme, mais expose la vérité et supprime l'erreur, le témoin fidèle en matière légale. Elle est véritablement une lumière et une juste direction pour tous les êtres.

1.2   2e partie : La preuve intellectuelle

Tout être intelligent sait que le Dieu qui, par sa puissance éternelle, a créé les cieux, le monde et toutes les créatures, est Tout puissant. En outre, il est évident, de par la perfection de son œuvre, la précision des lois universelles et leur constance à travers des milliers d'années. Que Dieu est sage. Puisque Dieu est à la fois puissant et sage, Il devait établir une constitution et produire un canon à l'intention de ses créatures humaines intelligentes en vue de leur permettre de comprendre leur relation avec le Créateur et leur devoir les uns envers les autres. Ils avaient besoin de connaitre la destinée humaine ; le châtiment pour ceux qui désobéissent et la récompense pour ceux qui croient et obéissent. Autrement, le chaos règnerait sans restriction ni lois, comme c'est le cas chez les poissons, les grands mangeant les petits. Finalement, l'espèce humaine, se serait exterminée, comme les tribus sauvages disparues l'ont fait. La vertu et le vice seraient confondus ; en fait, aucune distinction entre les deux, ou même aucun terme pour les désigner n'aurait existé. Un tel état de choses est inacceptable pour celui qui est Tout puissant et sage. Si cette constitution et ce canon ne sont pas la Torah et l'Évangile, alors dites-moi que sont-ils ? Existe-t-il un ancien livre saint qui satisfasse ce besoin autant que la Torah et l'Évangile ? Pas du tout. Sans doute, le Dieu Tout-puissant et sage, en envoyant vers les hommes un livre pour leur servir de constitution et de guide, aurait veillé à le préserver de tout changement, ajout, suppression ou détérioration. S'il n'en était pas ainsi, il (**le livre)** serait la cible de toutes les attaques. Il y aurait une multiplicité de livres, une diversité d'opinions, et la vérité serait perdue dans la perplexité et la confusion. Loin de Dieu de faire une telle chose, car il a conservé ses livres : la Torah et l'Évangile, siècle après siècle ; exempt de modification et d'erreur. Il les a conservés comme un feu de balisage, guidant ceux qui s'égarent. Il est impossible de parvenir à l'unanimité dans un complot visant l'altération de la Bible (la Torah et l'Évangile). Pour commencer, la religion chrétienne et le judaïsme étaient déjà répandus en Orient et en Occident (Syrie, Turquie, Égypte, Éthiopie, Inde et Europe). La Bible, surtout l'Évangile, était traduite des textes originaux hébreux et grecs dans les langues des différentes nations telles que l'arabe, l'arménien, l'amharique [l'Éthiopie], le copte et le latin. Est-il raisonnable de supposer que toutes ces multitudes se rassembleraient et s'accorderaient autour d'une machination pour altérer leur livre, si l'on tient compte des différences de langue et de credo qui les séparent, et notamment si l'on tient compte du fait qu'il y avait de nombreuses dénominations chrétiennes, chacune se réclamant plus orthodoxe que les autres. Il est indubitable que l'accusation des musulmans selon laquelle la Bible aurait été modifiée est sans preuve. Sinon, où sont les textes qui ont été modifiés ? De quels textes s'agit-il ? Quelle était leur version originale ? Et quel objectif visait-on en les modifiant ? S'il n'y a pas de réponse à ces questions, et il est clair qu'il n'y en a pas ; l'Évangile avait été traduit en arabe avant l'avènement de l'islam pour le bénéfice des tribus arabes christianisées que sont : les Himyarites, les Ghassanides, les Rabiha et les habitants de Najran, de Hira et autres. Autrement, comment auraient-ils pu comprendre le christianisme. Ces faits sont corroborés par le livre "al-Aghani" [Les chants], car il relate que waraqa bin Nawfal [l'écrivain arabe le plus célèbre du temps de Muhammad] a écrit ce livre en y insérant tous les extraits de l'Évangile qu'il voulait. Si donc l'Évangile avait été modifié ultérieurement, les musulmans auraient conservé le texte original pour appuyer leurs accusations. Quant aux Juifs, leur zèle pour la préservation de leur livre est proverbial. Ils connaissent le nombre exact des mots et des lettres qu'il contient, de même qu'ils connaissent ceux qui ont œuvré avec leur leader. Ainsi, la Sainte Bible dans sa totalité est exempte d'altération et aucune modification ne l'entachera jamais, comme en témoignent le sens commun et l'histoire. Si les livres prolifèrent, ne laissez pas les nuages cacher la vérité. Faites des investigations, cherchez, comparez, ainsi, vous parviendrez à la vérité. Car le livre qui condamne la luxure et les penchants égoïstes, qui transforme les cœurs des hommes, dont le contenu est conforme aux attributs divins de pureté, qui plaide pour une vie civilisée, qui est la source de l'amour pour Dieu et pour les hommes, quelle que soit leur confession religieuse, commande d'aimer ses ennemis, désapprouve la vengeance et considère tous les fils d'Adam comme des frères, est très certainement le livre donné par le Créateur de tous les êtres pour être observé par toutes ses créatures en tout lieu.

1.3   3e partie : La preuve historique

Le caractère inchangé de la Bible (la Torah et l'Évangile) et son authenticité sont indiscutables. Nul autre livre dans le monde n'est aussi solidement éprouvé. Puisque l'histoire est le témoin le plus juste et la preuve la plus véritable, j'ai décidé d'en faire usage dans notre débat pour dévoiler et révéler la vérité de façon indubitable. Il est évident que la Bible contient un grand nombre de prophéties dont la plupart ont été accomplies, le reste s'accomplira en son temps. Dieu, par la bouche de ses nobles prophètes, prédit de nombreux évènements tels que l'avènement de certains rois et la chute d'autres, la destruction des grandes villes et la disparition de nations glorieuses et arrogantes n'ayant jamais pensé à leur éventuelle destruction. Le prophète Nahum, par exemple, prophétisa clairement la destruction de Ninive, capitale de l'Assyrie ; Ninive était une grande métropole dont les murs s'élevaient à **30'50** mètres, avec un périmètre de **96,558** kilomètres et **1500** tours qui, à l'apogée de sa grandeur, s'élevaient à **61** mètres de hauteur. Cette prophétie fut littéralement accomplie. Esaïe et Jérémie prédirent la destruction de Babylone, capitale des Chaldéens, à l'apogée de sa splendeur et de sa prospérité. En moins de **160** ans à compter de la date de la prophétie, la Grande Babylone tomba, conformément à la parole des prophètes. Les détails de sa chute tels que décrits par les historiens Hérodote et Xénophon s'accordent remarquablement avec ce que les prophètes ont décrit. Parmi les autres prophéties bibliques, il y a celle d'Ezéchiel au sujet de Tyr où nous voyons les faits suivants, attestés et enregistrés pour nous par l'histoire. Dans **Ezéchiel 26 :8**, nous lisons que Nebukhadnezzar détruirait la ville de Tyr. Au verset 3, le prophète dit que plusieurs nations s'élèveraient contre elle, au verset 4 qu'elle deviendrait un rocher nu, et au verset 5 que les pécheurs étendraient leurs filets sur son emplacement. Au verset 12, la prophétie dit que ses restes seraient jetés dans la mer, au verset 14, qu'elle ne serait plus jamais reconstruite, et le verset 21 dit que sa disparition est arrêtée et certaine. **Trois ans** après la prophétie d'Ezéchiel, le roi de Babylone assiégea Tyr pendant **13 ans** jusqu'à ce qu'elle se rendît [**585-573** avant J.C]. Quand finalement il envahit la ville, il découvrit que ses habitants s'étaient enfuis par mer pour s'installer sur une nouvelle île à un demi-mile (environ **804** mètres) de l'ancienne ville. Il rasa alors la ville comme le prophète Ezéchiel l'avait annoncé au **chapitre 26, verset 8**, vint ensuite Alexandre le Grand qui encercla la nouvelle ville rebelle, utilisant les ruines de l'ancienne ville pour construire une digne de **60** mètres de large. Il la conquit comme Ezéchiel l'a prophétisé au **chapitre 26, versets 3 et 12**, et encore une fois, conformément aux précisions de la prophétie aux versets 4 et 5, elle devint un rocher nu. Bien que l'histoire de Tyr ne soit pas terminée avec la terrible campagne d'Alexandre, les attaques successives d'Antigone [**314** avant J.C] suivies par celles de Ptolémée Philadelphus **(285-247 avant J.C)** mirent fin à son commerce et à son importance comme puissance maritime. Plus tard, en **1321** après J.C, les musulmans l'envahirent et la détruisirent complètement. Elle devint, selon les mots du voyageur arabe Ibn Batouta, « l'archétype de la prophétie » au chapitre 26, verset 14. Ezéchiel en son temps regardait Tyr et voyait une grande ville à l'apogée de sa splendeur, de sorte que pour ceux qui entendirent les paroles de sa prophétie tout en contemplant la prospérité et la gloire de la puissante ville, la probabilité de voir ces prophéties se réaliser au bout de sept ans sur la base du pur hasard était d'un sur **750** millions. Cependant, toutes ces prophéties se réalisèrent en détail. '' **À cause de cela, ainsi parle le Seigneur, l'Éternel : voici, j'en veux à toi, Tyr. Je ferai monter contre toi des nations nombreuses, comme la mer fait monter ses flots. Elles détruiront les murs de Tyr, elles abattront ses tours, et j'en raclerai la poussière ; je ferai d'elle un rocher nu. Ezéchiel 26 :3-4.**

1.4   4e partie : La preuve archéologique

Si l'histoire rencontre des défis dans son témoignage, la preuve archéologique ne peut être défiée. Les Écritures ont été et sont encore la cible des critiques et l'objet des attaques de la part des athées et des infidèles. Elles s'opposent, en effet, à leurs désirs sensuels, à leurs vues naïves et à leurs philosophies destructives. En conséquence, plusieurs se sont tournés vers les survivances de l'antiquité en Palestine, en Babylonie, en Assyrie et en Égypte dans l'espoir de trouver, si possible, quelque chose pour discréditer les Écritures inspirées. Ils voulaient prouver au monde que la Bible est un mélange de parole et de traditions déformées. Cependant, Dieu a déjoué leurs plans ; leurs flèches ont manqué la cible et leurs espérances ont été ruinées. En effet, le témoignage de ces découvertes archéologiques était en parfaite harmonie avec les livres inspirés, bien que les auteurs de ces inscriptions aient été eux-mêmes des Païens. Lorsque les Frères musulmans virent que les livres de la Torah et de l'Évangile contredisaient les enseignements coraniques fondamentaux, ils avancèrent contre eux l'accusation de corruption, prétendant qu'ils étaient erronés. Mais leur accusation manque de preuve appropriée. Puisque le témoignage de l'archéologie a convaincu de nombreux chercheurs athées, j'ai décidé de faire recours à certaines de ces découvertes archéologiques avec l'espoir que leur témoignage aidera nos frères musulmans comme il a aidé d'autres auparavant. Les critiques et l'incrédulité des incroyants face à la Bible se fondent sur deux arguments. D'abord, sur l'idée selon laquelle, jusqu'à l'époque précédant la captivité babylonienne, l'écriture n'était pas connue ou peu utilisée en Palestine. Par conséquent, ils pensent qu'il est peu probable que Moise et les autres aient utilisé l'écriture en leur temps. En deuxième lieu, elles se fondent sur la croyance selon laquelle La Torah, contrairement aux historiens, a grandement exagéré le niveau de civilisation du Proche-Orient ancien. Mais les découvertes récentes se sont montrées favorables aux récits bibliques, représentant clairement les civilisations avancées de l'Égypte, de la Babylonie et de l'Assyrie. Sennachérib, Tiglath Pileser et Nebukhadnezzar nous sont représentés à travers leurs chroniques, leurs cultures et les batailles qu'ils ont livrées. Nous pouvons maintenant voir nous-mêmes la forme des lettres utilisées par Esaïe, Jérémie et même Moise dans leurs écrits. Ainsi, les pierres ont plaidé en faveur des déclarations de Dieu. Ces découvertes archéologiques ont établi le fait que l'art d'écrire avait été perfectionné au temps d'Ezéchiel, de Moise et d'Abraham, en fait, depuis **2234 avant J.C,** à un niveau semblable à celui que nous avons aujourd'hui. Je poursuivrai à présent pour mentionner des questions et de grands évènements qui, comme vous le verrez, ont été corroborés par les découvertes archéologiques. Les tablettes assyriennes originales présentement exposées au British Museum confirment le récit de la création [présente au début de la Torah] de façon étonnante. Quoique ce récit contienne des éléments de légende, la vérité y transparait. Il confirme l'existence d'un seul couple humain à l'origine, puisqu'il dit qu'il y en a deux, créés par le Seigneur à la face noble. Dans le même musée, on peut voir une image peinte sur un ancien pilier babylonien, représentant nos premiers parents avec l'arbre entre eux et le serpent derrière Eve. Cela s'accorde exactement avec le récit de la chute dans le premier chapitre de la Torah. Tout d'abord, les savants incroyants ont considéré le récit biblique du Déluge comme un mythe, une des légendes des temps anciens. Ils pensaient que ce récit ne pourrait pas tenir face à l'examen minutieux d'un savant, et qu'une recherche rigoureuse prouverait qu'il s'agissait d'un faux. Toutefois, ils finirent par perdre la partie lorsque, après de longues investigations, les découvertes archéologiques mirent à nu leurs erreurs flagrantes. Ils avouèrent que le déluge était un fait et reconnurent la vérité. Les plus remarquables parmi eux furent les géologues, car parmi les découvertes faites en Assyrie, il y avait des tablettes actuellement exposées au British Museum et portant une inscription qui décrit comment une arche a été construite, comment des hommes et des animaux de différentes espèces ont été préservés, et comment les eaux de pluie ont couvert la face de la terre [habitée par les êtres vivants], avec tous les détails du récit du déluge. Dans chaque continent du monde, de grandes quantités de fossiles marins ont été découvertes, rassemblés ou éparpillés sur des espaces solides, sur des montagnes ou dans des vallées profondes. Certains de ces fossiles sont spécifiques à certaines mers. Il y a des restes de poissons et de plantes marines fossilises enfoncés dans les strates montagneuses. Quiconque est intéressé peut examiner ces choses puisqu'elles sont exposées dans la plupart des musées. Tout cela prouve la véracité du récit biblique du déluge. Autrement, comment ces restes et fossiles de poissons et de plantes auraient-ils pu atteindre ces endroits éloignés de leur milieu d'origine. Un certain Monsieur Smith tomba, dans les ruines de Ninive, sur une tablette qui se trouve présentement au British Museum. II s'y trouve un récit de la confusion de langues et de la construction de la tour de Babel *(Genèse 11)*. Le même homme trouva dans les ruines d'Assyrie une tablette relatant la destruction de Sodome et de Gomorrhe avec du feu et du souffre, comme la Bible le dit en **Genèse 19 :24.** Ces découvertes corroborent le raid du roi Kedorlaomer d'Élam et de ses alliés sur la Palestine. Parmi eux, il y avait Amrafel, le roi de Shinar et de Babylone sud mentionné au **chapitre 14** de la Genèse. Les historiens Plutarque et Hérodote nièrent l'existence et l'usage du vin à l'époque des récits du prophète Moise. Cependant, nous savons maintenant, à partir des découvertes archéologiques faites en Égypte, que l'hypothèse de ces historiens était fausse et que le législateur Moise avait raison. II y a dans certaines tombes égyptiennes des images montrant le processus de fabrication du vin, allant de la culture de la vigne jusqu'à l'extraction du jus et sa mise en vase en passant par le pressage des grappes. Des bouteilles portant le mot « ERB », qui signifie « vin », ont été trouvées. Les ruines donnent également la preuve de la famine du temps de Joseph mentionnée dans la Torah *(Genèse 41 :30)*. Des inscriptions égyptiennes montrent que Ramsès le Grand a employé les étrangers à la construction des deux villes de Phi-Thom et Ramsès. Cela est en accord avec le texte d'Exode **1 :11.** Par ailleurs, les archéologues ont découvert dans une tombe de Thèbes une mention des Israélites et de leur esclavage ainsi que leur engagement dans les travaux publics. Parmi les témoignages silencieux de la vérité biblique, il y a un morceau de marbre connu parmi les spécialistes de l'antiquité sous le nom de "pierre moabite". C'est un prêtre du nom d'Augustus Klein qui l'a trouvé. II était d'origine allemande et a vécu longtemps en Palestine, servant au Caire pendant vingt ans comme secrétaire de la mission de l'Église anglicane. C'était un savant renommé et il connaissait plusieurs langues. La pierre, qui date de **890** avant J.C, a été découverte en Transjordanie dans l'ancienne terre de Moab. Elle se trouve à présent au Musée du Louvre à Paris.

Elle porte une inscription qui consiste en un récit de trente lignes écrit en langue phénicienne et reliant les heures entre Misha roi de Moab et Omri roi d'Israël ainsi que les Édomites, comme nous le lisons dans le livre de *2 Rois 3 :4-27*. Elle mentionne également d'autres détails précis qui sont en accord avec la Bible. En outre, la découverte récente des inscriptions de Siloé à Jérusalem confirme l'exactitude de ce que nous lisons en *2 Rois 20 :20,* portant sur le fait qu'Ezéchias a détourné le bras supérieur de la source de Gihon pour le conduire à travers un canal souterrain jusqu'au côté ouest de la cité de David. Dans les ruines de Ninive, un cylindre portant le récit de la guerre entre Sargon roi d'Assyrie, **722 avant J.C,** et Ahuri roi d'Ashdod sous le règne d'Ezéchias *(Esaïe 2 :1)* a été découvert. Ce cylindre se trouve maintenant à Londres. Une autre colonne hexagonale fut trouvée avec un récit du siège de Jérusalem. Elle se trouve également à Londres. Sennachérib, roi d'Assyrie, l'assiégea en **705** avant J.C. comme le relate **2 Rois 18 :13-16**. Nous avons, dans les nombreux anciens manuscrits de la Bible, le témoignage irréfutable de la véracité du Livre. Ces manuscrits se trouvent dans les plus importantes bibliothèques et musées d'Europe. Ils sont écrits sur du parchemin en cuir dans la langue grecque originale de l'Évangile ainsi que dans d'autres langues. Certains d'entre eux sont constitués de la Torah et de l'Évangile dans leur totalité. D'autres sont constitués de certains livres de la Bible. Certains de ces manuscrits sont :

- **1=Codex Vaticanes** [manuscrit du Vatican] - Vous le trouverez dans le palais du Vatican à Rome. Il a été écrit environ **250** ans avant l'hégire.
- **2=Codex Sinaïtiques** [manuscrit du Sinaï] – Nommé d'après le nom du mont Sinaï où il a été découvert. Il se trouve maintenant au British Museum à Londres et est constitué de la Torah et de l'Évangile. Il fut rédigé **200 ans** environ avant l'hégire.
- **3=Codex Alexandrins** [manuscrit d'Alexandrie] – Ce document se trouve dans la salle du trésor du British Museum à Londres. Il a été écrit **200 ans** avant l'hégire et contient la Torah et l'Évangile.
- **4=Codex Ephraemus** [manuscrit d'Ephraïm] - Il se trouve présentement à Paris. Il fut écrit **150 ans** environ avant l'Hégire et contient l'Évangile.

En outre, l'histoire suivante fit la une des journaux en **1948** et fut considérée comme l'un des évènements historiques les plus mémorables. Un certain Muhammad al-Deeb Badawi du peuple des Taamirah gardait son troupeau près de la Mer Morte. Lorsqu'un mouton grimpa sur le flanc de la montagne, il lui lança une pierre. Entendant le bruit d'une poterie cassée, il lança une autre pierre. Il grimpa ensuite sur la montagne et s'avança avec précaution à travers un trou pour entrer dans une grotte, s'attendant à y trouver un trésor. En fait, il en trouva un ; toutefois, ce n'était pas seulement pour lui-même et pour sa tribu, mais pour le monde entier. Cette découverte consiste en une série de paquets de Saintes Écritures, parmi lesquels le livre du prophète Esaïe, un livre biblique datant de **700** ans avant J.C. Elle se révéla un témoignage éloquent en faveur de l'exactitude de la Bible, puisque les livres découverts sont conformes aux copies aujourd'hui en circulation. Ainsi, elle réfute les fausses accusations selon lesquelles la Bible a été falsifiée et défie et met à nu les fausses accusations. Ces rouleaux sont aujourd'hui connus sous le nom de "Qumran" ou de « rouleaux de la Mer morte ». Depuis la découverte de cette précieuse, il est devenu très clair que la copie et la transmission du saint Livre de Dieu est la preuve vivante de la direction du Saint-Esprit dans la vie de l'Église de Christ qui est la dépositaire du mystère de Dieu. Les chrétiens possèdent de nombreux autres manuscrits, certains écrits avant l'islam, et d'autres qui lui sont contemporains. Si nous comparons les copies des Écritures traduites en plus de **300** langues et qui se trouvent aujourd'hui entre les mains des Juifs et des Chrétiens à ces anciens manuscrits, nous trouverons un haut niveau d'harmonie entre eux. Ils peuvent être examinés par quiconque le désire.

2 Deuxième Discours : Tous ont péché, même les prophètes

Genèse 3 :1-6 : Dieu créa l'homme pur et fit pour lui une habitation de bonheur dans le jardin d'Éden. Il n'y avait là rien pour le distraire de l'adoration. Cependant, il désobéit à la parole de Dieu en mangeant le fruit défendu. Ainsi, il perdit tout. Adam était un représentant de ses descendants et, par sa rébellion, il brisa l'alliance que Dieu fit avec lui. Depuis lors, ses descendants regrettèrent cette représentation à cause de ses conséquences. Adam réagit à la tentation et tomba dans le péché puisque nous, humains, sommes ses descendants, nous avons hérité de cette faiblesse et naissons avec les mêmes penchants, conformément aux lois de l'hérédité. Cependant, nous ne sommes pas punis pour son péché ; car nous aussi avons été désobéissants, bien que nous soyons informés de la désapprobation de Dieu. Nous avons réellement péché comme il l'a fait. Les paroles suivantes le confirment. "Adam chuta, et ainsi fit sa descendance ; Adam oublia et mangea le fruit, et sa descendance oublia ; Adam a péché et sa descendance fit de même." Ces paroles, attribuées à Tirmidhi et à d'autres, sont justes et véridiques. En bref, le fait qu'Adam fut le représentant de ses descendants est une réalité indubitable parmi les savants musulmans. Le Shaikh Muhyiddin lbn al Arabie a écrit un article à ce sujet au chapitre **305** de son livre. Si Adam, que Dieu avait créé pur, a désobéi aux ordres de Son Seigneur, que peut-on dire, à plus forte raison, de ses faibles descendants. Nous trouvons donc que tous ont péché et n'atteignent pas à la gloire et à la miséricorde de Dieu. La vérité qui découle de ces choses est que l'espèce humaine est corrompue et pécheresse, et que n'eussent été la grâce et la miséricorde de Dieu, nul ne serait justifié. Les musulmans considéraient le fait de se dire sauf de la colère de Dieu comme un péché grave. Nous avons ainsi démontré par des preuves irréfutables que tous ont péché. En conséquence, ils ont besoin du sacrifice de Christ pour l'expiation de leurs péchés. Sinon, ils seront envoyés en Enfer pour satisfaire la justice de Dieu. Puisqu'ils ont cette faiblesse et cette inclination au péché héritées de leur père Adam, ils ont aussi besoin du Saint-Esprit, l'Esprit de Dieu, pour purifier leurs âmes. Ils en ont besoin pour enlever petit à petit les penchants mauvais et transformer les pensées tortueuses et les émotions corrompues. C'est là ce que la Bible appelle la nouvelle naissance ou la seconde naissance. Les chrétiens croient que conformément à l'enseignement de la Bible, tous ont péché, et que la corruption s'est abattue sur toute la race humaine. Puisque les prophètes sont des êtres humains, ils sont eux aussi des pécheurs. Les chrétiens croient également que ces prophètes et apôtres, que Dieu a choisis pour avertir les hommes et leur apporter son message ont été préservés dans leur tâche, que le message ait été oral ou écrit. Ainsi, Dieu les a préservées de l'oubli ou de l'erreur, les guidant dans leurs efforts par Son Saint-Esprit, les inspirant dans ce qu'ils devraient dire aux hommes. Cependant, ils [les prophètes et les apôtres] n'étaient pas immunisés contre le péché dans leurs actions et leur conduite normales, indiquant ainsi la faiblesse inhérente à la nature humaine et démontrant le fait que la pureté absolue et la perfection appartiennent au seul Dieu, Tout-puissant et glorieux. Du reste, le péché mérite la colère de Dieu et les feux de la Géhenne, que ce péché soit grand ou petit. Ainsi, bien que le meurtre soit différent du vol ou de la malédiction, tous méritent la même punition de Dieu, car chacun d'eux constitue une offense et une désobéissance. Ce fait est soutenu par de nombreux versets de la Torah et de l'Évangile, par exemple : « Tous sont égarés, tous sont pervertis ; il n'en est aucun qui fasse le bien, pas même un seul ». **_Romains 3 :11-12_**, et « Car tous ont péché et sont privés de la gloire de Dieu ». **_Romains 3 :23_**. Nous en trouvons la confirmation dans le Hadith [tradition] à travers le texte qui suit : « Si quelqu'un extorque le bien d'autrui de sa main droite, Dieu doit le mettre au feu et lui refuser le paradis. » Un homme dit : « 0h, prophète de Dieu, même s'il s'agit d'une petite affaire. » Il répondit : « Même si c'est une baguette de bois d'arak. » Passons maintenant aux péchés des prophètes. Les musulmans ne s'entendent pas quant à l'infaillibilité des prophètes. Certains ont dit qu'ils étaient absolument sans péché. D'autres ont dit qu'ils ont péché dans leur enfance, mais qu'ils sont devenus infaillibles quand ils ont atteint l'âge adulte. D'autres ont cependant restreint leur infaillibilité à leur rôle de messagers tout en admettant qu'ils pouvaient pécher dans d'autres domaines. Ce dernier point de vue est celui qu'épousait le Shaikh Muhammad Abdou, bien que le Coran indique clairement, comme vous le verrez tout à l'heure, que la plupart des prophètes ont commis des transgressions qui n'étaient pas seulement des petits péchés, mais aussi de grands péchés selon l'entendement des musulmans. Les théologiens musulmans distinguent deux sortes de péchés, les majeurs et les mineurs. Dieu pardonne les péchés mineurs, mais pas les majeurs. Il existe, selon eux, dix-sept péchés majeurs ;

1. Infidélité
2. La persistance dans les péchés mineurs
3. Le fait de perdre espoir en la miséricorde de Dieu
4. Se dire sauf de la colère de Dieu
5. Le faux témoignage [le parjure]
6. Le fait de diffamer un Musulman
7. Le faux serment
8. La magie
9. La consommation de l'alcool
10. L'extorsion d'argent aux orphelins
11. L'usure
12. L'adultère ou la fornication
13. La sodomie ou toute pratique semblable
14. Le vol
15. Le meurtre
16. Le fait de fuir d'une bataille contre les infidèles
17. La désobéissance aux parents

Ainsi, dans leur entendement, tout croyant qui a commis l'une de ces offenses et qui ne s'est pas repenti sera puni du feu de l'enfer ; tout autre péché est considéré comme mineur. Nous avons vu que les grands prophètes ont commis des transgressions, même Muhammad le prophète des Musulmans. Ainsi, tous les hommes en tout lieu ont besoin d'un Sauveur pour les sauver du tourment préparé pour ceux qui transgressent les lois de Dieu et commettent des péchés. Ils ont besoin d'une Rédemption sans tâche pour racheter leurs âmes et montrer la justice et la miséricorde de Dieu. Une telle chose ne peut être accomplie que par la crucifixion de Jésus-Christ, qui est un sacrifice pour l'humanité afin que quiconque croit en Lui voit ses péchés pardonnés et se voit purifié par le Saint-Esprit. Ainsi, il recevra la vie et la félicité éternelles. Je ne comprends pas pourquoi nos Frères musulmans veulent blanchir les prophètes de toute tâche, contrairement aux déclarations de l'ensemble des livres considérés comme révélés [Munzal]. Il en est ainsi, puisqu'aucun des prophètes n'a jamais prétendu être sans péché, mais que tous ont admis être faibles et pécheurs. Dieu a véritablement révélé des livres et consigné par écrit des articles de foi selon sa Sagesse suprême. Il possède toute la sagesse dans la réalisation de ses travaux et connait parfaitement les besoins de l'humanité.

3 Introduction à l'Évangile de Jean

Christ a appelé ses disciples à être ses témoins. Il n'a pas écrit l'histoire de sa vie lui-même, et il n'a envoyé aucune lettre aux églises. Mais sa personnalité fit une grande impression sur le cœur de ses disciples qui furent conduits à glorifier leur Seigneur Jésus-Christ par le Saint-Esprit. Ils virent dans son amour, son humilité, sa mort et sa résurrection, une gloire comme la gloire unique du père, pleine de grâce et de vérité. Tandis que les Évangélistes Matthieu, Marc et Luc expliquent les paroles et les actions de Jésus et le royaume de Dieu comme but de sa venue, Jean nous révèle la personne intime de Jésus et son amour saint. C'est pourquoi l'Évangile de Jean est considéré comme le principal évangile, couronne de tous les livres de la sainte Bible.

3.1   Qui est l'auteur de cet Évangile :

Au deuxième siècle, les pères de l'Église reconnurent que Jean, le disciple de Jésus, était l'auteur de ce livre unique. L'évangéliste Jean mentionna les noms de plusieurs apôtres, sans toutefois mentionner le nom de son frère Jacques ni le sien, car il ne se considérait pas digne d'être cité en même temps que son Seigneur et Sauveur. Cependant, Irenee, évêque de Lyon en France, déclara que Jean, le disciple du Seigneur, celui qui s'était couché sur son sein lors du dernier repas, était bien celui qui avait écrit cet évangile alors qu'il servait à Éphèse sous le règne de l'empereur Trajan de **98 à 117** apr. J-C. Certains critiques pensent que Jean, l'auteur de cet évangile, n'était pas le disciple qui accompagnait Jésus, mais l'un des anciens de l'Église d'Ephèse, disciple de l'apôtre Jean, et que cet évangile fut écrit plus tard. Ces critiques sont des rêveurs. Ils ne connaissent pas l'Esprit de vérité qui ne ment pas, parce que l'apôtre Jean s'est impliqué dans l'affirmation lorsqu'il dit : « Et nous avons contemplé sa gloire ». Il fut en fait l'un des témoins oculaires de la vie, de la mort et de la résurrection de Jésus. Ce sont les amis de Jean qui ont conclu son évangile en disant : « C'est ce disciple qui rend témoignage de ces choses, et qui les a écrites. » Et nous savons que son témoignage est vrai. **Jean 21 : 24.** Ils ont souligné les caractéristiques de Jean qui le distinguent des autres apôtres, à savoir que Jésus l'aimait et le laissa reposer sur sa poitrine pendant la première sainte communion. Jean fut le seul qui ait osé demander à Jésus le nom du traître : « Seigneur, qui est-ce ? Qui va te livrer ? » **Jean 13 :25.** Jean, le fils de Zebedee et Salomé, était un jeune homme lorsque Jésus l'appela à le suivre. Il était le plus jeune des douze Apôtres. C'était un pêcheur vivant avec sa famille à Beth Saïda, au bord du lac de Tibériade. Avec Pierre, André, son frère Jacques, Philippe et Nathanaël, il descendit la vallée du Jourdain pour aller à la rencontre de Jean-Baptiste qui appelait à la repentance. Jean demanda pardon et fut baptisé par le Baptiste dans le Jourdain. Il se peut qu'il ait été un parent de la famille du grand prêtre Anne. Ainsi, il était proche d'une famille sacerdotale. Ce qui permit de mentionner dans son évangile des choses que les autres évangélistes n'ont point rapportées, comme par exemple ce que le Baptiste avait dit sur Jésus, à savoir qu'il est l'Agneau de Dieu qui ôte le péché du monde. Ainsi, l'apôtre Jean, sous l'inspiration du Saint-Esprit, est le disciple qui perçut le mieux son Seigneur Jésus dans son amour.

3.2   La relation entre Jean et les trois autres Évangélistes :

Au moment où Jean écrivit son évangile, les évangiles selon Matthieu, Marc et Luc avaient déjà été écrits et étaient connus dans l'Église depuis un certain temps. Les trois évangélistes ont écrit leur livre sur la base d'un texte hébreu original dans lequel Matthieu avait réuni le témoignage des apôtres concernant les paroles de Jésus, afin qu'elles ne se perdent pas, vu que les années passaient et que le Seigneur ne revenait toujours pas. Les actions de Jésus et les évènements de sa vie furent probablement rapportés dans une collection séparée. Les Évangélistes veillèrent à transmettre ces écrits avec fidélité. Luc le médecin s'appuya également sur d'autres sources puisqu'il rencontra Marie, la mère de Jésus, et différents témoins oculaires. Jean est cependant une source importante en plus des sources mentionnées plus haut. Il a évité de répéter les récits et les paroles déjà connus dans l'Église, et en a ajouté d'autres. Alors que les trois premiers évangiles rapportent les actes de Jésus dans la région de Galilée, en ne mentionnant qu'un seul voyage de Jésus à Jérusalem, celui où il trouva la mort, le quatrième évangile nous montre que Jésus se rendit à Jérusalem pendant et après son ministère en Galilée. Jean nous certifie que Jésus visita trois fois la capitale de son pays, où les chefs de sa nation le rejettent. Après s'être opposés à lui à maintes reprises, ils le livrèrent pour être crucifié. C'est Jean qui nous a fait connaitre le ministère de Jésus parmi les Juifs de Jérusalem, le centre de la culture de l'Ancien Testament. Le quatrième évangéliste n'accorda pas d'importance aux miracles de Jésus, n'en mentionnant que six. Qu'a donc voulu nous transmettre Jean ? Il a rapporté les paroles de Jésus dans le style de Celui qui dit : **« JE SUIS »**. C'est ainsi qu'il expliqua la personnalité de Jésus. Les trois premiers Évangélistes se concentrèrent sur les actes et la vie de Jésus, mais Jean se concentra plus particulièrement sur la présentation de la personne de Jésus dans sa gloire. Mais de quelle source Jean va-t-il bénéficier ? Où va-t-il trouver des paroles qui ne se trouvent pas chez les autres, et lesquelles Jésus va-t-il dire sur lui-même ? Ce fut le Saint-Esprit qui les lui rappela après la première Pentecôte. Car Jean lui-même confessa à plusieurs reprises que les disciples n'avaient compris la vérité de certaines paroles de Jésus qu'après la résurrection et l'effusion du Saint-Esprit. Il saisit ainsi plus tard la signification des paroles que Jésus avait dites sur lui-même et qui contenaient la phrase **« JE SUIS »**. Elles sont une caractéristique distinctive de cet évangile unique. Jean mentionne aussi les paroles que Jésus avait prononcées en utilisant des oppositions, comme la lumière et les ténèbres, l'esprit et le corps, la vérité et le mensonge, la vie et la mort, aussi bien que l'expression être d'en haut et d'en bas. Ces contraires n'existent pratiquement pas dans les autres Évangiles. Mais, quelques années plus tard, le Saint-Esprit rappela les paroles du Seigneur à Jean alors que ce dernier vivait dans une région sous influence grecque. L'évangéliste comprit que Jésus avait non seulement utilisé la langue sémitique appartenant à une forme d'hébreu, mais aussi le grec pour les nations.

3.3   Quel est le but de l'Évangile de Jean ?

Jean ne voulait pas présenter Jésus d'une manière littérale et philosophique ou spirituelle et imaginative, mais il se concentra plus que les autres sur son incarnation, ses faiblesses et sa soif, alors qu'il était suspendu à la croix. Il précise que Jésus est le Sauveur de tous les hommes et pas seulement des Juifs, parce qu'il est l'Agneau de Dieu qui ôte le péché du monde. Il nous révèle de quelle manière Dieu aime tous les hommes. Les choses que nous venons de mentionner nous amènent au cœur et au centre de cet évangile, à savoir que Jésus-Christ est le Fils de Dieu. Son éternité s'est révélée dans son existence temporelle, sa divinité dans son humanité, et son autorité dans ses faiblesses. Ainsi, en Jésus, Dieu était présent parmi les hommes. Le but de Jean n'était pas de faire connaitre Jésus d'une manière philosophique ou mystique, mais de faire connaitre le Seigneur par le Saint-Esprit sur la base d'une foi sincère. Il termine donc son évangile par les célèbres paroles : « Ces choses ont été écrites afin que vous croyiez que Jésus est le Christ, le fils de Dieu, et qu'en croyant vous ayez la vie en son nom » *(Jean 20 : 31)*. La foi vivante en la divinité de Jésus est le but de l'évangile de Jean. Cette foi produit en nous la vie divine, éternelle et sainte.

3.4   À qui l'Évangile de Jean était-il destiné ?

Ce livre, plein de déclarations véridiques sur Christ, ne fut pas écrit pour évangéliser les incroyants, mais pour fortifier l'Église et l'aider à murir dans l'Esprit. Paul avait commencé à implanter des églises en Anatolie au moment où il fut emprisonné à Rome. Pierre visita ces églises abandonnées et les encouragea. Après la mort de Pierre et Paul, probablement lors des persécutions sous **Néron à Rome**, Jean les remplaça et s'installa à Ephèse, le centre du christianisme de l'époque. Il prit soin des diverses églises dispersées en Asie Mineure. Celui qui lit ses lettres et les **chapitres 2 et 3** de **l'Apocalypse** comprendra les craintes et les objectifs de cet apôtre qui nous fait découvrir l'amour de Dieu incarné en Jésus-Christ. Il lutta contre les croyants philosophes qui s'étaient infiltrés dans son troupeau comme des loups et avaient corrompu ses brebis avec des idées vides, des règles strictes et une liberté malsaine, parce qu'ils avaient mélangé la vérité à des pensées futiles. Les disciples de Jean-Baptiste vivaient aussi en Anatolie. Ils honoraient celui qui appelait à la repentance plus que Jésus le Sauveur. Ils attendaient encore le Messie promis, pensant qu'il n'était pas encore venu. En décrivant la personne de Jésus, Jean contredit tous ces différents courants qui niaient Christ. Il éleva la voix contre cet esprit d'opposition en certifiant que : « Nous avons contemplé sa gloire, une gloire comme la gloire du Fils unique venu du Père, pleine de grâce et de vérité ». Il semble que la plupart des destinataires de cet évangile aient été des croyants païens, car Jean donne de nombreux détails sur la vie juive. Qu'il n'aurait pas été nécessaire d'expliquer pour des Juifs. De plus, Jean ne s'est pas appuyé sur des paroles de Jésus écrites en araméen en les traduisant en grec comme les autres évangélistes. En revanche, il a utilisé des phrases grecques connues dans son église, les a remplies de l'esprit de l'Évangile et a témoigné des paroles de Jésus dans un grec pur en toute liberté et sous la direction du Saint-Esprit. Ainsi, son évangile est profond et simple et plus éloquent que tous les efforts artistiques de pure forme. Le Saint-Esprit nous présente dans cet évangile un trésor de vérités en toute simplicité, afin que chacun puisse comprendre sa signification durable.

3.5 Quand a-t-il été écrit ?

Nous remercions le Seigneur qui a permis que des archéologues orientaux découvrent récemment un morceau de papyrus datant de l'an 100 apr. J-C. en Égypte. Sur ce papyrus, on peut lire distinctement certaines phrases de l'évangile de Jean. Les découvertes révélèrent que l'évangile de Jean était connu en l'an 100, non seulement en Asie Mineure, mais aussi en Afrique du Nord, et sans aucun doute aussi à Rome, ce qui mit fin au long débat et à toute critique pernicieuse. Cette vérité consolide notre foi et nous permet d'attribuer cet évangile à l'apôtre Jean lui-même, sous l'inspiration du Saint-Esprit.

L'évangéliste Jean met de l'ordre dans ses pensées en les groupant autour d'un et de deux concepts ou mots principaux, liés entre eux comme des anneaux formant une chaine. Leurs significations se croisent parfois. La pensée sémitique de Jean, avec sa vision spirituelle profonde, est en harmonie avec la vivacité de la langue grecque dans une unité unique et glorieuse. Aujourd'hui encore, le Saint-Esprit nous aide à comprendre cet évangile. Il est pour nous la source éternelle de la connaissance et de la sagesse. Celui qui étudie l'évangéliste de Jean en profondeur finira par s'incliner devant le Fils de Dieu et lui consacrera sa vie dans la reconnaissance, la louange et la délivrance éternelle.

4 Rayonnement de la lumière divine *(Jean 1 :1-4 :54)*
4.1 L'incarnation de la parole de Dieu en *Jésus : (Jean 1 :1-18).*

L'essence et l'œuvre de la parole avant l'incarnation *dans Jean 1 :1-5 :* [1] **« Au commencement était la parole, et la parole était avec Dieu, et la parole était Dieu »**. L'homme exprime ses pensées et ses intentions en parole. Vous êtes ce que vous dites. Vos paroles sont un résumé de votre personne et la manifestation de votre esprit. Dans un sens plus large, la parole de Dieu exprime sa divinité et sa puissance à l'œuvre dans sa parole sanctifiée. Car au commencement, Dieu créa les cieux et la terre par le souffle de sa puissante parole. Et lorsqu'il dit : **Soit**, cela fut. Jusqu'à aujourd'hui, la puissance de Dieu se manifeste dans ses paroles. Avez-vous réalisé que l'évangile que vous avez entre les mains est rempli de l'autorité de Dieu ? Il est plus puissant que toutes les bombes à hydrogène parce qu'il élimine le mal en vous et développe ce qui est bien à la place. Dans l'évangile de Jean, l'expression **la parole** a deux significations en grec : **1]** le souffle qui porte le son hors de notre bouche ; **2]** un être spirituel masculin. En arabe, ces deux significations se distinguent par le genre du verbe qui suit la parole, soit au féminin ou au masculin. Christ vient du Père comme un mot normal sort de notre bouche. Ainsi, Christ est la somme de la volonté de Dieu et de sa pensée. Nous retrouvons cette utilisation dans d'autres religions, à savoir que Christ est la parole de Dieu et l'Esprit émanant de lui. Aucun être humain ne possède ces caractéristiques célestes, à part celui qui est né de la Vierge Marie. L'incarnation de Christ à Bethléem n'était pas le commencement de sa vie, car il était avec le Père depuis toute l'éternité et il existait avant que le monde ne soit créé. Christ est éternel, tout comme le Père est éternel ; il est immuable tout comme la parole de Dieu. Jean nous montre une relation fondamentale entre Christ et son Père. Il ne s'est pas séparé de lui, contrairement à la parole qui sort de notre bouche et se perd dans l'air. Christ est resté avec Dieu et a demeuré en Lui. L'expression **« avec Dieu »** signifie en grec que la parole se dirigeait vers Dieu. C'est l'attitude de tous ceux qui sont nés du Saint-Esprit, car il est la source de l'amour. Et l'amour ne recherche pas l'indépendance, mais il reste dirigé vers sa source et demeure en elle. Dieu n'a pas créé Christ par sa parole à partir de rien, comme les autres créatures, mais le fils lui-même est la parole qui crée et il est rempli de l'autorité de son père. À la fin de ce premier verset, nous trouvons la déclaration décisive que la Parole était Dieu lui-même. L'évangéliste nous fait comprendre que Christ est Dieu né de Dieu, lumière née de la lumière, vrai Dieu né du vrai Dieu, engendré et non pas créé, d'une essence unique avec le Père, éternel, puissant, saint et miséricordieux. Quiconque confesse que Christ est la parole de Dieu sera d'accord avec cette expression sur sa divinité.

Jean 1 :2-4 : **Elle était au commencement avec Dieu. [3] Toutes choses ont été faites par elle, et rien de ce qui a été fait n'a été fait sans elle. [4] En elle, était la vie, et la vie était la lumière des hommes.** Christ n'a pas vécu pour lui-même, mais toujours pour Dieu. Il ne s'est pas séparé de son père, mais était toujours dirigé vers lui, vivant avec lui et demeurant en lui. Cette attitude de Christ centrée sur son père était d'une telle importance pour Jean qu'il la répéta. De la Sainte Trinité, nous ne croyons pas en trois dieux indépendants, séparés les uns des autres, mais nous croyons en un seul Dieu, plein d'amour. Maintenant, l'Éternel ne vit pas seul, mais son fils est toujours avec lui, vivant avec lui en parfaite harmonie. Si quelqu'un n'a pas expérimenté l'amour de Dieu en recevant le Saint-Esprit dans son cœur, il ne pourra pas saisir la vérité de l'essence de Dieu. L'amour divin est ce qui unit le Père, le Fils et le Saint-Esprit en un seul Dieu. Au commencement, lorsque Dieu créa le monde, il ne le fit pas seul ni dans le silence, il lui donna plutôt la vie par sa parole. Puisque Christ était la parole de Dieu, le monde fut créé par lui. Cela signifie que Christ est non seulement le Sauveur, l'Avocat et le Rédempteur, mais aussi le Créateur de la gloire. Puisque rien ne se passe sans son intervention, il contrôle tout. Beni soit le cœur qui parvient à comprendre et à saisir qui Christ est. Toutes les découvertes scientifiques modernes, toutes les particules élémentaires et les corps stellaires ne sont rien que d'humbles interprétations de la gloire de Christ et de sa puissance. Votre voix, vos muscles, votre forme corporelle et les battements de votre cœur sont, entre autres, des cadeaux que Christ vous fait. Pensez-vous à le remercier ? Toutes les choses ont été créées à part Dieu, sa parole et son Esprit. Il est lui-même vivant, éternel et saint. Tout comme Dieu a la vie en lui, de même Christ est la source de la véritable vie, celui qui donne vie, qui nous délivre de la mort, de la culpabilité et du péché, et nous accorde sa vie éternelle. Cette vie divine en Christ a triomphé de la mort. Il est sorti du tombeau par la puissance de sa vie divine. Christ est non seulement le Créateur, mais il est en lui-même la source de la vie. Dans la mesure où il est saint, il ne mourra jamais. Aucun péché ne se trouve en Dieu ni en son fils, et il est vivant pour toujours. Nous découvrons plusieurs réflexions sur la vie de Christ dans les chapitres de l'Évangile de Jean. Cette vie est l'un des fondements de ses principes. La lumière du soleil donne vie à notre planète Terre. Mais en ce qui concerne Christ, le contraire est vrai ; sa vie est la source, car la lumière et le renouveau que nous expérimentons en lui renouvellent notre espérance. Notre religion n'est pas la religion de la loi de la mort et du jugement, mais le message de vie, de lumière et d'espérance. La résurrection de Christ d'entre les morts a banni tout désespoir. Le Saint-Esprit demeurant en nous, nous rend participants à la vie de Dieu. Le monde est sombre à cause du péché, mais Christ est amour dans la lumière. II n'y a ni ténèbres, ni méchanceté, ni mal en lui. C'est pourquoi, Christ apparait dans toute sa gloire. II brille plus que la lumière. Pourtant, Jean ne commence pas par relever la gloire éclatante de Christ, mais souligne sa force et sa vie. Car la connaissance de la sainteté de Christ nous expose, nous juge et nous détruit. En revanche, la perception de sa vie nous donne la vie. Méditer sur Christ nous réconforte et nous renouvelle vraiment. Jésus est la Lumière des hommes. II ne brille pas pour lui-même et ne magnifie pas son nom. II brille plutôt dans notre intérêt. Nous ne sommes pas des sources de lumière, mais de ténèbres. Tous les hommes sont méchants, mais Christ nous éclaire afin que nous puissions le connaitre et prendre conscience de notre condition de pécheur. Par son Évangile, nous ressuscitons des morts et entrons dans la vie éternelle. Christ nous attire et nous appelle par la lumière de sa vie à quitter notre état désespéré. Nous nous approchons de lui avec détermination et confiance.

La lumière luit dans les ténèbres, et les ténèbres ne l'ont point reçue (Jean 1 :5).
Tout est lumière et pureté avec Dieu. Là où il exerce son influence, rien n'est sombre. Tout est clair, droit, vrai et Saint. L'impureté ne trouve aucune place près de lui. Le Saint-Esprit est pur et la lumière du Seigneur ne brille pas violemment, mais doucement. Elle réconforte et guérit. Les rayons de la lumière de Christ ne sont pas confinés aux cieux. Ils transpercent les ténèbres et offrent la rédemption. C'est une grâce merveilleuse de savoir que Christ brille aujourd'hui au milieu des ténèbres. II n'abandonne pas les perdus, mais les libère et les éclaire. Nous devons reconnaitre l'existence du monde des ténèbres opposé au monde de la lumière. Nous ne savons pas exactement comment les ténèbres se sont produites. L'évangéliste Jean ne nous a pas révélé ce secret. II voulait que nous parvenions à connaitre la lumière sans nous attarder sur les ténèbres. Tous les hommes et toutes les créatures sont tombés dans les ténèbres et le monde entier vit sous l'empire du mauvais. Vous vous demandez peut-être si Christ a créé l'univers en harmonie avec Dieu et comme quelque chose de bon, comment les ténèbres ont-elles réussi à s'y introduire. Dieu a créé les hommes à son image, comment se fait-il que nous décevions sa gloire aujourd'hui ? Jean ne mentionne pas le nom de Satan, ce Satan qui a désobéi à l'Éternel et essayé d'éteindre sa lumière. II a toujours été contre Christ. Par conséquent, il a perdu la lumière qui lui avait été donnée. Satan est devenu orgueilleux et a cherché la grandeur sans Dieu. II voulait s'élever au-dessus de lui afin de le vaincre. C'est ainsi qu'il est devenu le Prince des Ténèbres. Cher frère, Quel est le but de votre vie ? Cherchez-vous la grandeur, la célébrité et votre propre satisfaction sans Dieu ? S'il en est ainsi, vous faites alors partie de ceux qui sont dans les ténèbres, comme le Mauvais. Car il n'est pas resté seul, il a attiré des millions de personnes à lui. Regardez les visages des gens que vous croisez dans la rue. Voyez-vous la lumière ou les ténèbres dans leurs yeux. Leur cœur reflète-t-il la joie de Dieu ou la tristesse de Satan. Le Malin hait Dieu parce que sa sainte lumière le condamne. II ne veut pas que la lumière mette à jour sa férocité. II se cache et essaie de vaincre Christ et ceux qui suivent sa lumière. Ce traitre ne peut pas supporter la lumière du Seigneur et la hait. II cache volontairement son visage et ne peut donc pas percevoir la lumière. Ce qui est effrayant, c'est que des millions de personnes ne voient pas le soleil Christ alors qu'il brille dans la nuit de leurs péchés. Nous connaissons tous le Soleil. II n'est pas nécessaire de l'expliquer. II est présent, lumineux, il brille et rayonne. Chacun sait qu'il est la source de la vie. La plupart des hommes et des femmes ne perçoivent pas la gloire de Christ et sa puissance, parce qu'ils ne veulent pas chercher à la comprendre. Des idéologies trompeuses les aveuglent, telle une épaisse couverture, et les poussent à rejeter le vrai message sur la divinité de Christ. En réalité, ils refusent de reconnaitre leurs propres péchés. Ils ne veulent pas s'approcher de la lumière et préfèrent rester dans les ténèbres, ils ne se renient pas et ne confessent pas leurs péchés. Ils deviennent arrogants et orgueilleux. Ils restent aveugles à la grâce de la lumière de Christ. Les ténèbres s'opposent à la lumière, mais la lumière les transperce grâce à l'amour. Où vous situez-vous ? Dans la lumière du Seigneur ou dans les ténèbres du Malin.

4.2   Le Baptiste prépare le chemin de Christ *(Jean 1 :6-13)*

Jean 1 :6-8 **: Il y eut un homme envoyé de Dieu ; son nom était Jean. 7, Il vint pour servir de témoin, pour rendre témoignage à la lumière, afin que tous croient par lui. 8, Il n'était pas la lumière, mais il parut pour rendre témoignage à la lumière.** Dieu envoya Jean-Baptiste dans le monde afin d'appeler les hommes à venir vers les rayons de la lumière divine. Chacun sait que bien des péchés sont commis dans le noir. Mais celui qui confesse sa culpabilité devant Dieu, d'un cœur repentant et brisé, vient à la lumière. Qu'en est-il de vous ? Etes-vous venu à la lumière ou êtes-vous encore en train de vous cacher dans les ténèbres ? Le Baptiste révéla la condition du cœur des hommes. Par rapport à la Loi de Dieu, tous les hommes sont mauvais. Ils ont besoin de repentance et d'un changement complet afin de ne pas périr au jour du jugement du Seigneur. L'appel du Baptiste toucha les foules qui coururent vers celui qui appelait à la repentance dans le désert. Ils confessèrent leurs péchés publiquement et demandèrent le baptême dans le Jourdain, comme symbole de la purification de leurs péchés, noyant leur égoïsme dans le fleuve et émergeant à une vie nouvelle. Dieu a choisi Jean-Baptiste. Il l'a inspiré et envoyé pour ramener les hommes à la raison, pour les amener à changer leur manière de penser et à se préparer à la venue de Christ. Les gens de l'Ancien Testament étaient bien informés sur celui qui vient au nom du Seigneur. Le prophète Esaïe dit de lui : **« Le peuple qui marchait dans les ténèbres voit une grande lumière ; sur ceux qui habitaient le pays de l'ombre de la mort, une lumière resplendit »** *(Esaïe 9 : 2)*. Il dit aussi au nom du Seigneur : « Lève-toi, sois éclairé, car ta lumière arrive, et la gloire de l'Éternel se lève sur toi » *(Esaïe 60 : 1)*. Le Baptiste enseigna que la venue de la lumière au milieu des ténèbres n'était pas destinée uniquement au peuple de l'Ancien Testament, mais qu'elle est disponible pour tous. Ainsi, le message du Baptiste était adressé au monde entier, et les peuples d'Asie Mineure et des régions autour de la Mer Méditerranée l'ont suivi pendant des années après sa mort. Des milliers de personnes suivirent Jean-Baptiste malgré le fait qu'il ait affirmé ne pas être lui-même la lumière, mais un héraut envoyé devant lui. Il n'amenait pas les gens à lui, mais les conduisait à Christ. C'est le signe évident de tous les messagers authentiques de Dieu qui n'attachent pas leurs disciples à eux-mêmes, mais à Christ seul. Le but du service de Jean n'était pas la repentance et le baptême, mais la foi en Christ. Il savait que les gens espéraient qu'il se présenterait comme étant lui-même le Christ. Mais il ne céda pas à la tentation et prépara le chemin pour le Seigneur. Il savait que celui qui allait venir baptiserait les gens du Saint-Esprit. Jean savait aussi qu'une repentance psychologique ne suffisait pas du tout, même si la personne se faisait baptiser pour la rémission de ses péchés. Il n'ignorait pas que nous avons tous besoin d'un renouvellement complet de notre être intérieur. Dieu ne lui a pas conféré l'autorité de changer les cœurs, ni à aucun des prophètes de l'Ancien Testament. Ce privilège était réservé à la lumière originale qui crée, à la parole qui donne vie et renouvelle une personne avec son autorité lorsqu'elle croit en son nom et s'ouvre à sa lumière. De cette manière, Jean conduisit de nombreuses personnes à la foi en Christ, sachant que la foi seule les transportera dans une nouvelle ère. Apollos était un philosophe ardent et zèle, qui suivait l'enseignement de Jean-Baptiste. Il parla de Christ sans avoir vraiment expérimenté la lumière de la nouvelle Alliance. Mais lorsqu'il se donna à Christ, la lumière entra dans son cœur et il devint une lumière pour le Seigneur et un phare dans la nuit. Il éclaira de nombreuses personnes *(Actes 18 :24-28)*.

Jean 1 :9-10 : ***⁹Cette lumière était la véritable lumière,*** **qui, en venant dans le monde, éclaire tout homme. ¹⁰Elle était dans le monde, et le monde a été fait par elle, et le monde ne l'a point connue.** Christ est la véritable lumière du monde. Il y a des siècles, le Saint-Esprit avait prédit sa venue par les Prophètes. Les livres de l'Ancien Testament annoncent à maintes reprises la venue de Christ dans notre univers. Le prophète Esaïe dit : Voici, les ténèbres couvrent la terre, et l'obscurité les peuples ; mais sur toi l'Éternel se lève, sur toi sa gloire apparait *(Esaïe 60 :2)*. Dans **Jean 1 :9-10**, le mot monde est répété quatre fois. Pour l'évangéliste Jean, le sens de ce mot est proche de la définition des ténèbres, car il écrit : Le monde entier est sous la puissance du malin

(1 Jean 5 :19). Au commencement, le monde n'était pas mauvais, car Dieu l'avait créé bon. Sa beauté et sa bonté remplissaient l'univers. Dieu vit tout ce qu'il avait fait et voici, cela était très bon *(Genèse 1 :31)*. Dieu créa l'homme à son image, et sa gloire fut accordée aux ancêtres de l'homme, qui reflétaient la lumière du Créateur tel un miroir. Mais à cause de l'orgueil, ils devinrent méchants et rebelles. Ils abandonnèrent leur communion avec Dieu et s'ouvrirent à l'esprit des ténèbres. Se distancer de Dieu rend toujours mauvais, comme David le reconnut dans le *Psaume 14 :1* : « L'insensé dit en son cœur : Il n'y a point de Dieu ! Ils se sont corrompus, ils ont commis des actions abominables ; il n'en est aucun qui fasse le bien ». L'évangéliste Jean témoigna cependant du fait que Christ est venu dans ce monde mauvais, tout comme le soleil se lève en chassant petit à petit les ténèbres devant lui. La lumière de Christ n'est pas entrée dans notre monde tel un éclair aveuglant. Il est entré avec douceur, éclairant tous les hommes. Il n'est pas venu en tant que juge et bourreau, mais comme Sauveur et Rédempteur. Tous les hommes ont besoin d'être éclairés par Christ, sans cela, ils resteront dans les ténèbres. Christ est la véritable lumière et personne d'autre. Celui qui accepte sa lumière par l'Évangile changera de caractère, deviendra bon et brillera sur les autres. Essayons de comprendre cette parole. Le Créateur est venu dans son monde, le propriétaire est entré dans sa possession, et le roi s'est approché de son peuple. Qui se réveillera et préparera sa venue, qui étudiera la vérité sur sa venue et ses buts, qui est prêt à abandonner le but vain de ce monde pour accueillir le Dieu qui vient, qui va percevoir cet instant révolutionnaire et unique dans le temps, au cours duquel Dieu viendra ? Tout à coup, l'Éternel fut présent parmi les pécheurs. Il est venu dans la discrétion et la paix. Il ne voulait pas éblouir le monde de sa grandeur, de sa puissance et de sa gloire. Il révéla plutôt son humilité, son amour et sa vérité. Depuis le commencement de la création, l'orgueil provoque la chute de l'homme. Quant à Satan, il voulait être fort, glorieux et intelligent, comme Dieu. Puis Christ le Tout-puissant est né, le fragile et humble bébé fut couché dans une crèche. Avec son humilité, sa douceur et son obéissance, il remporta la victoire. Il est descendu jusqu'aux niveaux les plus bas de l'homme afin d'élever chacun et de les sauver tous. Ecoutez, vous tous les hommes. Après cette bonne nouvelle, nous apprenons malheureusement que le monde ne connait pas la lumière et ne la comprend pas. Les hommes n'ont pas réalisé que le Fils de Dieu s'est approché d'eux et était présent parmi eux. Ils sont restés aveugles et fous, malgré leurs philosophies, leurs sciences et leur génie. Ils n'ont pas reconnu que Dieu lui-même se tenait devant eux. Ils ne connaissaient pas leur Créateur et n'ont pas accepté leur Sauveur et juge. À partir de cette pénible vérité, nous pouvons en déduire un principe important dans le Royaume de Dieu ; nous ne pouvons pas comprendre Dieu avec notre intelligence et nos capacités humaines seulement. Tout ce que nous apprenons sur l'amour de Christ est une véritable grâce et un don de Dieu, car c'est le Saint-Esprit qui nous appelle par l'Évangile, nous éclaire de ses dons et nous garde dans la vraie foi. Ainsi, nous devons nous repentir et ne pas dépendre de l'intelligence de notre esprit, ni des émotions de notre âme. Nous tous avons besoin de nous ouvrir à la véritable lumière, tout comme les fleurs s'ouvrent aux rayons du soleil. De cette manière, la foi en Christ crée la véritable connaissance. Ce début de foi n'est pas de nous, mais il est l'œuvre de l'Esprit du Seigneur.

Jean 1 :11-13 : **[11]Elle est venue chez les siens, et les siens ne l'ont point reçu. [12]Mais à tous ceux qui l'ont reçu, à ceux qui croient en son nom, elle a sonné le pouvoir de devenir enfants de Dieu, [13]lesquels sont nés, non du sang, ni de la volonté de la chair, ni de la volonté de l'homme, mais de Dieu.** Le peuple de l'Ancien Testament appartenait à Dieu parce que l'Éternel s'était lié à ces pécheurs par une alliance après les avoir purifiés. Il les a dirigés pendant des siècles. Il a labouré leur cœur avec la charrue de la Loi et les a préparés à recevoir l'Évangile. Ainsi, l'histoire des descendants d'Abraham a été focalisée sur la venue du Christ. Son apparition était le but et la finalité de l'Ancien Testament. C'est un fait étrange que ceux qui ont été choisis pour accueillir le Seigneur Jésus l'aient rejeté et n'aient pas reçu sa lumière. Ils ont préféré vivre dans les ténèbres de la loi, avançant à toute vitesse vers le jugement. Ils se sont complètement privés de la grâce et ont aimé leurs œuvres plus que le salut en Christ. Ils ne se sont pas repentis, mais se sont endurcis contre l'esprit de vérité. Non seulement le peuple de l'Ancien Testament appartenait à Dieu, mais aussi toute l'humanité, parce que le Tout-puissant a créé les pierres, les plantes, les animaux et même tous les hommes. Pour cette raison, les peuples du monde assument la même responsabilité que le peuple de l'Ancien Testament. Notre Créateur et notre Maître veut entrer dans notre cœur et dans nos maisons, qui l'accueillera ? Vous appartenez à Dieu ? Vous êtes-vous mis à la disposition du Seigneur ? Aujourd'hui, la majorité des nations ne sont malheureusement pas prêtes à s'ouvrir à la lumière de Christ. Elles ne veulent pas bénéficier de ses rayons pour vaincre l'épaisseur de leurs ténèbres. Elles refusent donc le Fils de Dieu. Une fois de plus, n'importe quel descendant d'Abraham ou de l'homme en général qui ouvre son cœur à Christ et remet sa vie entre les mains du puissant Sauveur, expérimentera un grand miracle. Car la Lumière céleste l'éclairera de la lumière divine et vaincra les ténèbres qui résident dans son cœur. De plus, la puissance de Dieu entrera dans son cœur et renouvellera son être intérieur. Christ vous délivre de l'esclavage du péché. Il vous accorde la liberté des enfants de Dieu. Si vous aimez Christ, alors le Saint-Esprit résidera en vous et commencera son œuvre de salut dans votre vie. Or l'évangéliste Jean ne dit pas que nous deviendrons ou que nous sommes devenus des enfants de Dieu, mais que nous devenons ses enfants par la croissance spirituelle. Il y a une grande différence entre ces paroles, car celui qui croit en Christ entrera dans une nouvelle existence. En même temps, il se développera et murira pour atteindre la perfection dans sa vie spirituelle. La puissance du Seigneur a fait de nous une nouvelle création, et elle nous sanctifiera et nous perfectionnera. Nous ne sommes pas devenus enfants de Dieu uniquement par adoption, mais nous sommes devenus enfants par la naissance spirituelle. Le don de l'Esprit de Christ dans notre cœur nous remplit de l'autorité du Seigneur. L'effusion de cette autorité divine sur les croyants indique le fait qu'aucune puissance de ce monde et à la fin des temps ne peut les empêcher d'être remplis des attributs divins. Christ est l'auteur de la foi et celui qui la rend parfaite. On ne peut pas comparer les enfants de Dieu aux enfants du monde. Tout être humain a été engendré par un père et une mère intentionnellement ou par une pulsion naturelle. Peut-être ont-ils prié ensemble et obéi à la direction de l'Esprit. Mais tout héritage spirituel, psychologique ou physique de nos parents n'a aucune relation avec notre nouvelle naissance de Dieu. Car le renouvellement spirituel est saint depuis le début et vient de Dieu, de qui tout chrétien est né directement. Car il est notre véritable père spirituel. Aucun enfant n'est capable de se donner naissance. De même, notre naissance spirituelle est une pure grâce. Celui qui aime ces semences les accepte et les garde. En lui, la vie éternelle de Dieu grandira. Bénis sont ceux qui entendent la parole de Dieu et la gardent. Être né dans une famille chrétienne ou faire partie d'une communauté chrétienne ne fait pas de nous des enfants de Dieu, il faut avoir la foi au nom de Christ. Cette foi implique qu'il faut s'approcher de lui, se plonger dans ses qualités, comprendre sa douceur et grandir dans la dépendance de sa puissance. Cette croissance est possible si nous nous plaçons dans ses mains, en croyant qu'il nous sauve et nous transforme à sa ressemblance. La foi en Christ est une relation sincère entre nous et lui et une alliance éternelle. Cette naissance spirituelle ne se réalisera pas en nous sans cette foi. Nous ne pourrons pas dire que la nouvelle naissance est plus grande ou plus difficile que la foi, ni que la foi est plus facile que le renouveau. Elles sont pareilles. Jusqu'à présent, l'évangéliste Jean n'a pas encore mentionné le nom de Jésus-Christ. Il a plutôt décrit sa personnalité aux croyants des nations, en utilisant des mots correspondant à leur manière de penser. Avez-vous compris les six significations des qualités de Christ que l'évangéliste a mises en avant ? Avez-vous ouvert votre cœur à la puissance de ces attributs ? Vous deviendrez alors un véritable enfant de Dieu !

4.3   La plénitude de Dieu est apparue dans l'incarnation *(Jean 1 : 14-18)*

Jean 1 : 14 : ¹⁴Et la parole a été faite chair, et a habité parmi nous, pleine de grâce et de vérité ; et nous avons contemplé sa gloire, une gloire comme la gloire du Fils unique venu du père. Qui est Jésus-Christ ? Il est vrai Dieu et vrai homme. Jean nous présente ce grand secret comme la devise de son Évangile. Lorsqu'il mentionne l'incarnation de la Parole de Dieu, il nous montre le fondement de son message. Le verset 14 est la clé de toutes les nouvelles qui suivent. Si vous saisissez toutes les significations de cette perle spirituelle, vous parviendrez à une connaissance approfondie des chapitres suivants. L'incarnation de Christ est fondamentalement différente de notre renouveau spirituel. Nous avons tous un corps et avons été engendrés spirituellement par un père et une mère. Après quoi, la parole de l'évangile nous a touchés et a généré la vie éternelle en nous. Christ n'est cependant pas né d'un père naturel. La parole de Dieu est venue en Marie selon ce que l'ange lui a dit : « Le Saint-Esprit viendra sur toi, et la puissance du Très-Haut te couvrira de son ombre. C'est pourquoi le saint enfant qui naitra de toi sera appelé Fils de Dieu » *(Luc 1 :35).* En acceptant ce merveilleux message par la foi, la vierge a reçu un embryon unique en son sein, dans lequel le Saint-Esprit s'est uni au sang humain. C'est ainsi que Dieu s'est fait homme. Notre pensée est limitée devant cette réalité. La biologie ne peut pas expliquer ce mystère. L'expérience humaine est incapable de le comprendre. Certains théologiens essaient d'atténuer l'impossibilité de la naissance de Christ pour un esprit scientifique en disant qu'il est seulement apparu dans un corps sans vraiment avoir un corps matériel qui ressent la douleur et le chagrin. Nous confessons cependant que Christ était totalement homme et totalement Dieu en même temps. L'incitation de Christ est la meilleure interprétation de cette merveilleuse naissance. Le Fils éternel de Dieu, qui était auprès du Père depuis toute éternité, prit part à notre nature physique sans péché, car le Saint-Esprit en lui triompha de toute tendance au péché. Ainsi Jésus est le seul être humain à avoir vécu dans l'innocence et la pureté, sans tâche. Le Fils de Dieu s'est mélangé aux rebelles, aux humains impitoyables et mauvais, qui sont tous morts. Il est cependant éternel, incapable de mourir compte tenu de sa divinité. En dépit de son élévation, il nous a aimés, a quitté la gloire qu'il avait auprès du Père et a vécu parmi nous dans l'humilité. Il est devenu l'un de nous et a compris parfaitement notre situation. Dans la souffrance, il a appris l'obéissance totale. Il était plein de compassion. Il ne nous a pas rejetés, nous les mauvais. Christ s'est fait homme pour s'approcher de nous afin de nous rapprocher de Dieu. Le corps de Christ ressemble au tabernacle de l'Ancien Testament où Dieu rencontrait son peuple. Dieu était en Christ et s'est révélé à nous sous la forme d'un homme. Toute divinité était concrètement présentée en Christ. Selon le texte grec, Jean dit en fait qu'il « a son tabernacle parmi nous ». Cela signifie qu'il n'a pas construit un château durable pour demeurer éternellement avec nous sur terre, mais qu'il est resté pour une courte période, comme les nomades qui séjournent un temps dans leurs tentes, puis les plient et partent pour un autre endroit. Christ est resté peu de temps parmi nous, puis il est retourné au ciel. Les apôtres confirmèrent avoir été les témoins de la gloire de Christ. Leur témoignage est une acclamation et un sujet de joie. Ils furent les témoins oculaires de la présence du Fils de Dieu dans la chair. Leur foi leur permit de comprendre l'amour, la patience, l'humilité, la loyauté et la divinité de Jésus. Ils virent Dieu lui-même, dans toute sa pureté. Dans l'Ancien Testament, l'expression « sa gloire » résume tous les attributs divins. L'apôtre Jean présente courageusement tous les attributs de Jésus dans son témoignage. Il perçut sa Majesté cachée aussi bien que sa beauté et sa grandeur. Inspiré du Saint-Esprit, Jean appela Dieu Père et Jésus Fils. Impossible d'échapper à ces termes. L'inspiration de l'Esprit déchire le voile qui cache le nom de Dieu, nous assurant que le Saint éternel, le puissant Créateur est père et qu'il a un Fils tout aussi saint, glorieux, éternel et plein d'amour. Dieu n'est pas simplement un juge triomphant, destructeur et vengeur, il a compassion, il est doux et patient, et son Fils est pareil. En comprenant le Père et le Fils, nous atteignons le cœur du Nouveau Testament. Celui qui voit le Fils voit le Père. Cette révélation a transformé l'image de Dieu que nous trouvons dans les autres religions et ouvert nos yeux sur l'ère d'amour. Voulez-vous connaitre Dieu ? Alors, étudiez la vie de Christ ! Qu'ont vu les disciples en Jésus ? Quel est le résumé de leur témoignage ? Ils ont vu l'amour de Dieu accompagné de grâce et de vérité. Réfléchissez à ces trois mots tout en priant et vous réaliserez la plénitude de la gloire de Dieu présente en Christ. Dans sa grâce, Jésus vient vers nous alors que nous ne le méritons pas, car nous sommes corrompus. Nous sommes tous coupables ; aucun de nous n'est juste. Sa venue explique bien sa grâce. N'ayant pas honte de nous appeler ses frères, il nous a purifiés, sanctifiés et renouvelés et il nous a remplis de son esprit. Ces actes salvateurs ne sont-ils pas « grâce pour grâce » ? Et même plus que cela : nous avons obtenu un nouveau droit, car Christ nous a fait la grâce d'avoir le droit de devenir enfants de Dieu. Le message de la grâce n'est pas tromperie ou imagination, mais un nouveau droit. L'incarnation est une preuve de la réalité de l'œuvre de Dieu, qui nous rend parfaits dans son salut. La grâce est la base de notre foi.

JEAN 1 : 15-16 : **[15]Jean lui a rendu témoignage, et s'est écrié : C'est celui dont j'ai dit : Celui qui vient après moi m'a précédé, car il était avant moi. [16]Et nous avons tous reçu de sa plénitude, et grâce pour grâce**. Le Baptiste annonça d'une voix forte que Christ, qui était venu après lui, existait avant lui, en dehors des généalogies temporelles. Par cette proclamation, le Baptiste confirma l'éternité de Christ. Il rendit témoignage de la vérité que Christ est au-dessus de l'espace, du temps et de la perdition, un Dieu infini et incorruptible. Au désert, le Baptiste souffrit de voir la gravité du péché des hommes. Il leur enseigna la repentance pour la rémission des péchés. Mais en voyant Jésus, son cœur se réjouit, car Christ était né en tant qu'homme éternel, plein de vérité, et de Noël prend sa source dans l'apparition de la vie éternelle de Dieu dans un corps humain. Ainsi commença la victoire de la vie sur la mort, parce qu'en lui, le péché qui mène à la mort était éliminé. Réalisant la profondeur de cette grâce, le Baptiste loua et magnifia la plénitude de Dieu présente en Christ. Paul avait confessé : « Car en lui habite corporellement toute la plénitude de la divinité. » « Vous avez tout pleinement en lui. » Jean résume ces vérités dans sa déclaration : « Nous avons tous reçu de sa plénitude, et grâce pour grâce. » Quelle est cette plénitude de Christ et qu'avons-nous reçu de lui ? Si vous vous souvenez de l'explication de Jean sur la personne de Christ dans les versets précédents, vous connaitrez la grandeur de sa personnalité et saisirez combien l'océan de sa grâce nous atteint quotidiennement. Christ est la parole de Dieu émanant du Père, comme les paroles sortent de la bouche de l'homme. Il est le cœur le plus profond de Dieu et sa volonté, son essence et son plaisir. Comme la parole de l'Évangile nous atteint, pénètre notre esprit et change notre volonté, Christ vient dans notre cœur et nous transforme selon son excellence. N'est-ce pas une grâce magnifique ? Les parents ont la responsabilité de transmettre à leur progéniture la vie que Dieu leur accorde. N'est-ce pas la grâce ? Et puisque la vie terrestre passe, Christ envoie son propre Esprit qui est la vie éternelle aux croyants. Tous les Chrétiens partagent la vie de Dieu et ne mourront jamais. N'est-ce pas la grâce ? Christ est la Lumière du monde. Il est le vainqueur sur les ténèbres et le créateur de la lumière dans la nuit noire. Il offre l'Espérance à un monde obscur, envoie sa puissance à un monde gémissant dans ses souffrances. La lumière de Christ est capable de chasser l'obscurité du monde. En politique et sur le lieu de travail, en famille et à l'église, ceux qui croient en lui reçoivent la force de rester justes et fidèles. N'est-ce pas une grâce après l'autre ? Jésus est Créateur de l'univers. En lui demeure la plénitude de la puissance de Dieu. Ses miracles étaient des signes indiquant son autorité. Sa résurrection des morts a prouvé la puissance de sa vie sur la mort. Physiquement, il a vaincu la force de gravité et marche sur l'eau. Avec cinq pains et deux poissons, il a nourri et rassasié **5000** hommes. Il connait même le nombre de vos cheveux sur la tête. Acceptez-vous de vous incliner devant Sa grâce qui prend soin de vous ? Voulez-vous en savoir plus sur la plénitude de Christ ? Le monde lui appartient. Les biens et les richesses, chaque minute de votre vie lui appartient, vous lui appartenez aussi. Il vous a créé et c'est lui qui vous garde. Christ possède tout. Il vous a confié ses attributs afin que vous les gériez pour lui. Le remerciez-vous pour sa grâce ? La chose étonnante sur l'incarnation et Noël est que la plénitude de Dieu s'est fait chair dans un enfant. Ce miracle précis a été annoncé par **Esaïe 700** ans avant son accomplissement par l'inspiration du Saint-Esprit : « Car un enfant nous est né, un fils nous est donné, et la domination reposera sur son épaule. On l'appellera **Admirable, Conseiller, Dieu puissant, père éternel, prince de la paix** *(Esaïe 9 :6)*. Malheureusement, l'esprit des hommes est lent à comprendre que Dieu en Christ a restauré en l'homme l'image pure que l'homme avait au commencement de la création. Jésus est glorieux, sage, il est le conseiller bien inspiré, le puissant Dieu éternel. Tous les attributs et dons de Dieu étaient présents dans le bébé de la crèche. Avez-vous réalisé la grâce merveilleuse que Dieu nous a faite en venant à nous en Jésus ? Nous pouvons dire : Dieu est avec nous ! Christ ne veut pas garder ses vertus pour lui-même, ou sinon il serait resté au ciel. Il est venu dans notre monde, s'est fait chair et a pris notre ressemblance humble pour nous ouvrir le chemin des cieux, pour nous réconcilier avec son père et nous remplir de sa plénitude. De même, Paul témoigne que le but de Dieu est la présence de sa plénitude dans l'Église. Lisez **Éphésiens 2 : 10**, vous serez alors conduit à louer Dieu et à magnifier la grâce de votre Seigneur. Ne restez pas misérable dans vos péchés, mais ouvrez votre cœur à la plénitude de Christ. Approchez-vous du bébé de la crèche, et de nombreuses bénédictions vous couleront dessus. Il fera de vous une source de grâce pour ceux qui vous entourent.

JEAN 1 : 17-18 : [17]**Car la loi a été donnée par Moïse, la grâce et la vérité sont venues par Jésus-Christ. [18]Personne n'a jamais vu Dieu ; le Fils unique, qui est dans le sein du père, est celui qui l'a fait connaitre.** La différence entre l'Ancien et le Nouveau Testament peut se résumer à la différence entre la justice par la Loi et la justice par la Grâce. Dieu donna à Moïse les Dix Commandements, les lois concernant les sacrifices et la loi pour gérer les affaires de la vie courante. Celui qui gardait ces préceptes méritait la vie. Mais celui qui transgressait l'un d'eux méritait la mort. Parce qu'aucun humain n'est parfait. Les personnes les plus pieuses éprouvaient sans cesse des remords face à la tâche quasi impossible de respecter toutes les règles de Loi. Les gens superficiels se considéraient bons, estimant que leur vie plaisait à Dieu. Ils tombèrent cependant dans l'égoïsme et le légalisme fanatique. Ils oublièrent l'amour et se vantèrent de la justice de leurs œuvres égoïstes. Certainement, la Loi en tant que telle est sainte parce qu'elle reflète la sainteté de Dieu. Mais face à elle, tout homme parait mauvais. Ainsi, la loi nous mène à la misère et à la mort. Dans cette atmosphère qui sent la mort, l'évangéliste mentionne pour la première fois Jésus-Christ et le présente comme le libérateur de la misère et de la colère de Dieu. L'homme Jésus de Nazareth est le Messie promis, oint de la plénitude du Saint-Esprit. Il est le Roi des rois, la parole de Dieu et le Sacrificateur. Il est le résumé de toutes les possibilités d'espoir et de salut. Christ n'est pas venu vers nous avec un nouveau système légal, il nous a plutôt rachetés de la malédiction de la Loi par amour. Pour nous, il a accompli toutes les exigences légales à notre place. Il a porté sur ses épaules nos péchés et le jugement du monde, nous réconciliant ainsi avec Dieu. Dieu n'est plus notre ennemi à cause de nos péchés, car nous avons obtenu la paix avec lui par Jésus-Christ, notre Seigneur. L'homme Jésus est monté vers son père céleste et nous a envoyé son Esprit Saint. Il a gravé la Loi dans notre cœur, remplissant nos sentiments les plus profonds de pensées pures, vraies et honorables. Nous ne vivons plus sous la Loi, mais il vit en nous. C'est ainsi que Dieu nous donne la force d'accomplir les exigences de Son amour. Depuis la venue de Christ, nous vivons une ère de grâce. Dieu ne nous demande pas des offrandes, des cultes ou des sacrifices pour satisfaire notre ego, mais il a envoyé son fils pour nous justifier. C'est pourquoi nous l'aimons et le remercions, et nous nous offrons en sacrifice vivant, car il nous a sanctifiés. Christ ne nous abandonne pas comme des orphelins, mais reste avec nous et nous accorde ses dons. Nous ne méritons pas le pardon de nos péchés, ni la communion de l'Esprit de Dieu. Nous ne méritons pas non plus tout autre don ou bénédiction, tout est grâce de sa part. En effet, nous ne méritons rien que la colère et la perdition. Mais en raison de notre lien avec Christ par la foi, nous sommes devenus les fils de Dieu bénéficiant de sa grâce. Avez-vous réalisé la différence entre les esclaves du péché et les enfants de la grâce ? Cette grâce n'est pas un simple sentiment émotionnel dans le cœur du Saint ; c'est plutôt un amour basé sur des droits judiciaires. Dieu ne peut pas pardonner à qui il veut, car le péché du pécheur mérite sa mort immédiate. Cependant, la crucifixion de Christ à notre place a accompli toute justice. Ainsi, la grâce est devenue un droit pour nous et la miséricorde de Dieu une réalité qui ne peut pas être ébranlée. La grâce en Christ est la base légale pour notre vie avec Dieu. Vous vous demandez : qui est ce Dieu, libre d'agir, et pourtant lié par sa justice ? Voici notre réponse : Plusieurs religions ont sérieusement et péniblement essayé de comprendre Dieu. Mais elles sont comme des échelles posées sur la terre qui ne peuvent pas atteindre les cieux. Mais Christ est comme une échelle divine descendant des personnes dans le désespoir. Aucun de nous n'a vu le Créateur éternel, parce que nos péchés nous séparent du Saint. Toutes les déclarations sur Dieu ne sont rien de plus que de vagues spéculations. Mais Christ est son Fils, avec lui depuis toute éternité, l'un des éléments de la Trinité divine. Ainsi, le Fils connaissait aussi le Père. Toute la révélation antérieure est insuffisante. Mais Christ est la parole parfaite de Dieu et le résumé de toute la vérité.

4.3.1   Quel est le pivot du message de Christ ?

Jésus nous a enseigné à nous adresser à Dieu en priant : **« Notre père qui est aux cieux »**. Il nous révèle ainsi que l'essence de Dieu est sa paternité. Dieu n'est pas un dictateur, un conquérant ou un destructeur. Il n'est ni apathique ni indifférent. Il prend soin de nous comme un père prend soin de son enfant. Si un enfant tombe dans la boue, son père l'en ressort, le nettoie et ne l'abandonne pas dans le monde de la culpabilité. Depuis que nous avons réalisé que Dieu est notre Père, nous sommes libérés du désespoir causé par nos soucis et nos péchés. Le Père nous a purifiés et accueillis. Nous vivons avec Dieu pour toujours. La révolution religieuse qui éclate dans notre monde au nom du Père est la nouvelle pensée chrétienne que Christ a véhiculée. Ce nom paternel englobe le résumé des paroles et œuvres de Christ. Avant son incarnation, Christ était avec son père. Cette image clarifie la relation d'amour entre Christ et Dieu. Après sa mort, le fils est ressuscité et est retourné vers son père. Il ne s'est pas seulement assis à la droite de Dieu, mais il est aussi dans le sein du Père. Cela signifie qu'il est en lui un avec lui. Ainsi toutes les paroles de Christ sur Dieu sont véridiques. En Christ, nous voyons Dieu. Tel fils, tel père et tel père, tel fils.

5   Première visite de Christ à Jérusalem : *JEAN 2 : 13-4 : 54*
THEME : Qu'est-ce que la véritable adoration ?

5.1   La purification du Temple *Jean 2 : 13-22*

Jean 2 :13-17 : **[13]La Pâque des Juifs était proche, et Jésus monta à Jérusalem. [14]Il trouva dans le temple les vendeurs de bœufs, de brebis et de pigeons, et les changeurs assis. [15]Ayant fait un fouet avec des cordes, il les chassa tous du temple, ainsi que les brebis et les bœufs ; il dispersa la monnaie des changeurs, et renversa les tables ; [16]et il dit aux vendeurs de pigeons : Otez cela d'ici, ne faites pas de la maison de mon père une maison de trafic. [17]Ses disciples se souvinrent qu'il est écrit : Le zèle de ta maison me dévore.** Jésus se rendit à Jérusalem à l'occasion de la grande fête de Pâque, en même temps que des centaines de milliers de Juifs en provenance du monde entier. Ils venaient offrir des agneaux en sacrifice en souvenir du jour où Dieu protégea leurs ancêtres de sa colère grâce à l'Agneau Pascal. Sans effusion de sang, il n'y a pas de rémission des péchés. Et sans réconciliation, l'adoration ne rime à rien. Ainsi, Jésus avait enlevé ou ôté leurs péchés au Jourdain d'une manière symbolique. À leur place, il accepta le baptême de mort, un signe qu'il subissait la colère de Dieu. Il savait au fond de lui qu'il était l'Agneau choisi par Dieu. Lorsqu'il entra en ville et arriva au temple, il ne fut pas impressionné par la splendeur du bâtiment, mais méditait le salut des hommes au moyen de son sacrifice. Étonnamment, il ne trouva dans ce temple aucune sérénité stimulant l'adoration. Il y trouva en revanche de la saleté et du bruit, le meuglement des vaches, les querelles des commerçants et le sang des animaux. Il entendit aussi les cris des changeurs d'argent qui échangeaient les monnaies étrangères en monnaie juive, permettant aux pèlerins de payer leur dû. Tous ces bruits laissaient entendre que la justice pouvait être achetée avec de l'argent et par des efforts particuliers. Les pèlerins supposaient que la grâce et la justice s'achetaient par des rituels et des contributions, ignorant que le salut ne s'obtenait pas par la bonne œuvre. Face à cette situation, Jésus montra sa juste indignation. Son zèle pour la véritable adoration le conduisit à jeter par terre l'argent des commerçants de bétail. Il n'est pas dit qu'il ait frappé quelqu'un, mais il fit allusion aux coups que Dieu infligerait à ceux qui ne fléchiront pas devant sa majesté. Aucune piété sur terre ne plait à Dieu, à part celle des cœurs brisés qui se soumettent au Saint. Jésus s'affligea de l'indifférence des hommes envers la sainteté de Dieu. Une telle négligence et ignorance considérées dans la religiosité superficielle révèlent les ténèbres qui voilent les cœurs et les esprits, même si la Loi avait été donnée **1300 ans** auparavant. Là-dessus, Jésus manifesta la colère divine et un zèle saint en purifiant ce centre d'adoration. Le centre reflétait la condition de l'ensemble. Il fallait une réforme au cœur de la religion, un changement radical dans l'attitude de l'homme envers Dieu.

JEAN 2 : 18-22 : **[18]Les Juifs, prenant la parole, lui dirent : Quel miracle nous montres-tu, pour agir de la sorte ? [19]Jésus leur répondit : Détruisez ce temple, et en trois jours je le relèverai. [20]Les Juifs dirent : Il a fallu quarante-six ans pour bâtir ce temple, et toi, en trois jours, tu le relèveras ! [21]Mais il parlait du temple de son corps. [22]C'est pourquoi, lorsqu'il fut ressuscité des morts, ses disciples se souvinrent qu'il avait dit cela, et ils crurent à l'Écriture et à la parole que Jésus avait dite.** Aussitôt informés de la purification du temple et des cris des commerçants, les prêtres se précipitèrent vers Jésus et demandèrent : « Qui t'a donné le droit de faire une telle chose ? qui t'a envoyé ? fournis-nous une preuve solide de ton autorité. » Ils n'émirent pas d'objection à la purification ; ils sentaient que Jésus n'agissait pas par colère humaine, mais par zèle saint en l'honneur de la maison de Dieu, pour ramener l'Esprit d'adoration au sein de la multitude ; ils désiraient surtout déterminer les raisons et les motivations qui l'animaient. Jésus devint leur ennemi parce qu'il cherchait à réformer le temple sans recourir à leur organisation sacerdotale. Jésus les réprimanda pour leur adoration hypocrite, parce qu'ils préféraient l'agitation des nombreux adorateurs et le pouvoir de la richesse au calme de la présence de Dieu. Par anticipation, Jésus vit la destruction du temple comme conséquence de leur adoration superficielle et de leur ignorance. Les rites religieux organisés et les mouvements préétablis ne sauvent pas les hommes, c'est plutôt le changement du cœur par la vérité salvatrice de Dieu qui transforme. Le Sauveur incarné se tenait au milieu d'eux. Jésus est le véritable Temple. Dieu était en Christ, présent dans le temple de mon corps, parce que vous ne supportez pas mon zèle pour Dieu. Vous ferez l'impossible et briserez ce temple, mais je ressusciterai ce corps trois jours plus tard ; je sortirai du tombeau. Vous me tuerez, mais je suis vivant, car je suis la Vie, Dieu fait chair. Vous ne pouvez pas me tuer. » Jésus proclama implicitement sa résurrection. Cette résurrection est jusqu'à aujourd'hui le plus grand des miracles. Les délégués du sacrificateur ne comprirent pas cette parabole sur le Temple. Ils regardèrent les colonnes de marbre et les dômes dorés, et se dirent que Jésus blasphémait dans la demeure divine, construite par Hérode. Ils parlaient des pierres, il mentionnait son corps. Ces discussions essentielles au début de son ministère referont surface lors de son jugement devant le Sanhedrin, avec l'appui de faux témoins. Le peuple de l'Ancien Testament n'a pas vraiment saisi le sens de la nouvelle foi instaurée par Christ. Même les disciples ne comprirent pas le sens plus profond de cette nouvelle religion, en tout cas, pas jusqu'à la mort et la résurrection de Jésus. Ce n'est qu'alors qu'ils réalisèrent comment le fils avait expié pour les péchés et était ressuscité. Aujourd'hui, il est avec nous dans le temple spirituel dont nous sommes les pierres vivantes. Le Saint-Esprit inspira les disciples qui découvrirent la signification dans les Écritures anciennes, éclairés par la parole de Jésus. Ils tinrent ferme dans la foi et ensemble devinrent le temple du Saint de Dieu.

Jean 3 :4-5 : Nicodème lui dit : Comment un homme peut-il naitre quand il est vieux ? Peut-il rentrer dans le sein de sa mère et naitre ? Jésus répondit : En vérité, en vérité, je le dis, si un homme ne nait d'eau et d'Esprit, il ne peut entrer dans le royaume de Dieu. La réponse de Christ, impliquant que Nicodème ne connaissait pas Dieu, le troubla. Il n'avait pas entendu parler de seconde naissance. Un homme peut-il retourner dans le sein de sa mère ? Cette réponse basée sur l'expérience du bon sens indique un aveuglement, il ne comprit. Jésus aimait Nicodème. Après l'avoir conduit à confesser qu'il ne connaissait pas le chemin vers le Royaume de Dieu, il souligna le fait en déclarant qu'il était la Vérité. Nous devons croire que nous ne pouvons pas entrer dans le Royaume sans une seconde naissance, c'est la seule condition. Qu'est-ce que la seconde naissance ? C'est une naissance, et pas seulement un concept ; elle n'émerge pas des efforts de l'homme, puisque personne ne peut se donner naissance. Dieu devient le parent et le dispensateur de la vie. Cette naissance spirituelle est une grâce, pas seulement un changement de caractère, ni une discipline sociale. Tous sont mauvais depuis leur plus jeune âge, et sans espoir d'amélioration. La naissance spirituelle est l'entrée de la vie de Dieu en l'homme. Comment cela se fait-il ? Jésus dit à Nicodème que cette naissance s'accomplit par l'eau et l'Esprit. L'eau se rapporte au baptême de Jean et aux vases de purification du mariage. Les membres de l'Ancienne Alliance savaient que l'eau des ablutions représentait un signe de purification des péchés. Comme si Jésus disait : « Pourquoi ne descends-tu pas vers Jean-Baptiste pour confesser tes péchés et être baptisé ? » Ailleurs, Jésus dit : « Si quelqu'un veut venir après moi, qu'il renonce à lui-même, qu'il se charge de sa croix, et qu'il me suive » *(Matthieu 16 :24)*. Frère, confessez vos fautes, acceptez le jugement de Dieu par rapport à vos péchés. Vous êtes corrompus et en train de périr. Jésus ne se contente pas du baptême d'eau, mais baptise du Saint-Esprit celui qui se repent pour créer une nouvelle vie dans ce cœur brisé. Après sa crucifixion, nous apprenons que la purification de notre conscience est par son sang. Cette purification s'accomplit grâce à l'œuvre du Saint-Esprit. Une fois que l'homme est attiré par l'Esprit, il est rempli de la vie éternelle et de son fruit ; il devient un homme bon, conduit par Jésus. Cette transformation, cette seconde naissance, prend du temps dans le cœur du croyant, tout comme le fœtus qui se développe dans le sein de sa mère avant de naitre. Jésus en a fait le but de sa prédication, le thème du Royaume de Dieu. Alors, qu'est-ce que ce Royaume ? Non pas un mouvement politique, ni une théorie économique, mais la relation du nouveau-né avec le père, le fils et le Saint-Esprit. Cet Esprit béni vient sur lui au moment où il s'abandonne à Christ et le reconnait comme Roi à qui il doit obéissance.

5.2   La croix, instrument de la nouvelle naissance *(Jean 3 :14-16)*

Jean 3 :14-16 : **Et comme Moïse éleva le serpent dans le désert, il faut de même que le fils de l'homme soit élevé, afin que quiconque croit en lui ait la vie éternelle. Car Dieu a tant aimé le monde qu'il a donné son fils unique, afin que quiconque croit en lui ne périsse point, mais qu'il ait la vie éternelle.** Mort de substitution de Christ pour les hommes. Ces principes, Jésus les expliqua à Nicodème en se référant à un évènement historique en Israël. Ceux qui séjournaient dans le désert du Sinaï murmurèrent contre Dieu et se rebellèrent contre sa direction *(Nombres 21 :4-9)*. Afin de punir leur entêtement, Dieu envoya des serpents brûlants les mordre, ce qui provoqua la mort de nombreux Israélites. Certains réalisèrent alors leur péché et supplièrent Moïse d'intercéder auprès de Dieu afin qu'il éloigne les serpents. Dieu ordonna à Moïse de faire un serpent d'airain, symbolisant le jugement de Dieu. Moïse le plaça sur une perche et l'éleva au-dessus du peuple ; preuve que la colère divine s'était apaisée. Celui qui regardait ce signe indiquant la fin de la colère et croyait en la grâce de Dieu, était guéri du poison mortel. Depuis la tentation d'Ève, le serpent est devenu un symbole du mal. Lorsque Jésus est venu, il a porté le péché de l'humanité. Ainsi, celui qui était sans péché est devenu péché pour nous. Jésus est comme le serpent d'airain sans poison : il était innocent de péché, tout en portant notre péché. Le fils de Dieu n'est pas venu sur terre dans une forme radieuse, mais humblement en tant que fils de l'homme, confronté aux blessures et à la douleur, supportant la malédiction de la Loi. Sous une forme humaine, il a pu mourir à notre place. "Fils de l'homme" est un signe de distinction pour lui. Tout comme le serpent fixé à la perche symbolisait la fin de la colère divine, de même Christ crucifié devient un symbole de l'apaisement de la colère divine. Tous nos péchés furent placés sur son fils, pour nous libérer par sa passion. Celui qui avait été mordu et qui levait les yeux vers le serpent d'airain en croyant en la promesse de Dieu était guéri. La confiance en ce signe de la grâce accordait la vie et la survie au croyant. Celui qui regarde à la croix et s'accroche au Crucifié reçoit la vie éternelle. Paul écrit : « J'ai été crucifié avec Christ ; et si je vis, ce n'est plus moi qui vis, c'est Christ qui vit en moi » *(Galates 2 :20)*. Sa mort est la mienne, tout comme sa vie. Quiconque accepte la mort de substitution de Christ est justifié et vit avec lui pour toujours. Ce lien lui permet aussi d'avoir part à sa résurrection. Condamnés comme nous le sommes, le fait de regarder à Jésus nous sauve. II crée en nous une nouvelle naissance. II n'y a aucun autre chemin vers Dieu, excepté par le Crucifié. C'est pourquoi Satan attaque les deux principes du salut avec tant d'acharnement : la filiation divine et la crucifixion de Christ. Mais le salut du monde se fonde sur les deux. Dieu est amour ; sa miséricorde ressemble à l'océan infini. Dans son amour, il n'a pas abandonné notre monde apostat, mais continue à nous aimer. II ne rejette pas les rebelles pécheurs, mais a pitié d'eux. Le sacrifice de son fils accomplit toutes les exigences de la justice pour leur salut. II n'y a pas de salut sans le fils. Frère, seriez-vous prêt à sacrifier un peu de votre argent pour le salut d'un ami ? Seriez-vous prêt à aller en prison à sa place ? Ou à mourir à sa place ? Peut-être, si vous l'aimez. Mais s'il s'agit d'un ennemi, j'en doute. Cela montre la grandeur de l'amour de Dieu qui sacrifie son fils pour des criminels afin de les sauver. Christ a accompli le salut du monde sur la Croix. Nous tous avons besoin de son sacrifice, que nous soyons cultivés ou ignorants, polis ou impolis, riches ou pauvres, vertueux ou vicieux. II n'y a aucun juste. Christ a réconcilié le monde avec son Père. II est étrange que cette vérité ne soit pas comprise par les hommes, à l'exception de ceux qui croient au Crucifié. Votre relation de confiance avec Le Sauveur décide de votre salut. Sans foi, vous demeurez sous la colère de Dieu. Vos œuvres sont considérées malhonnêtes et mauvaises à la lumière de la sainteté de Dieu. Nicodème, le docteur légaliste et juste, dut écouter ces paroles, paroles qui le choquèrent d'ailleurs. Quiconque accepte le salut de la croix en croyant au Fils élevé sur le bois de la honte vivra et ne rencontrera aucun obstacle entre lui et Dieu. Remerciez-vous Dieu pour son pardon ? Consacrez-vous votre vie à son service ? Celui qui croit vit ; celui qui demeure en Christ ne mourra jamais. Quiconque garde les yeux fixés sur Christ reçoit l'espérance de la vie éternelle. La foi nous assure de la présence du Saint-Esprit en nous. Si vous réalisez la profondeur de la signification des versets **14 à 16**, vous découvrirez l'essence de l'Évangile dans un seul texte.

5.3 Le rejet de Christ conduit au jugement *(Jean 3 :17-21)*.

Jean 3 :17-21 : **Dieu, en effet, n'a pas envoyé son fils dans le monde pour qu'il juge le monde, mais pour que le monde soit sauvé par lui. Celui qui croit en lui n'est point jugé ; mais celui qui ne croit pas est déjà jugé, parce qu'il n'a pas cru au nom du Fils unique de Dieu. Et ce jugement, c'est que, la lumière étant venue dans le monde, les hommes ont préféré les ténèbres à la lumière, parce que leurs œuvres étaient mauvaises. Car quiconque fait le mal hait la lumière et ne vient point à la lumière, de peur que ses œuvres ne soient dévoilées ; mais celui qui agit selon la vérité vient à la lumière afin que ses œuvres soient manifestées, parce qu'elles sont faites en Dieu.** Le Baptiste annonça un Messie qui jugerait les hommes, coupant les arbres malades de sa nation. Jésus dit à Nicodème qu'il ne brûlerait pas au feu, mais qu'il devait accepter le salut. Notre Sauveur est miséricordieux. Lorsque le Baptiste réalisa le secret de cette expiation par substitution, il appela Jésus, l'Agneau de Dieu. Dans son amour, Dieu envoya son fils non pas aux Juifs seulement, mais aux hommes du monde entier. Le terme « monde » apparait trois fois dans le verset **17**. Ce fut un choc pour les Juifs qui traitaient les païens de chiens. Dieu aimait les nations autant que la postérité d'Abraham. Tous méritent le jugement. Pourtant, Jésus est venu non pour condamner, mais pour sauver. Depuis le début, il accomplit la métaphore du serpent élevé sur la croix, pour subir le jugement de Dieu pour l'humanité. L'amour de Dieu n'est pas raciste mais couvre tous les peuples. Christ utilise ensuite une phrase surprenante : « Celui qui croit au Fils n'est point jugé. » Ainsi, toute crainte du jour du jugement est bannie. La foi en Christ nous libère de la mort que nous méritions. Vous êtes libre du jugement si vous vous confiez en Jésus. Celui qui rejette le salut de Christ, pensant n'en avoir aucun besoin, est aveugle, stupide et séparé de sa grâce. Celui qui n'accueille pas la puissance de Christ se prive des rayons de la lumière du Saint-Esprit. Celui qui méprise la mort de Christ ou la nie, se rebelle contre Dieu et choisit sa propre justification. Toutes ses œuvres sont inacceptables et il déçoit la gloire de Dieu. Jésus explique pourquoi certains rejettent le salut : ils aiment le péché plus que la justice de Dieu, et ils reculent devant Christ, qui connait notre cœur et la source de nos mauvaises pensées. Personne n'est bon de son plein gré. Nos pensées, nos paroles et nos actions sont mauvaises depuis toujours. Ces paroles touchèrent Nicodème, surtout lorsque Christ les fit précéder de sentiments d'aimant pour briser son orgueil et l'amener à se repentir. Jésus ajoute que celui qui ne lui fait pas confiance aime le mal et hait le bien, et s'attache à ses péchés. La plupart des hommes sont hypocrites, cachant leurs péchés sous un pieux sourire. Ils haïssent Christ de manière inconsciente ou délibérée. Avez-vous confessé vos péchés à Jésus ? Si vous ne vous confessez pas, vous ne pouvez pas naitre de nouveau. Ouvrez votre cœur à la lumière de Dieu, vous serez purifié ; la foi en l'Agneau de Dieu nous sanctifie. Humiliez-vous donc et confessez votre corruption en lui faisant confiance et vous vivrez pour toujours. Mettre en pratique notre foi signifie faire le bien. Cet empressement à accepter la vérité de Dieu est une condition de notre renouveau. Quiconque pénètre la vérité de Christ, pas seulement intellectuellement, mais de tout son être, est moralement transformé. Les menteurs deviennent fidèles, les fourbes deviennent droits, les traitres deviennent loyaux. Ceux qui sont nés de nouveau n'étaient pas bons auparavant, mais ils ont confessé leurs fautes et reçu le pardon du Dieu fidèle. La sanctification a commencé en eux ; il leur donne la puissance d'amour pour mettre en pratique les œuvres de son Esprit. Dieu agit dans les croyants par Christ pour accomplir les œuvres de paix. Nous ne rejetons pas les bonnes œuvres, mais celles-ci ne viennent pas de nous, mais de Dieu. Nous ne nous en attribuons pas le mérite, c'est sa grâce. Cela signifie que nous abandonnons notre autosatisfaction, basée sur nos efforts égoïstes, et devenons ouverts à la justice de la grâce dépendante du sang de Christ réjouissant le cœur de Dieu. Ils vivent dans la reconnaissance pour sa grâce. La nouvelle naissance et la vie sainte sont une adoration qui plait à Dieu.

5.4   Jésus en Samarie

5.4.1   Jésus conduit l'adultère à la repentance (Jean 4 : 1-26)

Jean 4 : 1-6 : Le Seigneur sut que les pharisiens avaient appris qu'il faisait et baptisait plus de disciples que Jean. Toutefois, Jésus ne baptisait pas lui-même, mais c'étaient ses disciples. Alors il quitta la Judée et retourna en Galilée. Comme il fallait qu'il passât par la Samarie, il arriva dans une ville de Samarie nommée Sychar, près du champ que Jacob avait donné à Joseph, son fils. Là se trouvait le puits de Jacob. Jésus, fatigué du voyage, était assis au bord du puits. C'était environ la sixième heure. L'évangéliste appelle Jésus Seigneur ; celui qui règne comme Roi éternel sur l'histoire. Il punit et manifeste sa grâce. Il guide et juge. Jean a vu sa gloire et l'honore avec ce titre majestueux. Les Pharisiens avaient commencé à se mobiliser, prêts pour la bataille. La prédication de Christ en Judée rencontrait un grand succès. Il appelait les hommes à se repentir, à confesser leurs péchés, comme le Baptiste. C'était comme s'il avait remplacé le Baptiste, bien qu'il ne baptise pas lui-même, ayant confié cette tâche à ses disciples issus du cercle de Jean, car son heure n'était pas encore venue. Jésus enseignait que l'eau du baptême n'était rien qu'un symbole du baptême de l'Esprit. Face à l'opposition croissante des pharisiens, Jésus partit en direction du Nord. Il suivait le plan de son père. Ce n'était pas encore le moment de se lancer dans un conflit ouvert avec ces légalistes. Jésus préféra passer par les montagnes et traverser la Samarie, pour arriver en Galilée. Les Samaritains n'étaient pas un groupe reconnu dans l'Ancien Testament, puisqu'ils n'étaient point de pure race juive. Lorsque les Assyriens envahirent la Samarie en **722 av. J-C**, et emmenèrent en exil la plupart de la postérité d'Abraham en Mésopotamie, ils installèrent d'autres peuples en Samarie. Ces peuples se mélangèrent aux gens restés en Samarie, ce qui conduisit à la pratique d'une religion mixte. Jésus arriva à Sychar près de Sichem, un lieu important pour les Patriarches. Josué y a renouvelé l'alliance de Dieu avec le peuple *(Genèse 12 :6 et Josué 8 :30-35)*. Dans les environs se trouve un puits censé avoir appartenu à Jacob *(Genèse 33 :19)*. Les os de Joseph y furent enterrés *(Josué 24 :32)*. Cette région est devenue un centre historique dans l'Ancien Testament. Jésus était assis à côté du puits, fatigué du long voyage et de la chaleur du jour. C'était un homme, fatigué et assoiffé, et non un fantôme ou une théophanie – un humain avec toutes les caractéristiques de la fragilité humaine. **Jean 4 :7-15 : Une femme de Samarie vint puiser de l'eau. Jésus lui dit : Donne-moi à boire. Car ses disciples étaient allés à la ville pour acheter des vivres. La femme samaritaine lui dit : Comment toi, qui es Juif, me demandes-tu à boire, à moi qui suis une femme samaritaine ? Les Juifs, en effet, n'ont pas de relations avec les Samaritains. Jésus lui répondit : Si tu connaissais le don de Dieu et qui est celui qui te dit : Donne-moi à boire ! Tu lui aurais toi-même demandé à boire, et il t'aurait donné de l'eau vive. Seigneur, lui dit la femme, tu n'as rien pour puiser, et le puits est profond ; d'où aurais-tu donc cette eau vive ? Es-tu plus grand que notre père Jacob, qui nous a donné ce puits, et qui en a bu lui-même, ainsi que ses fils et ses troupeaux ? Jésus lui répondit : quiconque boit de cette eau aura encore soif ; mais celui qui boira de l'eau que je lui donnerai n'aura jamais soif, et l'eau que je lui donnerai deviendra en lui une source d'eau qui jaillira jusque dans la vie éternelle. La femme lui dit : Seigneur, donne-moi cette eau, afin que je n'aie plus soif, et que je ne vienne plus puiser ici.** Alors que Jésus se tenait près du puits, une Samaritaine vint puiser de l'eau. Elle ne venait ni le matin ni le soir comme toutes les autres femmes, mais à midi. Elle ne voulait rencontrer personne : sa mauvaise réputation attirait le mépris de tous, où qu'elle aille. Jésus discerna son cœur troublé et ressentit sa soif de pureté. Il décida de l'aider ; il ne lui présenta pas les Dix Commandements, il ne la réprimanda pas, mais lui demanda simplement à boire ; il pensait qu'elle méritait de lui offrir à boire. Mais lorsqu'elle reconnut qu'il était Juif, elle hésita. Car il y avait un gouffre entre ces deux peuples. À tel point qu'un Juif, par exemple, ne touchait pas les ustensiles d'un Samaritain par peur de se souiller, et vice versa. Jésus se comporta cependant comme s'il n'y avait aucune barrière rituelle entre eux, l'honorant de sa requête. Le but de Christ était de susciter une faim pour Dieu dans cette pécheresse. Se trouvant près d'un puits, il était logique de parler d'eau. Cela éveilla en elle un désir pour le don de Dieu. Il lui présenta l'amour de Dieu comme but. Ce n'était pas le jugement qui l'attendait pour la perdition, mais c'était le don de Dieu préparé pour elle par grâce. Quel merveilleux miracle ! La grâce ne vient pas de nulle part, elle vient en la personne de Jésus. Il est le dispensateur des dons et des grâces divines. Pourtant, la femme le considérait comme un homme ordinaire. La gloire de Christ était encore cachée à ses yeux. Quant à son amour pur, il brillait clairement devant elle. Il lui dit que l'eau vive était en sa possession. La boisson céleste qu'il offre étanche la soif de l'âme. Tous les hommes aspirent à l'amour et à la vérité et désirent retourner à Dieu. Celui qui vient à Jésus étanche sa soif. Jésus offre le don de Dieu à ceux qui le lui demandent. Nous devons confesser notre besoin, tout comme Jésus exprima son besoin d'eau. Quiconque n'inclinera pas sa tête et ne demandera pas, ne recevra pas l'eau céleste offerte gratuitement. La femme ne comprit pas Jésus. Elle répliqua en termes pratiques : « Tu n'as rien pour puiser l'eau et le puits est profond, alors comment pourrais-tu me donner de l'eau ? » En même temps, elle était perplexe, car elle ressentait la bonté et l'amour de Jésus. Contrairement aux autres, il ne la méprisait pas. Il était différent d'elle de par Sa Majesté, mais l'aimait dans sa sainteté. Elle n'avait encore jamais rencontré un homme aussi pur. Elle demanda : « Es-tu plus grand que notre père Jacob ? Envisages-tu accomplir un miracle et nous donner un nouveau puits ? » Jésus répondit en expliquant qu'il ne pensait pas à une eau terrestre, puisque celui qui apaise sa soif avec de l'eau naturelle aura encore soif. Le corps absorbe simplement l'eau et en dispose. Cependant, Jésus nous donne une eau vive et étanche toute soif spirituelle. Les Chrétiens cherchent Dieu et le trouvent. Ils ne sont pas des philosophes réfléchissant à la vérité sans la trouver. Dieu les a trouvés ; ils connaissent son essence. Son amour nous suffit toujours. Sa révélation ne devient jamais ennuyeuse ou dépassée ; elle se renouvelle chaque jour. Une connaissance limpide et rafraîchissante de Dieu n'est pas juste une pensée, mais la puissance, la vie, la lumière et la paix. Le Saint-Esprit est l'eau céleste que Dieu nous donne. Jésus répète trois fois qu'il est le seul dispensateur de l'eau vive. Aucune religion, aucun parti, parent ou ami ne peut apaiser la soif de l'âme, à part Jésus, notre Sauveur. Quiconque reçoit le don de Dieu est transformé. L'assoiffé devient une fontaine d'eau coulant pour bénir les autres, leur permettant de bénéficier de la grâce, de la joie et de l'amour ainsi que d'autres fruits du Saint-Esprit. En demeurant en Christ, il reçoit grâce pour grâce et devient lui-même le don de Dieu pour beaucoup. La femme sentit que Jésus était sincère et n'était pas un magicien. Elle lui demanda cette eau vive. Elle confessa son besoin, tout en croyant que Jésus parlait encore d'eau terrestre. Elle imagina qu'en recevant cette eau, elle n'aurait plus besoin de porter la cruche sur sa tête et de se mélanger à ceux qui la méprisaient.

Jean 4 :16-24 : [16]Va, lui dit Jésus, appelle ton mari, et viens ici. [17]La femme répondit : Je n'ai point de mari. Jésus lui dit : Tu as eu raison de dire : Je n'ai point de mari. [18]Car tu as eu cinq maris, et celui que tu as maintenant n'est pas ton mari. En cela tu as dit vrai. [19]Seigneur, lui dit la femme, je vois que tu es prophète. [20]Nos pères ont adoré sur cette montagne ; et vous dites, vous, que le lieu où il faut adorer est à Jérusalem. [21]Femme, lui dit Jésus, crois-moi, l'heure vient où ce ne sera ni sur cette montagne ni à Jérusalem que vous adorerez le père. [22]Vous adorez ce que vous ne connaissez pas ; nous, nous adorons ce que nous connaissons, car le salut vient des Juifs. [23]Mais l'heure vient, et elle est déjà venue, ou les vrais adorateurs adoreront le père en esprit et en vérité ; car ce sont là les adorateurs que le père demande. [24]Dieu est Esprit, et il faut que ceux qui l'adorent, l'adorent en esprit et en vérité. Après avoir éveillé la soif de la femme pour l'eau vive et son désir de recevoir le don de Dieu, Jésus lui montra la barrière qui l'empêchait de recevoir ce don, son péché. Il ne l'accusa pas d'adultère, mais lui demanda gentiment d'appeler son mari. Mais elle était solitaire et méprisée, et ne désirait pas étaler sa honte devant Jésus. C'est pourquoi elle se protégea en disant qu'elle n'avait pas de mari. Jésus approuva sa déclaration, car il connait tous les secrets. Il savait qu'elle se sentait seule, en quête du véritable amour à travers les pairs charnels, commettant un péché après l'autre. Tout acte adultère est une calamité, altérant la conscience et dépréciant les sentiments intérieurs, particulièrement chez les femmes. Après une séparation, une femme s'attend toujours à ce que son mari revienne et la comprenne. La Samaritaine réalisa que Jésus n'était pas un homme ordinaire ; c'était un prophète. Au fond d'elle-même, elle savait que Dieu seul pouvait l'aider. Mais où le trouver ? Comment ? La prière et les rituels lui étaient devenus étrangers. Elle n'avait pas assisté à un culte depuis des années, et pourtant elle aspirait à la délivrance et à la paix avec Dieu. Une fois que Jésus eut éveillé sa soif de purification, il l'amena à réaliser que le lieu d'adoration n'était pas l'essentiel, mais plutôt la personne à adorer. Il annonça que Dieu était le Père céleste. Il lui révéla le salut dans l'essence de la connaissance de Dieu. Il utilisa trois fois "le Père". Ce n'est ni le génie ni la piété qui crée la connaissance de Dieu, mais la foi en Christ seul. Jésus lui expliqua que tous les dieux ne méritent pas le titre de Père. Les Samaritains avaient l'habitude de vénérer divers dieux. Tandis que les Juifs savaient qui était l'Éternel qui s'était révélé dans l'histoire et avait promis la venue d'un Sauveur dans la lignée de David. La religion biblique est devenue mondiale, car l'adoration de Dieu a été libérée de ses liens avec un temple particulier. Les croyants sont maintenant le temple de Dieu, l'Esprit demeurant en eux ; leur vie est une adoration de la gloire de Dieu. La rédemption de Christ est devenue leur distinction, et ils sont entrés dans l'immensité de son amour. Ils ont choisi la vie droite, honnête, pure dans sa puissance. Leur Père céleste les a renouvelés. Leur adoration sincère déborde de louanges. Dieu le Père se réjouit lorsque ses enfants lui adressent spontanément des sujets de reconnaissance. Dieu est Esprit, et non une idole ou un fantôme. Il est notre père et nous connaissons son Esprit. Il connait nos faiblesses et notre incapacité à nous approcher de lui. Il est venu vers nous en son fils, nous a purifiés par son sacrifice et nous a envoyé son Esprit. Dieu veut avoir de nombreux enfants ; seuls ses enfants peuvent lui offrir une véritable adoration en esprit et en vérité. Nous prions le Père de nous remplir de son Esprit de vérité et de grâce, afin que nos vies deviennent une réponse à son amour. Comme personne ne peut adorer convenablement Dieu, Jésus nous a fait don de l'Esprit.

En lui, nous devenons de fidèles intercesseurs, de joyeux serviteurs et des témoins courageux. Notre vie sera alors une adoration de notre père aimant dans la puissance de l'Esprit coulant de la croix de Christ. Christ a purifié le Temple et institué une véritable adoration. Le Père s'est révélé en Christ à cette femme pécheresse. Ayant avoué son péché et sa soif d'eau vive, elle reçut la grâce.

Jean 4 :25-26 : **La femme lui dit : Je sais que le Messie doit venir (celui qu'on appelle Christ) ; quand il sera venu, il nous annoncera toutes choses. Jésus lui dit : Je le suis, moi qui te parle.** La femme sentit la puissance et la vérité des paroles aimantes de Jésus. Elle souhaitait voir l'accomplissement des promesses qu'il venait de lui faire. Elle se souvint de la prophétie concernant la venue proche de Christ. Elle mit ses espoirs en lui, croyant que lui seul pourrait lui apprendre la véritable adoration de Dieu. Il est étrange que Jésus ne se soit pas révélé avec cette même clarté lors d'occasions précédentes. Il lui apprit qu'il était celui qui était promis, envoyé de Dieu, rempli du Saint-Esprit. « Je suis moi-même le don de Dieu à l'homme, la parole de Dieu incarnée et le salut préparé pour tous. » La femme ignorait que **Messie** implique le Roi des rois, le chef des prophètes et le sacrificateur. Elle avait peut-être entendu que sa venue serait liée à la résurrection et à l'expansion de la paix sur terre. Elle avait certainement entendu parler des rêves politiques que les Juifs associent à ce nom. Quant à elle, elle voulait surtout un Sauveur qui puisse la racheter de ses péchés et elle croyait que Christ pouvait le faire. Jésus lui dit : « Je le suis, moi qui te parle. » Les plans célestes et les promesses des prophètes se retrouvent dans cette expression "Je le suis". Aucun homme ne pouvait affirmer plus explicitement être le Messie. Pourtant, l'anti-Christ osera faire faussement une telle déclaration. Mais Christ est l'amour incarné qui ne méprise aucun pécheur ignorant. Il a même eu pitié d'une femme étrangère de Samarie. Il se présente comme le miséricordieux et non le juge.

Évangélisation en Samarie, *Jean 4 :29-42 :* **Plusieurs Samaritains de cette ville crurent en Jésus à cause de cette déclaration formelle de la femme : Il m'a dit tout ce que j'ai fait. Aussi, quand les Samaritains vinrent le trouver, ils le prièrent de rester auprès d'eux. Et il resta les deux jours. Un beaucoup plus grand nombre crurent à cause de sa parole ; et ils disaient à la femme : Ce n'est plus à cause de ce que tu as dit que nous croyons ; car nous l'avons entendu nous-mêmes, et nous savons qu'il est vraiment le Sauveur du monde.** Une multitude sortit de la ville et courut vers Jésus, influencée par la conversion de la femme. En eux, il vit les champs mûrs, sur le point d'être moissonnés. Il leur parla de la foi et de la vie éternelle et resta avec eux deux jours. Ses disciples visitèrent les familles comme des moissonneurs des âmes. La personne et les paroles de Christ laissèrent une profonde impression sur les habitants. Ils réalisèrent que Dieu était venu en Christ dans leur triste monde pour sauver les pécheurs. Ces Samaritains furent les premiers à lui donner le titre de « Sauveur du monde », car ils comprirent que Jésus n'était pas venu sauver uniquement son peuple, mais portait les péchés de tous les hommes. Il n'y a pas de limites à la puissance de son amour. Même aujourd'hui, il peut sauver et libérer ceux qui sont esclaves du péché sous l'empire de Satan, et protéger ceux qui sont libérés. Il est vraiment le Juge du monde. César à Rome reçut le titre de « sauveur et protecteur du monde ». Ces Samaritains réalisèrent que Jésus était plus grand que César ; il donne à son peuple la paix éternelle.

6 Second voyage à Jérusalem (Jean 5 : 1-47) Émergence de l'hostilité entre Jésus et les Juifs.

6.1 Dieu œuvre avec son fils

Jean 5 :17-20 : **Mais Jésus leur répondit : Mon père agit jusqu'à présent ; moi aussi, j'agis. À cause de cela, les Juifs cherchaient encore plus à le faire mourir, non seulement parce qu'il violait le sabbat, mais parce qu'il appelait Dieu son propre père, se faisant lui-même égal à Dieu.** Avant la guérison de Bethesda, l'opposition envers Jésus était minime. Mais après cet évènement, elle grandit. Ses ennemis décidèrent de le tuer. Ainsi, ce miracle fut le tournant dans ses relations avec les Juifs. Jésus fut dès lors persécuté et mis sur la liste noire. Quelle fut la raison de ce changement ? Un conflit éclata entre la manifestation d'amour de Christ et l'autorité de la Loi dans sa sévérité. Dans l'Ancien Testament, le peuple vivait comme s'il était en prison. Plusieurs jugements furent émis enjoignant les hommes à respecter méticuleusement la loi. Les pieux veillaient à ne pas enfreindre le moindre des commandements et cherchaient à obtenir la faveur divine. Le respect de la loi devint un prétexte pour l'égoïsme et le manque d'amour. Puisque la nation vivait sous l'alliance avec Dieu et était considérée comme une entité à part entière, les extrémistes essayaient d'obliger chacun à se conformer à leurs nombreuses règles. La plus importante était le Sabbat, pendant lequel le travail était tabou. Comme Dieu s'était reposé le septième jour de son œuvre de création, de même le peuple avait l'interdiction d'accomplir tout genre de travail au cours de ce jour d'adoration, sous peine de mort. Ainsi, le sabbat était devenu un signe de l'accord entre les Juifs et leur Dieu et indiquait sa présence parmi eux, comme s'il n'y avait aucun péché commis par eux contre Dieu pour gâcher cette harmonie. La réponse de Jésus aux Pharisiens qui protestaient contre cette action se retrouve plusieurs fois dans les versets **17** à **19**. Sa réaction face à leur légalisme strict est de déclarer l'intervention aimante de Dieu. Dieu s'est reposé de son œuvre créatrice jusqu'à la chute. Depuis que le péché est entré dans ce monde, depuis que la mort a corrompu toutes les créatures et que l'univers s'est séparé de sa source, Dieu lutte continuellement pour sauver les égarés et ramener les rebelles dans sa communion. Notre sainteté est son but, afin de réaliser son amour en pureté. La guérison le jour du sabbat est une image de l'œuvre de Dieu en essence. Jésus prêcha la grâce et accomplit des actions pleines d'amour, même si son œuvre semblait s'opposer à la Loi. L'amour est l'accomplissement de la Loi. La guérison fut une attaque de front contre la fausse piété, dépourvue d'amour. Les Juifs s'écrièrent alors : « Jésus enfreint le sabbat ! Au secours ! Les piliers de l'Alliance tremblent. Cet ennemi de la Loi blasphème et s'attribue le rôle d'un nouveau législateur, il représente un danger pour notre nation ! » Aucun d'eux n'accorda d'attention à l'amour de Christ pour les malheureux, et aucun ne réalisa sa victoire sur la mort. Ils restèrent aveugles dans leur fanatisme. Ne soyez pas surpris si aujourd'hui les gens ne parviennent pas à réaliser Jésus comme Sauveur, à cause d'une telle bigoterie. Les Juifs étaient aussi furieux contre Jésus à cause des « blasphèmes » qu'il prononçait en appelant Dieu son père. Cela leur semblait obscène. Ils s'écrièrent donc : « Dieu est un ; il n'a pas de fils. » Comment Jésus peut-il appeler Dieu son Père ? Cette position révèle leur ignorance ; ils ne vivaient pas sous l'inspiration de l'Esprit et ne connaissaient pas suffisamment les Écritures. Car il y a de remarquables prophéties sur la paternité de Dieu parmi elles. Dieu a appelé le peuple de l'alliance **"mon fils"**.

(Exode 4 :22 ; Osée 11 :1). Tandis que la nation a appelé Dieu **"Père"** *(Deutéronome 32 :6 ; psaume 103 : 13 ; Esaïe 63 :16 ; Jérémie 3 :4, 19 et 31 :9).* Dieu a appelé son roi croyant **"mon fils"** *(2 Samuel 7 :14).* Mais aucun individu de l'alliance ne pouvait appeler Dieu **"Père"**. C'était inacceptable pour un esprit juif et considéré comme de l'arrogance. Les Juifs connaissaient la promesse que Jésus, le Messie, serait d'origine divine et qu'il offrirait la vie éternelle. Leur haine de Jésus démontrait leur incrédulité face au Messie. Jésus réagit à la terreur des Juifs face à ses paroles en disant clairement qu'il faisait les mêmes œuvres que son père avec sagesse et amour. Jésus

affirma qu'il pouvait tout faire et qu'il était égal à Dieu. La réaction des Juifs fut sévère et dure. Quiconque se faisait égal à Dieu devait être mis à mort. Les Juifs haïssaient Jésus, le blasphémateur. *Jean 5 :19-20 :* **Jésus reprit donc la parole et leur dit : En vérité, en vérité, je vous le dis, le fils ne peut rien faire de lui-même, il ne fait que ce qu'il voit faire le père ; et tout ce que le père fait, le fils aussi le fait pareillement. Car le père aime le fils et lui montre tout ce qu'il fait ; et il lui montrera des œuvres plus grandes que celles-ci, afin que vous soyez dans l'étonnement.** Jésus répliqua avec amour à la répugnance des Juifs et affronta leur haine en désignant l'œuvre d'amour de Dieu. Oui, le fait comme le père, Jésus n'agit pas de lui-même. Son union avec Dieu est aussi proche que celle d'un enfant avec son père. L'enfant regarde intensément son père ; il observe ses mains pour voir comment elles travaillent ; il fait précisément ce que fait son père. Jésus s'humilia, rendit gloire au père et l'honora. Nous ne sommes que des serviteurs peu fructueux, appelés à sanctifier le nom de notre père comme le fit Jésus. Jésus est le vrai Dieu, éternel, capable, aimant et glorieux. Son union avec Dieu est parfaite. Dieu le Père aime Christ pour son abnégation, il ne lui cache rien. Il partage ses droits, ses plans et ses œuvres avec le fils. Dans ce passage, nous voyons les plus claires affirmations de l'unité de la Trinité, une unité d'amour en action. Puisque le père, le fils et le Saint-Esprit coopèrent en toutes choses, nous devrions être réconfortés en sachant que la Sainte Trinité agit éternellement pour mettre fin à toutes les guerres, les haines et le sectarisme dans le monde.

6.2   Les quatre témoignages de la divinité de Christ

Jean 5 :31-40 : **[31]Si c'est moi qui rends témoignage de moi-même, mon témoignage n'est pas vrai. [32]Il y en a un autre qui rend témoignage de moi, et je sais que le témoignage qu'il rend de moi est vrai. [33]Vous avez envoyé vers Jean, et il a rendu témoignage à la vérité. [34]Pour moi, ce n'est pas d'un homme que je reçois le témoignage ; mais je dis ceci, afin que vous soyez sauvés. [35]Jean était la lampe qui brûle et qui luit, et vous avez voulu vous réjouir une heure à sa lumière. [36]Moi, j'ai un témoignage plus grand que celui de Jean ; car les œuvres que le père m'a donné d'accomplir, ces œuvres même que je fais, témoignent de moi que c'est le père qui m'a envoyé. [37]Et le père qui m'a envoyé a rendu lui-même témoignage de moi. Vous n'avez jamais entendu sa voix, vous n'avez point vu sa face, [38]et sa parole ne demeure point en vous, parce que vous ne croyez pas à celui qu'il a envoyé. [39]Vous sondez les écritures, parce que vous pensez avoir en elles la vie éternelle : ce sont elles qui rendent témoignage de moi. [40]Et vous ne voulez pas venir à moi pour avoir la vie !** Jésus annonça à ses adversaires qu'il avait autorité pour accomplir les œuvres du Messie promis. Ils haïssaient cet homme qui troublait leur organisation et leurs règles. Ils demandèrent des témoignages pour vérifier ses déclarations. Jésus accepta de répondre à leur requête en fournissant des preuves. Nous-mêmes, nous pensons tous être meilleurs que nous le sommes en réalité. Jésus donna une déclaration vraie de lui sans une trace de fausseté. Son témoignage est vrai, même si la loi ne tient normalement pas compte du témoignage qu'une personne donne d'elle-même. Christ le reconnut : « Si je témoigne de moi-même, mon témoignage n'est pas vrai. » Il n'y eut pas besoin de se défendre puisqu'un autre avait témoigné de Lui, son père céleste, qui le soutenait de quatre preuves évidentes. Dieu a envoyé le Baptiste pour annoncer Christ parmi eux. Ce précurseur témoigna de Christ, de son ministère comme prêtre et de sa fonction comme Juge. Cependant, le Conseil suprême douta de Jean et rejeta son témoignage sur Jésus *(Jean 1 :19-28)*. Les témoignages de Jean n'étaient pas l'élément moteur pour Jésus, ni son inspiration, mais Jésus était simplement ce qu'il était depuis toute l'éternité. Compte tenu de l'ignorance des gens, Jésus accepta le témoignage du Baptiste pour soutenir sa vérité. Le Baptiste n'exagérait pas lorsqu'il décrivit Jésus comme l'Agneau de Dieu et le dispensateur de l'Esprit. Le Baptiste était une lampe brillant dans la nuit. Il a réuni un groupe de disciples et les a éclairés. Mais lorsque le Soleil se leva en la personne de Jésus, il n'y eut plus besoin de lampe. Jésus seul est la Lumière du monde, avec une énergie infinie. Tout comme le soleil apporte vie et croissance sur Terre, ainsi Jésus offre la vie spirituelle et l'amour. Ses guérisons ont montré sa victoire de la lumière sur les ténèbres. Le fait de calmer la tempête et de ressusciter les morts a prouvé sa divinité. Ses œuvres étaient en harmonie avec le Père. Il termina son ministère sur la Croix. Après sa résurrection, il envoya le Saint-Esprit aux apôtres et l'envoie encore à ceux qui le lui demandent. Les œuvres de Dieu seront accomplies avec la seconde venue de Christ, la résurrection des morts et le jugement du monde. Il n'y a aucune différence entre le père et le fils quant à leur activité : ce que le père fait jusqu'à maintenant, le fils le fait aussi. Dieu lui-même éleva la voix pour nous permettre d'entendre sa célèbre déclaration : « Celui-ci est mon fils bien-aimé, en qui j'ai mis toute mon affection » *(Matthieu 3 :17)*. Personne n'a obtenu un tel témoignage à part Jésus, qui a toujours vécu selon le bon plaisir de Dieu. Le fils bien-aimé était rempli d'un amour sincère et de pureté. Jésus reprocha aux Juifs de ne pas connaitre Dieu. Ils n'avaient pas réussi à entendre sa voix dans la Loi, ni par l'intermédiaire des prophètes. Ils ne l'avaient pas reconnu dans des visions ou des songes. Toute la révélation précédente était imparfaite, puisque leurs péchés les avaient séparés du Saint. En voyant les pans de la robe du Seigneur dans le temple, Esaïe s'était écrié : « Malheur à moi ! Je suis perdu, car je suis un homme dont les lèvres sont impures » *(Esaïe 6 : 5)*. La preuve de leur surdité spirituelle et de leur manque de compréhension fut leur rejet de Christ, la parole incarnée de Dieu. Celui qui pense comprendre la parole de Dieu tout en rejetant Jésus comme la parole de Dieu, prouve-en cela qu'il n'a pas reçu une véritable révélation ou qu'il ne l'a pas comprise. Le peuple de l'Ancien Testament sondait les écritures, espérant obtenir la vie éternelle. Ils y trouvèrent la lettre morte de la Loi et passèrent par contre à côté des promesses désignant le Messie. Même si de telles prophéties sont nombreuses dans l'Ancien Testament, ils préférèrent leurs propres idées, leurs interprétations et principes, ne parvenant pas à réaliser que Christ était la parole suprême de Dieu parmi eux. Jésus leur montra la raison de leur refus, ils refusaient d'accepter Dieu tel qu'il était. Ils haïssaient Christ et perdirent la vie éternelle, manquant le but de la foi et de la grâce.

7 Jésus est le pain de vie

Jean 6 :5-13 : **[5]Ayant levé les yeux, et voyant qu'une grande foule venait à lui, Jésus dit à Philippe : ou achèterons-nous des pains, pour que ces gens aient à manger ? [6]Il disait cela pour l'éprouver, car il savait ce qu'il allait faire. [7]Philippe lui répondit : Les pains qu'on aurait pour deux cents deniers ne suffiraient pas pour que chacun en reçût un peu. [8]Un de ses disciples, André, frère de Simon Pierre, lui dit : [9]Il y a ici un jeune garçon qui a cinq pains d'orge et deux poissons ; mais qu'est-ce que cela pour tant de gens ? [10]Jésus dit : Faites-les asseoir. Il y avait dans ce lieu beaucoup d'herbe. Ils s'assirent donc, au nombre d'environ cinq mille hommes. [11]Jésus prit les pains, rendit grâces, et les distribua à ceux qui étaient assis ; il leur donna de même des poissons, autant qu'ils en voulurent. [12]Lorsqu'ils furent rassasiés, il dit à ses disciples : Ramassez les morceaux qui restent, afin que rien ne se perde. [13]Ils les ramassèrent donc, et ils remplirent douze paniers avec les morceaux qui restèrent des cinq pains d'orge, après que tous eurent mangé.** Lorsque Jésus vit la foule s'approcher, il leva les yeux vers son père céleste, lui rendit gloire et honneur et lui soumit le besoin des affamés. Ce fut le commencement du miracle. Le père confia au fils la tâche qui mettrait les cœurs à un. Premièrement, Jésus éprouva les disciples pour voir si leur foi grandissait, s'ils étaient encore liés au matérialisme et s'ils pensaient en termes du monde, en demandant à Philippe où trouver du pain. Nous répondrions : À la boulangerie. Jésus pensait à son Père. Nous pensons aux problèmes d'argent et au coût élevé de la vie. Jésus pensait à celui qui aide. Philippe pensa immédiatement aux coûts occasionnés au lieu de faire confiance. Quiconque regarde l'argent n'arrive pas à avoir les possibilités divines. L'analyse des disciples était raisonnable : il n'y avait aucune boulangerie, aucun moulin dans les environs, et pas le temps de confectionner du pain. Mais les gens étaient là, affamés après un long temps d'écoute. Soudain, l'Esprit inspira André qui aperçut un garçon avec cinq pains et deux poissons. Le disciple le présenta à Jésus. Il se faisait des soucis, bien conscient que la quantité de nourriture était totalement insuffisante. Jésus amena les disciples à reconnaitre leur échec. Ils ne savaient pas que faire, ne connaissaient pas la volonté divine et ignoraient ce que Jésus allait faire. Jésus donna des ordres aux disciples qui firent asseoir les gens comme pour un banquet. L'herbe verte recouvrait le sol, symbole de la foi germant dans les cœurs. Cinq mille hommes, plus des femmes et des enfants, quel grand nombre ! La plupart d'entre eux n'avaient jamais vu Jésus ni ses œuvres. Mais ils prirent place, sur sa parole. Calmement, Jésus prit les pains et choisit de manifester sa puissance en cette occasion. Il présenta les cinq pains à son père et le remercia pour la quantité dérisoire. Il savait que Dieu bénirait cette petite quantité qui finirait par déborder. La reconnaissance pour le peu et le fait d'honorer son père furent le secret de ce miracle. Acceptez-vous avec reconnaissance le peu que Dieu vous donne, ou vous en plaignez-vous ? Partagez-vous le peu avec vos amis ? Jésus n'était pas égoïste ; l'amour de Dieu demeurait en lui. Il honora le père et partagea la bénédiction de Dieu entre tous. Ce miracle rapporté dans les quatre Évangiles est introduit sans fanfare. Il est probable que seuls ceux qui étaient assis près de Christ en ont rendu témoignage. Ils réalisèrent que les pains ne cessaient pas d'apparaitre alors qu'ils les partageaient ; l'approvisionnement semblait infini. Ils allaient et venaient et donnaient à chacun la quantité désirée. C'est un signe de la grâce. Dieu offre le pardon et l'Esprit sans mesure. Prenez ce que vous voulez ; croyez aussi fort que vous pouvez. Partagez votre bénédiction avec les autres. Bénissez-les comme vous avez été béni, vous deviendrez ainsi une source de bénédictions pour les autres. À Cana, Jésus changea l'eau en vin, et au Golan, il multiplia les cinq pains pour nourrir plus de cinq mille hommes. Il est surprenant de constater qu'il y avait plus de pains à la fin du repas qu'au début ! Il restait douze paniers remplis des restes. Jésus ordonna qu'on ne laisse rien perdre. Aujourd'hui, ceux qui jettent leurs restes à la poubelle devraient avoir honte, sachant que des milliers de personnes meurent de faim chaque jour. Mais rassemblez les miettes de la grâce. Vous recevrez plus que vous ne pouvez. Ne perdez pas les bénédictions dont vous jouissez à cause de votre insouciance. Imaginez le jeune garçon auquel appartenaient les pains. Témoin du miracle de Jésus, il devait être émerveillé. Il n'a certainement jamais oublié ce moment.

7.1   Jésus se retire de ceux qui veulent le proclamer Roi

Jean 6 : 14-15 : **[4]Ces gens, ayant vu le miracle que Jésus avait fait, disaient : Celui-ci est vraiment le prophète qui doit venir dans le monde. [15]Jésus, sachant qu'ils allaient venir l'enlever pour le faire roi, se retira de nouveau sur la montagne, lui seul.** Jésus est venu au monde pour gagner les hommes à lui. Après avoir été nourris, les gens se rassemblèrent dans l'expectative. Ils acclamèrent Jésus et lui rendirent hommage comme Roi. Ils réalisèrent que ce Galiléen était l'homme de Dieu ; la voix de Dieu parlait par lui, et la puissance du Très-Haut était manifestée en lui. La nature lui obéissait. Il leur avait donné du pain comme Moïse dans le désert. Il était le prophète promis pour conduire à la vérité une race méprisée *(Deutéronome 18 :15)*. Ils s'imaginaient que si Jésus devenait leur roi, ils n'auraient plus besoin de travailler, de se fatiguer. « Nous aurons du temps pour étudier l'Écriture et prier, et il nous nourrira gratuitement. Un tel Roi devrait être assez puissant pour vaincre les armées romaines. Il pourrait même faire descendre le feu du ciel pour les consumer. Couronnons-le et proclamons-le roi. » D'un même esprit, ils s'approchèrent de lui pour le porter sur leurs épaules. Ils lui apporteraient leur soutien dans l'espoir qu'il pourvoirait à leurs besoins. Que pensait Jésus de ce mouvement populaire ? S'est-il réjoui de leur enthousiasme ? Les va-t-il remercier pour leur confiance en lui ? Va-t-il succomber à la tentation et construire son royaume avec l'aide des incrédules ? Où va-t-il repousser leurs plans ? Non, il ne dit absolument rien et se retira dans le désert. Il ne désirait pas être porté aux nues par les hommes, Dieu le soutenait et cela lui suffisait. Jésus savait ce qui motivait cet enthousiasme ; ivres d'ecstasy, ils étaient incapables d'écouter son conseil. C'était une union politique autour d'une seule idée. Jésus n'avait aucune envie d'établir un royaume terrestre ; il voulait conduire les hommes un par un à la repentance et à la nouvelle naissance. La foule ne parvint pas à saisir le but des miracles et des signes. Elle pensait au pain terrestre ; et à la gloire ; il choisit la croix comme base de son royaume. Sans repentance et seconde naissance, vous ne pouvez pas être accueilli par Christ.

Jésus n'avait nul besoin d'hommages. Il n'accepta pas la gloire des hommes, mais écouta la voix de son père. Il ferma son cœur aux tentations de Satan. Il se retira pour prier, remercier le père et intercéder afin que les yeux des aveugles s'ouvrent par l'Esprit. Il ne pouvait pas consentir à être couronné par les hommes, sachant qu'ils crieraient Hosanna un jour et crucifieraient-le le lendemain. Christ connait les cœurs et ne se laisse pas égarer.

7.2   Jésus vient au secours de ses disciples

Jean 6 :16-21 : **[16]Quand le soir fut venu, ses disciples descendirent au bord de la mer. [17]Etant montés dans une barque, ils traversaient la mer pour se rendre à Capernaüm. Il faisait déjà nuit, et Jésus ne les avait pas encore rejoints. [18]Il soufflait un grand vent, et la mer était agitée. [19]Après avoir ramé environ vingt-cinq ou trente stades, ils virent Jésus marchant sur la mer et s'approchant de la barque. Et ils eurent peur. [20]Mais Jésus leur dit : C'est moi ; n'ayez pas peur ! [21]Ils voulaient donc le prendre dans la barque, et aussitôt la barque aborda au lieu où ils allaient.** Alors que Jésus se reposait sur les hauteurs du Golan, il vit de loin ses disciples fatigués qui luttaient contre la tempête. Comme la nuit approchait, il alla vers eux en marchant sur l'eau. Il ne les abandonna pas face au danger. Les disciples le prirent pour un fantôme et furent terrifiés. Les pécheurs imaginent parfois voir des esprits. Puisqu'ils passent beaucoup de temps en mer la nuit. Jésus s'approcha et leur parla distinctement : **« C'est moi ».** Cette expression devint le fondement de la foi des Apôtres. Dans l'Ancien Testament, nous trouvons un équivalent, **« JE SUIS »**, pour signifier la présence de l'Éternel au milieu des croyants. Les disciples comprirent que Jésus possédait toute autorité sur les éléments ; dans ses mains, le pain se multiplie, les vagues s'apaisent, la tempête se calme. Saisissant cela, ils eurent encore plus peur. Il leur recommanda donc de ne pas avoir peur. Ce commandement **« N'AYEZ PAS PEUR »** apparait 365 fois dans la Bible, une fois pour chaque jour de l'année, et s'adresse aux disciples de tous les temps. Croyez que la présence de Christ surmonte nos peurs. Quelle que soit votre condition ou la gravité de votre problème, Jésus dit : « C'est moi, n'aie pas peur ! » Lorsque les disciples reconnurent Jésus, ils furent surpris et l'invitèrent à monter dans la barque. Ils atteignirent subitement le bord. C'est le troisième miracle de la journée. Jésus est Seigneur de l'espace et du temps et peut diriger le bateau de l'Église au milieu de la tempête jusqu'à sa destination. Il aime ses disciples et vient à eux, mais il exige une confiance absolue en lui. Il fortifie leur confiance en lui, au milieu des ténèbres et des épreuves, afin d'apaiser leur peur et de les garder toujours attachés à lui.

7.3   Jésus offre le choix aux hommes « Acceptez ou rejetez ! »

Jean 6 : 22-25 : **[22]La foule qui était restée de l'autre côté de la mer avait remarqué qu'il ne se trouvait là qu'une seule barque, et que Jésus n'était pas monté dans cette barque avec ses disciples, mais qu'ils étaient partis seuls. [23]Le lendemain, comme d'autres barques étaient arrivées de Tibériade près du lieu où ils avaient mangé le pain après que le Seigneur eut rendu grâces, 24 les gens de la foule, ayant vu que ni Jésus ni ses disciples n'étaient là, montèrent eux-mêmes dans ces barques et allèrent à Capernaüm à la recherche de Jésus. [25]Et l'ayant trouvé au-delà de la mer, ils lui dirent : Rabbi, quand es-tu venu ici ?** Lorsque les gens réalisèrent que Jésus n'avait pas embarqué, ils furent surpris qu'il ait réussi à leur échapper. Il s'était éloigné la nuit dans la plus grande discrétion. Les habitants de Capernaüm, ayant appris la nouvelle des pains offerts gratuitement, s'émerveillèrent et furent envieux, désirant partager cette générosité. Ils partirent à la recherche de Jésus et le trouvèrent enfin avec ses disciples. Ils commencèrent à saisir la vérité du principe chrétien : « Là où deux ou trois sont rassemblés en mon nom, je suis au milieu d'eux. » Ceux qui désirent des miracles prirent conscience d'un nouveau prodige et demandèrent : « Comment et quand es-tu arrivé ici ? » Jésus ne leur répondit pas. En revanche, dans un souci spirituel, il clarifia la signification de la foi, cherchant à attirer les gens sincères à son amour et à mettre en lumière la tromperie et le refus de ses ennemis. Jésus méprisait la tiédeur et il sépara le groupe des croyants des masses de religieux superficiels. *Jean 6 :26-27 :* [26]**Jésus leur répondit : En vérité, en vérité, je vous le dis, vous me cherchez, non parce que vous avez vu des miracles, mais parce que vous avez mangé des pains et que vous avez été rassasiés.** [27]**Travaillez, non pour la nourriture qui périt, mais pour celle qui subsiste pour la vie éternelle, et que le fils de l'homme vous donnera ; car c'est lui que le père, que Dieu a marqué de son sceau.** Jésus avertit clairement les foules : vous ne m'aimez pas ou vous ne me cherchez pas pour moi-même ; vous vous faites de fausses idées de Dieu ; vous pensez à vos ventres et au pain. Vous ne comprenez pas le signe, mon but ne se résumait pas à satisfaire votre faim, c'était pour vous faire connaitre ma puissance. Vous cherchez le don tout en ignorant le donateur. Vous discutez des sujets du monde, mais ne croyez pas en ma divinité. Ne travaillez pas toute la journée juste pour le manger et le boire ; réfléchissez à la puissance de Dieu. Ne ressemblez pas à des bêtes qui vivent pour manger, mais approchez-vous de Dieu qui est Esprit. Il est prêt à faire de vous des participants à sa vie éternelle. Jésus poursuivit : Je suis venu au monde pour vous donner le grand don de Dieu. Je ne suis pas seulement un homme de chair et de sang. Mais je porte le don de Dieu en moi pour votre bénédiction. Dieu m'a scellé de son Saint-Esprit pour vous transmettre la vie spirituelle et vous revêtir de la puissance céleste. En faisant cette déclaration, Jésus révéla le grand secret, savoir que Dieu se soucie de tous les hommes, les nourrit et les aime. Il n'est pas une divinité en colère qui insiste sur le respect de la Loi avant de bénir. Il bénit le juste et le méchant et fait briller son soleil sur tous sans exception, même les athées et les blasphémateurs en bénéficient. Dieu est amour, et Christ cherchait à libérer la foule de ses pensées matérialistes et à se confier à nouveau en Dieu le Père. Il affirma que son royaume n'était pas de ce monde, qu'il n'était pas basé sur la nourriture, la richesse et la domination, mais que son royaume était un royaume spirituel qui viendrait à eux par son Esprit, Esprit qu'il donne à tous ceux qui le lui demandent. *Jean 6 :28-29 :* [28]**Ils lui dirent : que devons-nous faire, pour faire les œuvres de Dieu ?** [29]**Jésus leur répondit : L'œuvre de Dieu, c'est que vous croyiez en celui qu'il a envoyé.** La foule ne saisit pas les enseignements de Jésus, mais réalisant qu'il offrait un grand don de Dieu, tous voulurent recevoir cette vie éternelle. Ils étaient prêts à faire quelque chose pour ce don. Ils étaient prêts à observer la Loi, à offrir des sacrifices, à jeûner, à prier et à aller en pèlerinage ; ils voulaient mériter le don de Dieu grâce à leurs œuvres. Quel aveuglement ! Ils étaient tous légalistes, soucieux de gagner le salut par leurs propres efforts. Ils ne réalisaient pas que c'était impossible, puisqu'ils étaient coupables et perdus. L'homme est aveugle au point qu'il ne peut pas voir la véritable condition de son cœur, mais se considère comme un demi-dieu, et s'attend à ce que Dieu soit satisfait de lui. Jésus leur apprit qu'il n'exigeait d'eux aucune tâche ni œuvre. Ils étaient appelés à la foi en Lui. Dieu ne demande pas des efforts, mais désire que nous nous soumettions à Jésus et lui fassions confiance. Ces paroles étaient une pierre d'achoppement pour les gens ; c'est le début du fossé entre Jésus et la multitude. De plus, il expliqua que l'œuvre de Dieu était qu'ils croient en Lui. « Si vous ouvrez votre âme au Saint-Esprit, vous connaitrez mon autorité, mes buts et mon amour. Vous réaliserez ensuite que je ne suis pas juste un prophète, mais le Créateur, le fils envoyé du Père vers vous. Vous cesserez de vous inquiéter et deviendrez les enfants de Dieu. » Croire en Jésus, c'est s'attacher à lui et lui permettre d'agir dans notre vie, accepter sa direction et recevoir la vie éternelle par sa puissance. La foi nous lie à Jésus maintenant et pour l'éternité. L'œuvre de Dieu lie les croyants à son fils, afin que le péché disparaisse de leur vie et qu'ils puissent demeurer en lui pour toujours. *Jean 6 :30-33 :* [30]**Quel miracle fais-tu donc, lui dirent-ils, afin que nous le voyions, et que nous croyions en toi ? Que fais-tu ?** [31]**Nos pères ont mangé la manne dans le désert, selon ce qui est écrit : Il leur donna le pain du ciel à manger.** [32]**Jésus leur dit : En vérité, en vérité, je vous le dis, Moise ne vous a pas donné le pain du ciel, mais mon père vous donne le vrai pain du ciel ;** [33]**Car le pain de Dieu, c'est celui qui descend du ciel et qui donne la vie au monde.** Les auditeurs reçurent un choc en entendant que Jésus leur demandait une soumission totale. C'était quelque chose qui ne pouvait être offert qu'à Dieu. Ils lui demandèrent donc une base justifiant sa déclaration. Ils disaient en d'autres termes : « Fournis-nous la preuve de divinité. » Moïse donna chaque jour du pain la manne au peuple dans le désert.

Toi, tu ne nous as donné du pain qu'une seule fois. Moise donna du pain à des centaines de milliers de personnes, quant à toi, tu as nourri un peu plus de cinq mille hommes. Montre-nous un miracle supplémentaire et nous croirons. » L'homme refuse de se soumettre inconditionnellement à l'amour de Jésus, mais insiste avoir d'abord des preuves. Mais Jésus répondit : « Heureux ceux qui n'ont pas vu et qui ont cru. Ce sont ceux qui m'honorent de leur confiance. » Jésus est le Guide suprême. Il amena petit à petit ses auditeurs à s'éloigner de leur pensée légaliste et à entrer dans une foi claire en lui. Il les libera d'un désir ardent de nourriture et les éclaira ; il est lui-même le grand don de Dieu. Au cours de son explication, Jésus corrigea leurs fausses interprétations de l'écriture en précisant que ce n'était pas Moïse qui leur avait donné la manne. En vérité, c'était Dieu qui avait accompli ce miracle, le dispensateur de toute générosité. Il les amena à réaliser que Dieu leur donne un pain bien meilleur et une nourriture céleste qui ne se gâte jamais. En étant attentifs, ils auraient dû percevoir que Jésus se proclamait le Fils de Dieu, car il a appelé Dieu son père. La foule continua cependant à penser à la nourriture naturelle, descendant des cieux par la main de Moise. Jésus leur expliqua que le pain de Dieu n'était pas celui qui remplissait le ventre, mais était la personne de Christ qui satisfait la faim de l'homme de vérité et de vie abondante. Celui qui donne est descendu des cieux chargé de bénédictions divines et de puissance. Le pain de Dieu n'est pas matériel ni périssable, mais spirituel et éternel. Il ne sort pas du sol comme la manne, mais vient de Dieu, en quantité suffisante pour tous les hommes de tous les âges. Il n'est pas limité à la postérité d'Abraham. Dieu le Père prend soin du monde entier.

8   Le péché est un esclavage

*Jean 8 :30-36 : ³⁰***Comme Jésus parlait ainsi, plusieurs crurent en lui. ³¹Et il dit aux Juifs qui avaient cru en lui : Si vous demeurez dans ma parole, vous êtes vraiment mes disciples ; ³²vous connaitrez la vérité, et la vérité vous affranchira.** Le témoignage humble mais impressionnant de Christ toucha une grande partie de ses interlocuteurs. Ils finirent par croire qu'il venait de Dieu. Jésus sentit leur confiance en lui et accueillit leur ouverture d'esprit. Il les encouragea à ne pas se contenter de croire son Évangile, mais à réfléchir à ses paroles et à s'unir à lui afin de demeurer en lui, tout comme la branche demeure attachée au cep ; que son Esprit puisse se répandre dans leur cœur et dans leurs pensées sans obstacle ; afin de les amener à accomplir sa volonté. Celui qui met en pratique les paroles de Christ réalise la vérité. Car la vérité n'est pas une simple pensée, mais une réalité pratique que nous vivons. La vérité de Dieu est tout d'abord une parole sincère et sage ; ensuite, c'est connaitre Dieu comme père, fils et Saint-Esprit dans l'unité d'amour. Tout en nous enracinant en Christ, nous réalisons la beauté de la Sainte Trinité. La connaissance de Dieu transforme notre vie. Elle nous pousse à aimer les autres, nous libère de l'égoïsme. Celui qui n'aime pas ne connait pas Dieu. Parler de repentance ou de devoirs légalistes ne nous libèrera pas de l'esclavage du péché ; ce qui nous libèrera, c'est l'amour de Dieu, l'acceptation du Fils et la venue de l'Esprit dans notre vie. L'amour de Dieu peut aussi briser les chaines de l'égoïsme. *Jean 8 :33-36 :* **Ils lui répondirent : Nous sommes la postérité d'Abraham, et nous ne fûmes jamais esclaves de personne ; comment dis-tu : Vous deviendrez libres ? ³⁴En vérité, en vérité, je vous le dis, leur répliqua Jésus, quiconque se livre au péché est esclave du péché. ³⁵Or, l'esclave ne demeure pas toujours dans la maison ; le fils y demeure toujours. ³⁶Si donc le fils vous affranchit, vous serez réellement libres.** Les Juifs étaient perplexes ; leurs ancêtres avaient vécu deux siècles sous l'esclavage du pharaon en Égypte et ils considéraient avoir été libérés par la puissance de Dieu qui les avait sortis de cet esclavage *(Exode 20 :2)*. En niant leur libération, Jésus les vexa. Jésus devait porter un coup à l'orgueil de ceux qui avaient commencé à croire en Lui. Il leur montra qu'ils étaient esclaves du péché et prisonniers de Satan. Si nous ne parvenons pas à réaliser le poids mortel de nos liens, nous n'aspirerons pas au salut. Celui qui se sait incapable de vaincre ses péchés demandera à Dieu de le sauver. Ici, nous voyons la raison pour laquelle tant de personnes ne cherchent pas Jésus ; elles pensent n'avoir nul besoin de son salut. Jésus déclare avec force : « Celui qui pèche devient esclave du péché. » Bien des gens commencent un jour à mentir, à vivre dans la paresse et les futilités ; ils se compromettent avec le péché et se complaisent dans l'imaginaire ; finalement, ils décident de suivre leur propre voie. Ils essaient certains vices et finissent par être attentifs aux reproches de leur conscience. Le temps a passé ; ils sont esclaves de leurs péchés. Ils maudissent alors le jour où ils ont commencé à écouter leurs mauvaises pensées. Les hommes sont méchants, même s'ils cachent l'affreuse vérité derrière des masques de fausse piété et de courtoisie. Sans Christ, tous sont esclaves de leurs désirs charnels. Satan joue avec leurs nerfs comme le vent avec une feuille morte. Le Fils de Dieu prononce alors sa parole royale : « Pour le moment, je suis avec vous et je connais vos liens. Je suis prêt et disposé à vous libérer et à effacer vos péchés. Je ne suis pas venu pour une réforme superficielle du monde, ni pour vous corriger en vous imposant une loi plus stricte. Non, je veux vous libérer du pouvoir du péché et de la mort et des droits revendiqués par Satan. Je veux vous recréer, vous donner une nouvelle vie afin que la puissance de Dieu en vous puisse être un antidote au péché. Sans aucun doute, Satan vous tentera de mille manières. Vous trébucherez, pas comme des esclaves, mais comme des enfants qui s'accrochent fermement à leurs nouveaux droits. » « Vous avez été rachetés pour toujours, libérés du péché, au prix de mon sang. Chacun de vous est spécial pour Dieu. Il vous a offert la liberté, afin que vous soyez un enfant libre. Je vous permets de vivre dans la communion avec Dieu, de Le servir et de Le louer. Je suis le seul libérateur, celui qui vous délivre de la prison de la culpabilité et vous transporte dans le Royaume de Dieu. Je suis le fils de Dieu, rempli d'autorité pour libérer tous ceux qui écoutent ma voix. »

9 Conclusion de l'évangile de Jean

Jean 20 :30-31 : **³⁰Jésus a fait encore, en présence de ses disciples, beaucoup d'autres miracles, qui ne sont pas écrits dans ce livre. ³¹Mais ces choses ont été écrites afin que vous croyiez que Jésus est le Christ, le fils de Dieu, et qu'en croyant vous ayez la vie en son nom.** Nous arrivons en fait à la fin de ce que Jean a écrit lui-même. Lumière de Dieu au milieu des ténèbres qui ne l'ont pas reçue. Mais tous ceux qui l'ont reçue, il leur a donné le droit de devenir enfants de Dieu, ceux qui croient en lui. Le grand évangéliste nous a introduits dans les profondeurs de la communion divine en la personne de Jésus. Il nous a décrit la mort et la résurrection de Christ, afin que nous puissions croire en lui et le voir vivant avec nous. En résumé, l'apôtre présente quatre principes pour nous expliquer clairement l'essentiel de son évangile et le but qu'il avait en l'écrivant. Jean n'a pas cherché à raconter toutes les paroles et actions de Jésus. Autrement, il aurait dû écrire plusieurs volumes. Il a choisi ces évènements et enseignements précis pour nous aider à comprendre la personnalité sans pareil de Jésus. Il n'a pas écrit sous la dictée de l'Esprit de Dieu comme si c'était une inspiration entendue inconsciemment. En revanche, il était responsable, inspiré par le Saint-Esprit, pour choisir des évènements importants, et il décrit avec amour l'Agneau de Dieu qui ôte le péché du monde en victime expiatoire. L'homme Jésus a confirmé le vrai Christ comme Fils de Dieu. Le grand amour de Dieu et Sa sainteté sont au-dessus de tout reproche. Jésus est incomparable et nous permet de réaliser l'amour du fils de Dieu, qui est devenu homme afin que nous devenions les enfants de Dieu. Jean ne veut pas seulement nous amener à croire, mais il veut créer un lien entre nous et le Fils de Dieu. Comme Jésus est fils, Dieu devient notre Père. Puisque le Très Haut est notre père, il peut donner vie à beaucoup d'enfants et leur accorder sa vie éternelle. Le but de l'évangile de Jean, c'est de nous faire vivre la nouvelle naissance par le sang de Christ avec l'Esprit en nous. Êtes-vous né de nouveau spirituellement ou êtes-vous encore mort dans vos péchés ? La vie de Dieu demeure-t-elle en vous ou êtes-vous vide de son Saint-Esprit ? La seconde naissance s'accomplit par la foi au Fils de Dieu. Celui qui lui fait confiance reçoit la vie divine. Cette vie, il la vit dans une relation permanente avec Dieu par la foi. Celui qui demeure en Jésus réalisera que Jésus demeure en lui. Un tel croyant grandira en Esprit et en vérité, et il portera le fruit de la vie divine. La vie éternelle, c'est l'amour de Dieu qui le pousse à amener à la foi en Jésus ceux qui l'entourent. Et à leur tour, ils aimeront et demeureront en lui et lui en eux pour toujours.

Jean 21 : 15-19 : [15]**Après qu'ils eurent mangé, Jésus dit à Simon Pierre : Simon, fils de Jonas, m'aimes-tu plus que ne m'aiment ceux-ci ? Il lui répondit : Oui, Seigneur, tu sais que je t'aime. Jésus lui dit : pais mes agneaux.** Par sa salutation de paix, Jésus avait pardonné à ses disciples leurs péchés, ainsi que le reniement de Pierre, lors de sa première apparition. Mais le reniement de Pierre nécessitait un traitement spécial. La bonté du Seigneur se révèle dans ses paroles. Il éprouve les cœurs, il ne mentionne pas le reniement, laissant ainsi du temps à Pierre pour s'examiner et réaliser de lui-même. Il l'appela par son nom d'origine, Simon fils de Jonas, pour rappeler son ancienne nature. Aujourd'hui, Jésus vous demande : « M'aimes-tu ? As-tu gardé mes paroles et fait confiance à mes promesses ? As-tu compris mon essence et t'es-tu rapproché de moi ? As-tu rejoint mes rangs et abandonné tes biens, ton temps, tes forces pour moi ? Tes pensées sont-elles toujours centrées sur moi et es-tu devenu un avec moi ? Est-ce que ta vie m'honore ? » Jésus demanda à Pierre : « M'aimes-tu plus que ceux-ci ? » Pierre répondit : « Non, Seigneur, je ne suis pas meilleur qu'eux ; je t'ai renié. » Pierre avait confiance en lui-même et répondit Oui, mais limita son amour en utilisant l'expression grecque pour affection, non l'amour divin jaillissant du Saint-Esprit et d'une foi solide. Pierre ne fut pas rejeté pour son amour faible, mais fut prié par le Seigneur de confirmer son amour en prenant soin de ses disciples. Jésus recommanda à ce disciple hésitant de prendre soin des jeunes dans la foi. L'Agneau de Dieu a acheté des agneaux au prix de sa vie. Etes-vous prêt à servir un tel troupeau, à tout supporter avec eux, à les conduire avec patience et à attendre leur maturité ? Ou attendez-vous d'eux plus que ce qu'ils peuvent donner et supporter ? Ou les avez-vous abandonnées, et depuis, ils se sont éloignés du troupeau et ont été déchirés ? Jésus demanda à Pierre de s'occuper en premier lieu des jeunes dans la foi.

Jean 21 :16 : **Il lui dit une seconde fois : Simon, fils de Jonas, m'aimes-tu ? Pierre lui répondit : Oui, Seigneur, tu sais que je t'aime. Jésus lui dit : pais mes brebis.** Jésus ne s'arrêta pas là et demanda une confirmation : « Est-ce que tu ne m'as pas répondu trop vite en disant : Je t'aime ? Ton amour n'est-il pas humain et imparfait ? Ton amour n'est-il pas émotionné ? Est-il basé sur une volonté sincère ? » La question toucha le cœur de Pierre qui répondit humblement : « Seigneur, tu connais tout, tu connais mes limites et mes capacités. Mon amour ne t'est pas caché. Je t'aime vraiment et je suis prêt à donner ma vie pour toi. J'ai échoué et j'échouerai encore. Mais ton amour a enflammé un amour infini en moi. » Jésus ne nia pas la déclaration de Pierre, mais dit : « Comme tu m'aimes, aime aussi les membres murs de mon Église. Il n'est pas facile de prendre soin d'eux. Plusieurs d'entre eux sont obstinés, ils rechutent, chacun va son propre chemin. Désires-tu porter mes brebis sur tes épaules jusqu'à en être fatigué ? Tu es responsable d'elles. »

Jean 21 :17 : **Il lui dit pour la troisième fois : Simon, fils de Jonas, m'aimes-tu ? Pierre fut attristé de ce qu'il lui avait dit pour la troisième fois : M'aimes-tu ? Et il lui répondit : Seigneur, tu sais toutes choses, tu sais que je t'aime. Jésus lui dit : pais mes brebis.** Pierre avait renié son Seigneur trois fois, ainsi Jésus frappa trois fois à la porte de son cœur et éprouva la sincérité de son amour. Il souligna le besoin d'amour divin venant du Saint-Esprit, que Pierre allait découvrir en lui-même : il ne le reçut pas jusqu'à ce que le Saint-Esprit descende sur lui à la Pentecôte. Il poursuivit : « Es-tu vraiment lié à moi plus qu'à tout autre, au point d'être prêt à offrir ta vie pour le salut du monde ? » La troisième fois, Pierre répondit avec tristesse et ajouta que Le Seigneur connaissait son cœur. Pierre confessa que Jésus avait raison en prédisant son triple reniement, et que Christ connaissait toutes choses. Ainsi, Pierre l'appela le vrai Dieu, celui qui sait ce qui se trouve au fond du cœur de l'homme. C'est la vocation pastorale confiée à Pierre : prendre soin des brebis. Etes-vous un pasteur veillant sur le troupeau de Dieu ? Voyez-vous que nous sommes tous des pécheurs, nous ne méritons pas l'honneur d'avoir la garde du troupeau de Dieu, sauf en vertu de la croix. Les bergers ont sans doute dessein de plus de pardon que les brebis ; ils négligent souvent leur principale responsabilité.

Jean 21 :18-19 : **¹⁸En vérité, en vérité, je te le dis, quand tu étais plus jeune, tu te ceignais toi-même, et tu allais où tu voulais ; mais quand tu seras vieux, tu étendras tes mains, et un autre te ceindra, et te ménera où tu ne voudras pas. ¹⁹Il dit cela pour indiquer par quelle mort Pierre glorifierait Dieu. Et ayant ainsi parlé, il lui dit : Suis-moi.** Jésus comprit que le cœur de Pierre, son disciple, était zèle et touché. Lorsqu'une personne vient de rencontrer Christ, elle passe aussi par un temps marqué par l'enthousiasme et le feu pour Jésus. Dès qu'elle reçoit le Saint-Esprit, elle expérimente une joie intense et courte, sauver les autres. Mais la plupart du temps, elle sert avec un enthousiasme purement humain, et non pas sous la direction de Jésus, qui est doux. Cependant, Jésus a prophétisé que Pierre perdrait sa confiance en Lui avec le temps et grandirait dans l'Esprit, se soumettant totalement à son Seigneur, devenant un prisonnier de son amour et ne désirant faire plus que la volonté divine. Pierre resta à Jérusalem et ne partit pas chez les Païens. Il fut battu et jeté en prison plusieurs fois ; un jour, il fut libéré par l'Ange du Seigneur. L'Esprit le conduisit chez Corneille, un centurion romain, où il découvrit que le Saint-Esprit pouvait descendre sur les païens, considérés jusqu'alors comme impurs. À ce stade de l'évangélisation, il ouvrit la porte à la mission mondiale. Après sa libération de la prison d'**Hérode**, Pierre visita les églises nouvellement fondées, surtout après l'emprisonnement de Paul. Ainsi, le chef des apôtres visita des chrétiens d'origine païenne, les encouragea en leur adressant des messages du Père. La tradition rapporte sa mort à Rome pendant la persécution de **Néron**. Se considérant indigne de mourir crucifié comme son Seigneur, il pria ses bourreaux de le crucifier la **tête en bas**. Jésus avait fait allusion à sa mort en disant que Pierre glorifierait Dieu par sa propre mort. Un jour, Pierre dit à Jésus qu'il était prêt à donner sa vie pour Son Seigneur. Jésus répliqua : « Tu ne peux pas maintenant me suivre où je vais, mais tu me suivras plus tard » ***(Jean 13 :36)***. Jésus associa ses disciples à sa puissance et à sa gloire pour qu'ils soient un avec lui et le Père et le Saint-Esprit. Il les fit participer à ses souffrances et à sa mort, le prélude à la gloire. La gloire dans l'Évangile ne désigne ni le rayonnement ni l'honneur en terme humain, mais la souffrance et la croix pour celui qui nous aime. Pierre ne pouvait pas glorifier Dieu de son plein gré, mais le sang de Christ le purifia et la puissance de l'Esprit le sanctifia, afin qu'il renonce à lui-même, vive pour son Seigneur et meure pour lui rendre gloire. Ensuite, Christ donna un ordre à Pierre : **« Suis-moi ! »** Dans la mesure où nous le suivons dans la vie et dans la mort, nous récolterons les fruits de l'amour et sanctifierons le nom du Père miséricordieux.

11 Prophéties de Jésus

Jean 21 : 20-22 : **²⁰Pierre, s'étant retourné, vit venir après eux le disciple que Jésus aimait, celui qui, pendant le souper, s'était penché sur la poitrine de Jésus, et avait dit : Seigneur, qui est celui qui te livre ? ²¹En le voyant, Pierre dit à Jésus : Et celui-ci, Seigneur, que lui arrivera-t-il ? ²²Jésus lui dit : Si je veux qu'il demeure jusqu'à ce que je vienne, que t'importe ? Toi, suis-moi.** Pierre répondit à l'appel de son Maître de s'occuper des brebis et des agneaux. Puisque Jean était le plus jeune des disciples, Pierre souhaitait savoir ce que Jésus lui réservait. Allait-il le renvoyer à la maison compte tenu de sa jeunesse ou le nommer lieutenant pour régler les conflits ? Il peut y avoir eu une pointe de jalousie dans les paroles de Pierre, parce que Jésus semblait préférer Jean aux autres et l'aimait plus. Au dernier souper, Pierre avait indiqué à Jean d'être l'intermédiaire auprès du Seigneur pour calmer l'atmosphère tendue et connaitre le nom du traitre. Jean était si attaché à Jésus qu'il se tint au pied de la résurrection du Seigneur et le premier à le reconnaitre lors de leur sortie sur le lac de Tibériade. Il était prêt à suivre Jésus, alors que Pierre a dû être appelé. Son cœur était uni à celui de Christ. Il était le plus intime des disciples avec le Seigneur. Pierre voulait peut-être savoir si Jean devait affronter un avenir aussi dur que lui, ou si son avenir était différent du sien. Jésus lui répond de ne pas traiter les autres de haut, mais d'être un frère parmi ses égaux. Ce n'était pas à Pierre de s'occuper de la destinée de Jean, qui avait des liens directs avec Son Seigneur, alors que Pierre était le porte-parole des apôtres. Jean garda le silence, supportant dans la prière et avec patience les développements doctrinaux au sein de l'Église, qu'il influença par la puissance de la prière *(Actes 3 :1 ; Actes 8 :14-15 ; Galates 2 :9)*. D'après la réponse de Jésus concernant la vocation de Jean, nous remarquons que l'important n'est pas de savoir si nous vivrons longtemps au service de Christ ou si nous mourrons tôt pour lui. L'essentiel, c'est de lui être fidèle et de lui obéir. Jésus ne traite pas ses disciples comme s'ils étaient dans un moule, mais leur prépare un chemin spécial qui les mènera à glorifier leur Maître. Nous ne savons rien de la mort de Jean, il mourut probablement d'une mort naturelle. Jésus recommanda à Pierre de regarder à lui seul et de ne pas observer les autres disciples. Cela signifie que nous ne devrions pas être frustrés en voyant les autres Chrétiens réussir dans tel ou tel ministère. Luttons pour connaitre la volonté de Dieu pour notre vie et suivons-le de tout notre cœur, inconditionnellement. Suivre Christ fidèlement est la devise de tout Chrétien. Il parla aussi à ses disciples de sa seconde venue. Cette venue est le but de l'histoire du monde. Les pensées de tous les disciples furent dirigées vers cet évènement futur. Avec la présence de Dieu parmi les hommes, les attentes de toutes les générations seront accomplies. Jésus viendra dans sa gloire. L'attendez-vous et vous préparez-vous dans la prière, le service et la louange ? Parlez-vous de lui à ceux qui vous entourent ? Nous rencontrerons près de lui des multitudes de croyants qui l'ont suivi par la foi.

*Jean 21 :23 : **Là-dessus, le bruit courut parmi les Frères que ce disciple ne mourrait point. Cependant Jésus n'avait pas dit à Pierre qu'il ne mourrait point ; mais : Si je veux qu'il demeure jusqu'à ce que je vienne, que t'importe ?*** De l'avis général, Jean a vécu jusqu'à sa vieillesse et est devenu un symbole de l'attente du Messie dans les églises. Les gens croyaient qu'il ne mourrait point jusqu'au retour du Seigneur. Paul s'attendait aussi au retour du Seigneur, il pensait aussi qu'il ne mourrait point, mais qu'il serait transformé instantanément et élevé au ciel. Jean était réaliste et souligna clairement que la promesse de Christ ne signifiait pas que Jean ne mourrait pas jusqu'à ce que les cieux s'ouvrent et que le Glorieux apparaisse. Son but et ses décisions ne furent pas soumis aux attentes de Pierre. Le Seigneur reste le Bon Berger qui conduit ses disciples, chacun dans sa propre voie.

12   Le témoignage de Jean et de son évangile

Jean 21 :24-25 : **²⁴C'est ce disciple qui rend témoignage de ces choses, et qui les a écrites. Et nous savons que son témoignage est vrai.** Nous découvrons ici quatre vérités importantes : L'évangéliste était vivant lorsque son évangile fut publié et il était bien connu des églises parlant le Grec. Il fut disciple de Jésus depuis l'époque de Jean-Baptiste jusqu'à l'ascension de Christ. Jean fut un témoin oculaire de Jésus-Christ. Il avait personnellement entendu Jésus et a rapporté ses paroles, tout comme les évènements. Ce n'est pas un membre de l'Église qui écrivit cet évangile, mais Jean lui-même, le disciple bien-aimé. Il ne parlait peut-être pas couramment le Grec, et dicta donc son texte à l'un de ses propres disciples plus doués. Les explications sont claires et les vérités immuables. Ceux qui firent circuler cet évangile reconnurent d'une seule voix que le témoignage de Jean était absolument digne de confiance. Cette reconnaissance est importante, puisque l'évangile de Jean diffère en substance des trois autres évangiles. Nous sommes reconnaissants pour le trésor que nous a transmis cet évangéliste. Ceux qui publièrent cet évangile exprimèrent à l'unanimité la réalité de Christ dans leur vie, car après l'avoir reçu, ils eurent l'autorité de devenir les enfants de Dieu, par la foi en son nom. Le Saint-Esprit descendit sur eux, vécut en eux et leur permit de reconnaitre les mauvais esprits. Ils discernèrent la vérité des mensonges et des exagérations, car l'Esprit de consolation les guidait dans toute la vérité.

Jean 21 :25 : **Jésus a fait encore beaucoup d'autres choses ; si on les écrivait en détail, je ne pense pas que le monde même put contenir les livres qu'on écrirait.** Certains trouvent que l'existence de quatre évangiles est une pierre d'achoppement. Si nous incluons les lettres de Paul comme évangile supplémentaire, comme il le dit, nous arrivons alors à cinq. Et la vie d'un Chrétien sincère est un évangile en soi. L'auteur confesse avoir entendu tellement de choses sur Jésus de la part des disciples, qu'il lui était impossible de tout raconter. La plénitude de Dieu demeure en lui. Aujourd'hui encore, il demeure dans son Église et la guide alors qu'elle suit ses pas. Si nous devions à notre tour essayer d'écrire toutes les œuvres de Jésus depuis sa résurrection jusqu'à ce jour, tous les volumes du monde ne suffiraient pas. Les Chrétiens auront besoin de l'éternité pour comprendre la hauteur, la longueur et la profondeur de l'amour de Christ à l'œuvre dans l'histoire de l'humanité. Notre Seigneur vivant agit dans le monde comme à l'époque du Nouveau Testament. Nous nous considérons bénis, parce que nous entendons sa voix, saisissons ses pensées et suivons son appel. Jean décrit l'amour de Jésus-Christ pour nous permettre de confesser : « Et la parole a été faite chair, et elle a habité parmi nous, pleine de grâce et de vérité ; et nous avons contemplé sa gloire, une gloire comme la gloire du fils unique venu du Père ».

13   La prière de base du Christianisme : La prière du Seigneur

La prière du Seigneur, dans *Matthieu 6 : 9-13 et Luc 11 : 2-4*, exprime les paroles de Jésus à ses disciples. Ils Lui avaient demandé de leur enseigner comment prier dans la nouvelle Alliance. Cette prière, dite originalement en araméen ou en hébreu par Jésus et ses disciples, a été transmise au travers des écrits grecs. Bien que traduite en plus de 2000 langues, la prière du Seigneur ne perd rien de sa valeur originale, ni de son esprit et ni de sa puissance. Presque toutes les dénominations chrétiennes considèrent la prière du Seigneur comme un élément essentiel de leur confession de foi parce qu'elle inclut les principes doctrinaux de base de l'Évangile. Pour beaucoup de Chrétiens, elle est la forme la plus condensée de l'Évangile, voire l'un des plus grands trésors de la Bible. La prière du Seigneur couvre le monde entier. Elle n'est pas dite seulement à certains moments, ou au culte ; mais elle peut être exprimée à tout moment, individuellement ou en groupe.

Notre père : La prière que Jésus a enseignée à ses disciples n'est centrée ni sur le Dieu Tout-puissant, ni sur le Créateur, ni sur lui-même, ni sur le Juge Éternel. Il ne les a pas non plus encouragés à prier Elohim ou Yahvé, mais il a partagé avec eux le privilège unique de pouvoir appeler Dieu "Père". Ce mot inaugure une nouvelle relation entre Dieu et l'Homme. Quelle révolution spirituelle ! Quel homme mortel pourrait prendre la liberté d'appeler celui qui est Éternel "père" ? Nous pourrions imaginer commencer la salutation avec "Oh, Créateur" ou "Seigneur de l'Histoire". Mais Jésus a voulu élever ses disciples à son niveau. Il ne les a pas conduits vers un Dieu grand, distant que personne ne pourrait espérer connaitre tout en étant obligé de l'adorer dans la crainte. Non, exactement le contraire, Jésus leur a révélé le Dieu personnel et d'amour, très proche ; le Père qui, en Jésus, s'est lié lui-même aux pêcheurs pour toujours. Il reste un père même pour des fils et des filles perdues et les attend patiemment. Sa paternité est la forme légale de son amour jusque dans l'éternité. La paternité de Dieu est le thème central du Nouveau Testament. La révolution théologique du Christ est devenue la réponse à la doctrine rigide du Dieu Unique des Juifs et des Musulmans. Jésus a décrit Dieu à ses disciples comme père. Dans ses prières, il s'est adressé à lui personnellement en le nommant "Père". Dans les quatre Évangiles, Jésus reconnait la paternité de Dieu plus de **185 fois**. Mais il a voilé l'identité du père à ses ennemis, utilisant plutôt le nom de "Dieu" **99** fois quand il leur parle. La paternité de Dieu reste cachée aussi aux **démons**. Mais à ses disciples, Jésus a révélé cet aspect de Dieu et son union avec Lui. Le fils a toujours honoré le père et, faisant abnégation de lui-même, il dit : "Mon père est plus grand que tout… Moi et le Père, nous sommes un. Celui qui m'a vu a vu le Père… Je suis dans le père et le père est en moi." *(Jean 10 :29-30, Jean 14 :9-11)*. Pour confirmer la paternité de Dieu et sa filiation, Jésus a finalement été mis à mort *(Matthieu 26 :63-66)* ; ses premières et dernières paroles sur la Croix ont commencé avec le nom de son père *(Luc 23 :34-46)*. Non, personne, et surtout pas un Sémite, ne peut comprendre le secret du père et du fils tout seul. Les Juifs tout comme les Musulmans croient en un Dieu unique. Accepter l'existence de deux ou trois dieux est un blasphème pour eux. C'est pourquoi les Musulmans dévots méprisent les Chrétiens qui croient au père, au fils et au Saint-Esprit. L'existence de l'unité de la Trinité est un secret et une menace pour eux. Leurs yeux sont aveuglés et leurs cœurs endurcis. Jésus a donc voulu encourager ses disciples à faire confiance à Dieu comme en leur propre père et il a suscité en eux une foi pareille à celle d'un enfant. Il les a adoptés, malgré leur indignité et leur impureté. *Galates 4 :5 :* Jésus a justifié et purifié ses disciples pour qu'ils soient dignes d'être appelés des fils et filles de Dieu. Ils n'étaient plus des émigrés ou des étrangers, mais des membres de la famille de leur père céleste *(Ephésiens 2 :19, Jean 3 :1-3)*. Comme promis, il leur a envoyé le Saint-Esprit, ils sont nés de nouveau et ont vécu dans sa force et sa présence divine comme ses enfants *(Romains 8 :14-15 ; Galates 4 :6)*. Par la grâce, nous sommes également ses enfants adoptifs et ses enfants dans son Esprit qui crie "Abba, père," attestant à notre esprit que nous sommes enfants de Dieu, notre père céleste. Dans l'Ancien Testament, le Seigneur nous dit par le prophète Esaïe : "Ne crains pas, car je t'ai racheté, je t'ai appelé par ton nom, tu es à moi" *(Esaïe 43 :1)*. Dans *1 Jean 3 :1-3*, lisons la réponse de l'apôtre Jean : **Voyez de quel grand amour le père nous a fait don, que nous soyons appelés enfants de Dieu ; et nous le sommes ! Voilà pourquoi le monde ne peut pas nous connaitre : il n'a pas découvert Dieu. Mes bien-aimés, dès à présent nous sommes enfants de Dieu, mais ce que nous serons n'a pas encore été manifesté. Nous savons que, lorsqu'il paraitra, nous lui serons semblables, puisque nous le verrons tel qu'il est. Et quiconque fonde sur lui une telle espérance se rend pur comme lui, Jésus, est pur.** La prière du Seigneur n'est pas une adoration indirecte de Dieu, elle n'est pas impersonnelle, mais nous amène à parler à Dieu, notre Père. Les Chrétiens ont un contact personnel avec Dieu. Il entend, connait et prend soin d'eux. Un chrétien vit dans une sécurité réelle et continue, parce que le Tout-puissant est son père. Notre race, notre éducation, richesse, sexe, santé et succès ne nous donnent pas le droit d'appeler Dieu : "Père". Seule notre foi en Jésus-Christ nous donne ce privilège. Celui qui croit en Jésus prie le Père dans son nom et apprend à être accepté comme enfant de Dieu en toute liberté. Chaque Chrétien a une "ligne téléphonique" avec laquelle il peut appeler son père céleste à tout moment. La ligne n'est jamais surchargée et le père n'est jamais absent. Il écoute et répond aux prières. Connais-tu ce "numéro de téléphone divin" ? Lis les paroles de Dieu dans le *Psaume 50 :15 :* **"Puis appelle-moi au jour de la détresse, je te délivrerai, et tu me glorifieras"**. Vous y trouverez un réel soutien dans vos difficultés ; de nombreux Chrétiens veulent vivre en Christ et dans le monde en même temps. C'est impossible. Personne ne peut entrer dans une voiture avec une seule jambe et laisser l'autre dehors. Il serait mis en pièces. La même chose arrive aux Chrétiens qui ne demeurent pas pleinement en Christ. Vous pouvez être soit pleinement en Christ, soit pleinement dans le monde, mais pas les deux places à la fois.

CHAPITRE II

Repentez-vous, car Le Royaume De Christ Est proche

Exhortation à vivre non selon la chair

1   LES ŒUVRES DE LA CHAIR

Galates 5 :19-21 : [19]Or, les œuvres de la chair sont manifestes, ce sont l'impudicité, l'impureté, la dissolution, [20]l'idolâtrie, la magie, les inimitiés, les querelles, les jalousies, les animosités, les disputes, les divisions, les sectes, [21]l'envie, l'ivrognerie, les excès de table, et les choses semblables. Je vous dis d'avance, comme je l'ai déjà dit, que ceux qui commettent de telles choses n'hériteront point le royaume de Dieu.

1 Corinthiens 3 : 3 : En effet, puisqu'il y a parmi vous de la jalousie et des disputes, n'êtes-vous pas charnels et ne marchez-vous pas selon l'homme ?

1 Corinthiens 6 :9-11 : [9]Ne savez-vous pas que les injustes n'hériteront point le royaume de Dieu ? Ne vous y trompez pas ; ni les impudiques, ni les idolâtres, ni les adultères, ni les effémines, ni les infâmes, [10]ni les voleurs, ni les cupides, ni les ivrognes, ni les outrageux, ni les ravisseurs, n'hériteront le royaume de Dieu. [11]Et c'est là ce que vous étiez, quelques-uns de vous. Mais vous avez été lavés, mais vous avez été sanctifiés, mais vous avez été justifiés au nom du Seigneur Jésus-Christ et par l'Esprit de notre Dieu.

Ephésiens 5 :5-21 : [5]Car, sachez-le bien, aucun impudique, ou impur, ou cupide, c'est-à-dire, idolâtre, n'a d'héritage dans le royaume de Christ et de Dieu. [6]Que personne ne vous séduise par de vains discours ; car c'est à cause de ces choses que la colère de Dieu vient sur les fils de la rébellion. [7]N'ayez donc aucune part avec eux. [8]Autrefois vous étiez ténèbres, et maintenant vous êtes lumière dans le Seigneur, marchez comme des enfants de lumière, [9]Car le fruit de la lumière consiste en toute sorte de bonté, de justice et de vérité. [10]Examinez ce qui est agréable au Seigneur ; [11]et ne prenez point part aux œuvres infructueuses des ténèbres, mais plutôt condamnez-les. [12]Car il est honteux de dire ce qu'ils font en secret ; [13]mais tout ce qui est condamné est manifesté par la lumière, car tout ce qui est manifesté est lumière. [14]C'est pour cela qu'il est dit ; réveille-toi, toi qui dors, relève-toi d'entre les morts, et Christ t'éclairera. [15]Prenez donc garde de vous conduire avec circonspection, non comme des insensés, mais comme des sages ; [16]rachetez le temps, car les jours sont mauvais. [17]C'est pourquoi ne soyez pas inconsidérés, mais comprenez quelle est la volonté du Seigneur. [18]Ne vous enivrez pas de vin ; c'est de la débauche. Soyez, au contraire, remplis de l'Esprit ; [19]entretenez-vous par des psaumes, par des hymnes et par des cantiques spirituels, chantant et célébrant de tout votre cœur les louanges du Seigneur ; [20]rendez continuellement grâce pour toutes choses à Dieu le Père, au nom de notre Seigneur Jésus-Christ, [21]vous soumettant les uns aux autres dans la crainte de Christ.

Colossiens 3 :5-10 : [5]Faites donc mourir les membres qui sont sur la terre, l'impudicité, l'impureté, les passions, les mauvais désirs, et la cupidité, qui est une idolâtrie. [6]C'est à cause de ces choses que la colère de Dieu vient sur les fils de la rébellion [7]parmi lesquels vous marchiez autrefois, lorsque vous viviez dans ces péchés. [8]Mais maintenant, renoncez à toutes ces choses, à la colère, à l'animosité, à la méchanceté, à la calomnie, aux paroles déshonnêtes qui pourraient sortir de votre bouche. [9]Ne mentez pas les uns aux autres, vous étant dépouillés du vieil homme et de ses œuvres, [10]et ayant revêtu l'homme nouveau, qui se renouvelle dans la connaissance, selon l'image de celui qui l'a créé.

Hébreux 10 :29 : De quel pire châtiment pensez-vous que sera jugé digne celui qui aura foulé aux pieds le fils de Dieu, qui aura tenu pour profane le sang de l'alliance, par lequel il a été sanctifié, et qui aura outragé l'Esprit de la grâce.

Matthieu 24 :4-5 : [4]Jésus leur répondit ; prenez garde que personne ne vous séduise. [5]Car plusieurs viendront sous mon nom, disant ; C'est moi qui suis le Christ. Et ils séduiront beaucoup de gens. *(Marc 13 :5-6 ; Luc 21 :5-6).*

2 Thessaliens 2 :3-4 : [3]Que personne ne vous séduise d'aucune manière ; car il faut que l'apostasie soit arrivée auparavant et qu'on ait vu paraitre l'homme du péché, le fils de la perdition, [4]l'adversaire qui s'élève au-dessus de tout ce qu'on appelle Dieu ou de ce qu'on adore, jusqu'à s'asseoir dans le temple de Dieu, se proclamant lui-même Dieu.

Matthieu 5 :28 : Mais moi, je vous dis que quiconque regarde une femme pour la convoiter a déjà commis un adultère avec elle dans son cœur.

Romains 1 :18-32 ; Et Romains 6 :19 : Je parle à la manière des hommes, à cause de la faiblesse de votre chair. De même donc que vous avez livré vos membres comme esclaves à l'impureté et à l'iniquité, pour arriver à l'iniquité, ainsi maintenant livrez vos membres comme esclaves à la justice, pour arriver à la sainteté. *Ephésiens 4 :19 :* Ayant perdu tout sentiment, ils se sont livrés à la dissolution, pour commettre toute espèce d'impureté jointe à la cupidité, *Ephésiens 5 : 3 :* Que l'impudicité, qu'aucune espèce d'impureté, et que la cupidité, ne soient pas même nommées parmi vous, ainsi qu'il convient à des saints.

1 Thessaloniciens 4 :5-8 : [5]Sans vous livrer à une convoitise passionnée, comme font les païens qui ne connaissent pas Dieu ; [6]c'est que personne n'use envers son frère de fraude et de cupidité dans les affaires, parce que le Seigneur tire vengeance de toutes ces choses, comme nous vous l'avons déjà dit et attesté. [7]Car Dieu ne nous a pas appelés à l'impureté, mais à la sanctification. [8]Celui donc qui rejette ces préceptes ne rejette pas un homme, mais Dieu, qui vous a aussi donné son Saint-Esprit. *1 Corinthiens 6 :18-20 :* Fuyez l'impudicité. Quelque autre péché qu'un homme commette, ce péché est hors du corps ; mais celui qui se livre à l'impudicité pèche contre son propre corps. [19]Ne savez-vous pas que votre corps est le temple du Saint-Esprit qui est en vous, que vous avez reçu de Dieu, et que vous ne vous appartenez point à vous-mêmes. [20]Car vous avez été rachetés à un grand prix. Glorifiez donc Dieu dans votre corps et dans votre esprit, qui appartiennent à Dieu. *1 Corinthiens 6 :9-11 :* [9]Ne savez-vous pas que les injustes n'hériteront point le royaume de Dieu. Ne vous y trompez pas ; ni les impudiques, ni les idolâtres, ni les adultères, ni les effémines, ni les infâmes, [10]ni les voleurs, ni les cupides, ni les ivrognes, ni les outrageux, ni les ravisseurs, n'hériteront le royaume de Dieu. [11]Et c'est là ce que vous étiez, quelques-uns de vous. Mais vous avez été lavés, mais vous avez été sanctifiés, mais vous avez été justifiés au nom du Seigneur Jésus-Christ et par l'Esprit de notre Dieu. *Hébreux 13 :4 :* Que le mariage soit honoré de tous, et le lit conjugal exempt de souillure, car Dieu jugera les impudiques et les adultères.

Genèse 35 :2 : Jacob dit à sa maison et à tous ceux qui étaient avec lui ; Otez les dieux étrangers qui sont au milieu de vous, purifiez-vous et changez de vêtements. *2 Pierre 3 :3 ; Hébreux 6 :4-6 à lire aussi.*

2   CONTRE LES FAUX PASTEURS

Matthieu 23 :1-39 : Alors Jésus, parlant à la foule et à ses disciples, dit ; [2]Les scribes et les pharisiens sont assis dans la chaire de Moise. [3]Faites donc et observez tout ce qu'ils vous disent ; mais n'agissez pas selon leurs œuvres. Car ils disent et ne font pas. [4]Ils lient des fardeaux pesants et les mettent sur les épaules des hommes, mais ils ne veulent pas les remuer du doigt. [5]Ils font toutes leurs actions pour être vus des hommes. Ainsi, ils portent de larges phylactères et ils ont de longues franges à leurs vêtements ; [6]ils aiment la première place dans les festins et les premiers sièges dans les synagogues ; [7]ils aiment à être salués dans les places publiques et à être appelés par les hommes Rabbi, Rabbi. *Lire le reste !*

Romains 16 :17-20 : [17]Je vous exhorte, frères, à prendre garde à ceux qui causent des divisions et des scandales, au préjudice de l'enseignement que vous avez reçu. Éloignez-vous d'eux. [18]Car de tels hommes ne servent point Christ notre Seigneur, mais leur propre ventre ; et par des paroles douces et flatteuses, ils séduisent les cœurs des simples. [19]Pour vous, votre obéissance est connue de tous ; je me réjouis donc à votre sujet, et je désire que vous soyez sages en ce qui concerne le bien et purs en ce qui concerne le mal. [20]Le Dieu de paix écrasera bientôt Satan sous vos pieds. Que la grâce de notre Seigneur Jésus-Christ soit avec vous.

Philippiens 3 :18-21 : [18]Car il en est plusieurs qui marchent en ennemis de la croix de Christ, je vous en ai souvent parlé, et j'en parle maintenant encore en pleurant. [19]Leur fin sera la perdition ; ils ont pour dieu leur ventre, ils mettent leur gloire dans ce qui fait leur honte, ils ne pensent qu'aux choses de la terre. [20]Mais notre cité à nous est dans les cieux, d'où nous attendons aussi comme Sauveur le Seigneur Jésus-Christ, [21]qui transformera le corps de notre humiliation, en le rendant semblable au corps de sa gloire, par le pouvoir qu'il a de s'assujettir toutes choses, ***Marc 12 :38-40 ; Luc 11 :37-54 ; Chapitre 20 :45-47 ; Ezéchiel 33 :2 ; Nombre 23 :1-30*** à lire aussi.

2.1   Les Pharisiens Et Tradition

Matthieu 15 :7-9, 19-20 : [7]Hypocrites, Esaïe a bien prophétisé sur vous, quand il a dit ; « [8]Ce peuple m'honore des lèvres, mais son cœur est éloigné de moi. [9]C'est en vain qu'ils m'honorent, en enseignant des préceptes qui sont des commandements d'hommes. [18]Mais ce qui sort de la bouche vient du cœur, et c'est ce qui souille l'homme ». [19]Car c'est du cœur que viennent les mauvaises pensées, les meurtres, les adultères, les impudicités, les vols, les faux témoignages, les calomnies. [20]Voilà les choses qui souillent l'homme ; mais manger sans s'être lavé les mains, cela ne souille point l'homme ***(Matthieu 23 :13-28 et chapitre 24 :48-51).***

2 Thessaloniciens 3 :6 : Nous vous recommandons, frères, au nom de notre Seigneur Jésus-Christ, de vous éloigner de tout frère qui vit dans le désordre, et non selon les instructions que vous avez reçues de nous. ***Matthieu 7 :15 :*** Gardez-vous des faux prophètes. Ils viennent à vous en vêtements de brebis, mais au-dedans, ce sont des loups ravisseurs. ***1 Timothée 6 :4-5 :*** [4]Il enflé d'orgueil, il ne sait rien, et il a la maladie des questions oiseuses et des disputes de mots, d'où naissent l'envie, les querelles, les calomnies, les mauvais soupçons, [5]les vaines discussions d'hommes corrompus d'entendement, privés de la vérité, et croyant que la piété est une source de gain.

3   CONTRE LES FAUX DOCTEURS

1 Timothée 4 :1-2 : [1]Mais L'Esprit dit expressément que, dans les derniers temps, quelques-uns abandonneront la foi pour s'attacher à des esprits séducteurs et à des doctrines de démons, [2]par l'hypocrisie de faux docteurs portant la marque de la flétrissure dans leur propre conscience.

Docteur NICODEME

Jean 3 :5 : Jésus répondit : En vérité, en vérité, je te dis : si quelqu'un n'est né d'eau et de l'Esprit, il ne peut pas entrer dans le royaume de Dieu.

La réponse de Christ, impliquant que Nicodème ne connaissait pas Dieu, le troubla. II n'avait pas entendu parler de seconde naissance. Un homme peut-il retourner dans le sein de sa mère ? Cette réponse basée sur l'expérience du bon sens indique un aveuglement. II ne comprit pas que Dieu, le Père, peut engendrer des enfants par son Esprit. Jésus aimait Nicodème. Après l'avoir conduit à confesser qu'il ne connaissait pas le chemin vers le Royaume de Dieu, il souligna le fait en déclarant qu'il était la Vérité. Nous devons croire que nous ne pouvons pas entrer dans le Royaume sans une seconde naissance, c'est la seule condition. Qu'est-ce que la seconde naissance, C'est une naissance, et pas seulement un concept ; elle n'émerge pas des efforts d'homme, puisque personne ne peut se donner naissance. Dieu devient le parent et le dispensateur de la vie. Cette naissance spirituelle est une grâce, pas seulement un changement de caractère, ni une discipline sociale. Tous sont mauvais depuis leur plus jeune âge, et sans espoir d'amélioration. La naissance spirituelle est l'entrée de la vie de Dieu en l'homme. Frère, confessez vos fautes, acceptez le jugement de Dieu par rapport à vos péchés. Vous êtes corrompus et en train de périr. *2 Timothée 3 :1-7, Jude verse 18*, ils vous disaient qu'au dernier temps il y aurait des moqueurs, marchant selon leurs convoitises impies. *Verse 19*, ce sont ceux qui provoquent des divisions, hommes sensuels, n'ayant pas l'esprit. *Colossiens 2 :8 :* Prenez garde que personne ne fasse de vous sa proie par la philosophie et par une vaine tromperie, s'appuyant sur la tradition des hommes, sur les rudiments du monde, et non sur Christ. *2 Pierre 2 :1 :* Il y a eu parmi le peuple de faux prophètes, et il y aura de même parmi vous de faux docteurs, qui introduiront des sectes pernicieuses, et qui, reniant le maître qui les a rachetés, attireront sur eux une ruine soudaine.

1 Timothée 1 :7 : Ils veulent être docteurs de la loi, et ils ne comprennent ni ce qu'ils disent, ni ce qu'ils affirment, **Zacharie 13** *:1-9 ; Ezéchiel 33 :6-7 ; Michée 3 :11 ; Esaïe 56 :10-12* à lire aussi.

4   CONTRE LES FAUX PROPHETES

Jérémie 14 :14 : Et l'Éternel me dit : C'est le mensonge que prophétisent en mon nom les prophètes ; Je ne les ai point envoyés, je ne leur ai point donné d'ordre, je ne leur ai point parlé ; Ce sont des visions mensongères, de vaines prédications, Des tromperies de leur cœur, qu'ils vous prophétisent. *Chapitre 23 :14-16 :* [14]Mais dans les prophètes de Jérusalem, j'ai vu des choses horribles ; ils sont adultères, ils marchent dans le mensonge ; ils fortifient les mains des méchants, afin qu'aucun ne revienne de sa méchanceté ; ils sont tous à mes yeux comme Sodome, et les habitants de Jérusalem comme Gomorrhe. [15]C'est pourquoi ainsi parle l'Éternel des armées sur les prophètes ; Voici, je vais les nourrir d'absinthe et je leur ferai boire des eaux empoisonnées ; Car c'est par les prophètes de Jérusalem que l'impiété s'est répandue dans tout le pays. [16]Ainsi parle l'Éternel des armées ; N'écoutez pas les paroles des prophètes qui vous prophétisent, ils vous entrainent à des choses de néant ; ils disent les visions de leur cœur, et non ce qui vient de la bouche de l'Éternel. *Lire le verset 17 au 40. Jérémie 27 :15-22 :* Je ne les ai point envoyés, dit l'Éternel, et ils prophétisent le mensonge en mon nom, afin que je vous chasse et que vous périssiez, vous et les prophètes qui vous prophétisent. *Chapitre 28 :1-17* à lire aussi.

Lettre aux captifs : *Jérémie 29 :1-32 (au verset 8-9) :* [8]Car ainsi parle l'Éternel des armées, le Dieu d'Israël ; Ne vous laissez pas tromper par vos prophètes qui sont au milieu de vous et par vos devins, n'écoutez pas vos songeurs dont vous provoquez les songes ; [9]car c'est avec mensonge qu'ils vous prophétisent en mon nom ; je ne les ai pas envoyés, dit l'Éternel. *Matthieu 24 :24 :* Car il s'élèvera de faux Christ et de faux prophètes ; ils feront de grands prodiges et des miracles, au point de séduire, s'il était possible, même les élus. *Marc 13 :21-22 :* [21]Si quelqu'un vous dit alors ; Le Christ est ici, ou il est là, ne le croyez pas. [22]Car il s'élèvera de faux Christs et de faux prophètes ; ils feront des prodiges et des miracles pour séduire les élus, s'il était possible. *Matthieu 24 :11 :* Plusieurs faux prophètes s'élèveront, et ils séduiront beaucoup de gens. *Ezéchiel 13 :1-4 :* [1]La parole de l'Éternel me fut adressée, en ces mots ; [2]Fils de l'homme, prophétise contre les prophètes d'Israël qui prophétisent selon leur propre cœur ; Ecoutez la parole de l'Éternel, ³Ainsi parle de Seigneur, l'Éternel ; Malheur aux prophètes insensés, qui suivent leur propre esprit et qui ne voient rien. ⁴Tels des renards au milieu des ruines, Tels sont tes prophètes, Oh Israël. *Michée 3 :5-6 et 11 :* ⁵Ainsi parle l'Éternel sur les prophètes qui égarent mon peuple, qui annoncent la paix si leurs dents ont quelque chose à mordre, Et qui publient la guerre si on ne leur met rien dans la bouche ; ⁶A cause de cela, vous aurez la nuit… et plus de visions ! Vous aurez les ténèbres… et plus d'oracles. Le soleil se couchera sur ces prophètes, Le jour s'obscurcira sur eux. *Verse 11*, Ses chefs jugent pour des présents, Ses sacrificateurs enseignent pour un salaire, Et ses prophètes prédisent pour de l'argent ; Et ils osent s'appuyer sur l'Éternel, ils disent ; L'Éternel n'est-il pas au milieu de nous ? Le malheur ne nous atteindra pas. *Michée 6 :11-12 :* ¹¹Est-on pur avec des balances fausses, Et avec de faux poids dans le sac. ¹²Ses riches sont pleins de violence, Ses habitants profèrent le mensonge, Et leur langue n'est que tromperie dans leur bouche. Aujourd'hui, les faux pasteurs, les faux docteurs, les faux prophètes et les faux Apôtres prêchent leurs philosophies ;

Apocalypse 21 :8 : Mais pour les lâches, les incrédules, les abominables, les meurtriers, les impudiques, les enchanteurs, les idolâtres, et tous les menteurs, leur part sera dans l'étang ardent de feu et de soufre, ce qui est la seconde mort.

Apocalypse 22 :15 : Dehors les chiens, les enchanteurs, les impudiques, les meurtriers, les idolâtres, et quiconque aime et pratique le mensonge. Je l'ai déjà dit, que ceux qui commettent de telles choses n'hériteront point le royaume de Dieu. *Deutéronome 13 :5 ; Chapitre 18 ; 22. Ésaïe 9 :14. Jérémie 2 :8 et 5 :31, Ezéchiel 13 :1-17 et 22 :28-31. Osée 9 :7. Michée 3 :5. Sophonie 3 :4.* Aujourd'hui, les serviteurs de Dieu sont devenus des robots de Satan ; que le Satan les dirige.

Jésus accueillit ce témoignage avec joie ; c'était le signe que leur foi grandissait. Pourtant, il réalisa que l'un d'eux s'était opposé à lui à plusieurs reprises. La dureté de cœur de cet homme se développa au point que Jésus l'appela Satan. Tous les apôtres avaient été choisis, attirés par le Père au fils, mais ils n'étaient point des robots dans les mains de Dieu. Ils étaient libres d'obéir à la voix de l'Esprit ou de l'ignorer. Judas ferma délibérément son esprit à la voix de Dieu et se soumit à Satan, qui établit un lien mental entre eux deux. Judas n'abandonna pas Jésus comme l'autre déserteur, mais il l'accompagna, prétendant hypocritement croire. Il devint le fils du Père des mensonges et s'enfonça dans la tricherie. Tandis que Pierre confessait le rôle messianique de Jésus, Judas organisait des plans pour livrer Christ au Conseil Suprême incité par la haine, il définit secrètement ses projets perfides. L'évangéliste ne conclut pas cet important chapitre en décrivant les œuvres impressionnantes des apôtres. Mais il accorde de l'importance au fait que même parmi les fidèles se cachait un traître. Jésus ne le chassa pas et ne le dénonça pas. Il le supporta patiemment, au cas où Judas se repentirait. Cher frère, sondez humblement votre cœur. Êtes-vous un fils de Dieu ou un enfant de Satan. Êtes-vous ouvert à l'appel de l'Esprit ou êtes-vous attiré par un accord avec Satan. Faites attention de ne pas passer à côté du but de votre vie. Votre Seigneur vous aime et vous a sauvé. Cependant, si vous rejetez son salut, vous vous perdrez dans les voies du mal et resterez esclave de Satan. Venez à Christ, car il vous attend. Amen !

5   CONTRE LES FAUSSES DOCTRINES

Colossiens 2 :4 /1 Timothée 6 :3-7 : ³Si quelqu'un enseigne de fausses doctrines, et ne s'attache pas aux saines paroles de notre Seigneur Jésus-Christ et à la doctrine qui est selon la piété, ⁴il est enflé d'orgueil, il ne sait rien, et il a la maladie des questions oiseuses et des disputes de mots, d'où naissent l'envie, les querelles, les calomnies, les mauvais soupçons, ⁵les vaines discussions d'hommes corrompus d'entendement, privés de la vérité, et croyant que la piété est une source de gain. ⁶C'est en effet une grande source de gain que la piété avec le contentement ; ⁷car nous n'avons rien apporté dans le monde, et il est évident que nous n'en pouvons rien emporter. **Actes 20 :29-33 :** ²⁹Je sais qu'il s'introduira parmi vous, après mon départ, des loups cruels qui n'épargneront pas le troupeau, ³⁰et qu'il s'élèvera du milieu de vous des hommes qui enseigneront des choses pernicieuses, pour entrainer les disciples après eux. ³¹Veillez donc, vous souvenant que, durant trois années, je n'ai cessé nuit et jour d'exhorter avec larmes chacun de vous. ³²Et maintenant, je vous recommande à Dieu et à la parole de sa grâce, à celui qui peut édifier et donner l'héritage avec tous les sanctifiés. ³³Je n'ai désiré ni l'argent, ni l'or, ni les vêtements de personne. **Ésaïe 32 :6 :** Car l'insensé profère des folies, et son cœur s'adonne au mal, pour commettre l'impiété et dire des faussetés contre l'Éternel, pour laisser à vide l'âme de celui qui a faim, et enlever le breuvage de celui qui a soif. **Matthieu 16 :12 :** Alors ils comprirent que ce n'était pas du levain du pain qu'il avait dit de se garder, mais de l'enseignement des pharisiens et des sadducéens. **1 Timothée 1 :3-4 :** ³Je te rappelle l'exhortation que je te fis, à mon départ pour la Macédoine, lorsque je t'engageai à rester à Ephèse, afin de recommander à certaines personnes de ne pas enseigner d'autres doctrines, ⁴et de ne pas s'attacher à des fables et à des généalogies sans fin, qui produisent des discussions plutôt qu'elles n'avancent l'œuvre de Dieu dans la foi.

1 Timothée 6 :20-21 : ²⁰ô Timothée, garde le dépôt, en évitant les discours vains et profanes, ²¹et les disputes de la fausse science dont font profession quelques-uns, qui se sont ainsi détournés de la foi. Que la grâce soit avec vous.

Tite 3 :9 : Voilà ce qui est bon et utile aux hommes. Mais évite les discussions folles, les généalogies, les querelles, les disputes relatives à la loi ; car elles sont inutiles et vaines. **Galates 3 :10 :** Car tous ceux qui s'attachent aux œuvres de la loi sont sous la malédiction ; car il est écrit ; Maudit est quiconque n'observe pas tout ce qui est écrit dans le livre de la loi, et ne le met pas en pratique. **Matthieu 15 :9,** à lire aussi.

6   L'ARBRE ET SON FRUIT

Luc 6 :43-45 : ⁴³Ce n'est pas un bon arbre qui porte du mauvais fruit, ni un mauvais arbre qui porte du bon fruit. ⁴⁴Car chaque arbre se connait à son fruit. On ne cueille pas des figues sur des épines, et l'on ne vendange pas des raisins sur des ronces. ⁴⁵L'homme bon tire de bonnes choses du bon trésor de son cœur, et le méchant tire de mauvaises choses de son mauvais trésor ; car c'est de l'abondance du cœur que la bouche parle. **Matthieu 12 :34-35 :** ³⁴Races de vipères, comment pourriez-vous dire de bonnes choses, méchants comme vous l'êtes. Car c'est de l'abondance du cœur que la bouche parle. ³⁵L'homme bon tire de bonnes choses de son bon trésor, et l'homme méchant tire de mauvaises choses de son mauvais trésor. **Marc 11 :12-14 :** ¹²Le lendemain, après qu'ils furent sortis de Béthanie, Jésus eut faim. ¹³Apercevant de loin un figuier qui avait des feuilles, il alla voir s'il y trouverait quelque chose ; et s'en étant approché, il ne trouva que des feuilles, car ce n'était pas la saison des figues. ¹⁴Prenant alors la parole, il lui dit que jamais personne ne mange de ton fruit, Et ses disciples l'entendirent. **Matthieu 21 :18-19 :** ¹⁸Le matin, en retournant à la ville, il eut faim. ¹⁹Voyant un figuier sur le chemin, il s'en approcha ; mais il n'y trouva que des feuilles, et il lui dit que jamais fruit ne naisse de toi, et à l'instant le figuier sécha. Par cet exemple concret, Christ veut montrer le besoin spirituel de la nation aux disciples. Il maudit le figuier qui n'avait que des feuilles. Ce faisant, il prophétise l'avenir des Juifs. C'était aussi un avertissement aux nations qui subiraient le jugement de Dieu si elles ne vivaient pas de fruit pour Dieu. Quels sont les bons fruits que Jésus cherche en nous ? Ce sont la foi, l'espérance et l'amour. Vivre avec Christ fait grandir ces fruits en nous. **Luc 8 :8 :** Une autre partie tomba dans la bonne terre ; quand elle fut levée, elle donna du fruit au centuple. Après avoir ainsi parlé, Jésus dit à haute voix : Que celui qui a des oreilles pour entendre entende. **Romains 6 :21 :** Quels fruits portiez-vous alors ? Des fruits dont vous rougissez aujourd'hui. Car la fin de ces choses, c'est La mort. *Ésaïe 5 :1-2 ; Marc 12 :1-8 ; Luc 20 :9-15 ; Romains 2 :4-5.*

7   PARABOLE DU FIGUIER STERILE MAUDIT

Mathieu 21 :18-22 : [18]Le matin, en retournant à la ville, Il eut faim. [19]Voyant un figuier sur le chemin, il s'en approcha ; mais il n'y trouva que des feuilles, et il lui dit : Que jamais fruit ne naisse de toi ! Et à l'instant, le figuier sécha. *À lire jusqu'au verset 22.*

Luc 13 :6-9 : [6]Il dit aussi cette parabole : Un homme avait un figuier planté dans sa vigne. Il vint pour y chercher du fruit, et il n'en trouva point. [7]Alors il dit au vigneron ; Voilà trois ans que je viens chercher du fruit à ce figuier, et je n'en trouve point. Coupe-le ; pourquoi occupe-t-il la terre inutilement ? [8]Le vigneron lui répondit ; Seigneur, laisse-le encore cette année ; je creuserai tout autour, et j'y mettrai du fumier. [9]Peut-être à l'avenir donnera-t-il du fruit ; sinon, tu le couperas.

Jean 15 :1-6 : [1]Je suis le vrai cep, et mon père est le vigneron. [2]Tout sarment qui est en moi et qui ne porte pas de fruit, il le retranche ; et tout sarment qui porte du fruit, il l'émonde, afin qu'il porte encore plus de fruit. [3]Déjà vous êtes purs, à cause de la parole que je vous ai annoncée. [4]Demeurez-en moi, et je demeurerai en vous. Comme le sarment ne peut de lui-même porter du fruit, s'il ne demeure attaché au cep, ainsi vous ne le pouvez non plus, si vous ne demeurez-en moi. [5]Je suis le cep, vous êtes les sarments. Celui qui demeure en moi et en qui je demeure porte beaucoup de fruit, car sans moi vous ne pouvez rien faire. [6]Si quelqu'un ne demeure pas en moi, il est jeté dehors, comme le sarment, et il sèche ; puis on ramasse les sarments, on les jette au feu, et ils brulent. *Matthieu 15 :13-14* ; Il répondit ; Toute plante que n'a pas plantée mon père céleste sera déracinée. Laissez-les ; ce sont des aveugles qui conduisent des aveugles ; si un aveugle conduit un aveugle, ils tomberont tous deux dans une fosse *(Ezéchiel 15 :1-6, Esaïe 5 :1-2)*. Par cet exemple concret, Christ veut montrer le besoin aux spirituels de la nation, aux disciples. Il maudit le figuier qui n'avait que des feuilles. Ce faisant, il prophétise l'avenir des Juifs. C'était aussi un avertissement aux nations qui subiraient le jugement de Dieu si elles ne vivent pas ce qu'elles prêchaient et ne portaient ainsi pas de fruit pour Dieu. Quels sont les bons fruits que Jésus cherche en nous ? Ce sont la foi, l'espérance et l'amour. Vivre avec Christ fait grandir ces fruits en nous. *Marc 12 :1-8 ; Luc 20 :9-15 ; Romain 2 :4-5 :* [4]Ou méprises-tu les richesses de sa bonté, de sa patience et de sa longanimité, ne reconnaissant pas que la bonté de Dieu te pousse à la repentance. [5]Mais, par ton endurcissement et par ton cœur impénitent, tu t'amasses un trésor de colère pour le jour de la colère et de la manifestation du juste jugement de Dieu. *Actes 4 :11-13 ; Psaume 118 :22 ; Ephésiens 2 : 20.*

8   LA PARABOLE DE JESUS : PARABOLE SUR LES DEUX FILS

Matthieu 21 :28-31 : [28]Que vous en semble, Un homme avait deux fils ; et s'adressant au premier, il dit ; mon enfant, va travailler aujourd'hui dans ma vigne. [29]Il répondit ; Je ne veux pas. Ensuite, il se repentit, et il alla. S'adressant à l'autre, il dit la même chose. Et ce fils répondit ; Je veux bien, seigneur. Et il n'alla pas. Ressemblez-vous au premier fils qui a rejeté la grâce de Dieu parce qu'il était paresseux et amoureux de la facilité plutôt que du travail et de l'effort au service de Dieu ? Il a regretté sa résistance à l'appel de l'amour de Dieu et s'est repenti pour commencer à servir Dieu, son Père, concrètement, lequel est le meilleur. Celui qui dit oui et ne fait rien ou celui qui dit non, mais finit par obéir. Malheur aux hypocrites qui font semblant d'accepter Christ, mais n'exécutent pas son commandement. Ils parlent trop des obligations et des interdictions et ne produisent pas de fruit. Les prostituées et les voleurs repentants sont meilleurs qu'une personne qui prétend être pieuse et juste alors qu'en réalité elle est orgueilleuse et vaniteuse ; son péché est plus grand que celui d'un criminel emprisonné qui lit la Bible en pleurant sur sa propre misère. Christ ne rejette pas les Juifs. Par amour, il leur donne l'occasion de revenir à lui. Ils ne l'ont pas encore condamné à mort, alors il les invite à changer leur esprit, à croire et à accepter le salut. L'amour de Christ ne fait jamais défaut. II est offert à ceux qui semblent justes aussi bien qu'aux méchants. Comme c'est étonnant, ceux qui semblent justes ne se repentent pas, alors que les méchants se tournent vers le Seigneur. *Matthieu 7 :21 ; Luc 7 :29 et 18 :9-14 ; Tite 3 :3-4 ; Josué 24 :24 ; Psaume 78 :36 ; Marc 13 :32-37 ; Matthieu 24 :36-44 ; 1 Corinthiens 15 :58 ; Philippine 2 :12-16 ; Marc 10 :43-45 ; Luc 10 :36-37.*

9   LA PARABOLE DES VIGNERONS

Matthieu 21 :33-38 : [33]Ecoutez une autre parabole. Il y avait un homme, Maître de maison, qui planta une vigne. II l'entoura d'une haie, y creusa un pressoir, et bâtit un tour ; puis il l'afferma à des vignerons, et quitta le pays. [34]Lorsque le temps de la récolte fut arrivé, il envoya ses serviteurs vers les vignerons pour recevoir le produit de sa vigne. [35]Les vignerons, s'étant saisis de ses serviteurs, battirent l'un, tuèrent l'autre, et lapidèrent le troisième. [36]II envoya encore d'autres serviteurs, en plus grand nombre que les premiers ; et les vignerons les traitèrent de la même manière. [37]Enfin, il envoya vers eux son fils, en disant ; ils auront du respect pour mon fils. [38]Mais, quand les vignerons virent le fils, ils dirent entre eux ; Voici l'héritier ; venez, tuons-le, et emparons-nous de son héritage. Finalement, Dieu a envoyé son fils bien-aimé, Christ est le dernier messager de Dieu. En lui, Dieu est venu lui-même sur Terre pour gagner les méchants par sa grande bonté. Dans cette parabole, Christ se désigne indirectement comme le fils de Dieu et son père comme le propriétaire de la vigne. II a donné une réponse claire à la délégation juive quant à la source de son autorité. II espère tant leur soumission à sa filiation et à la paternité de Dieu. Les vignerons ont été influencés par l'esprit du mal dans leur décision de tuer le fils de Dieu. C'est le but de Satan de détruire Dieu et ses disciples. II n'a aucune pitié. Son fruit est la haine, le désespoir et la méchanceté. L'amour de Dieu doit finir par détruire cet esprit mauvais et ceux qui le suivent. II n'offrira pas son pardon indéfiniment. Aujourd'hui nous vivons, et demain nous mourrons. Celui qui rejette le Fils de Dieu choisit le chemin de l'enfer. Par contre, celui qui se soumet au Fils de Dieu et le sert avec fidélité et amour entrera dans le royaume du Père. Quels sont les fruits que vous apporterez à Christ pour exprimer votre reconnaissance pour son salut et sa crucifixion ? *Marc 12 :1-12. Luc 20 :9-19 et 14 :30 ; 1 Corinthie 3 :12-15 ; Hébreu 4 :6-11.*

10   LA PARABOLE DE LA PIERRE ANGULAIRE

Matthieu 21 : 42-46 : [42]Jésus leur dit ; N'avez-vous jamais lu dans les Écritures ? La pierre qu'ont rejetée ceux qui bâtissaient est devenue la principale de l'angle ; c'est du Seigneur que cela est venu, et c'est un prodige à nos yeux. [43]C'est pourquoi, je vous le dis, le royaume de Dieu vous sera enlevé, et sera donné à une nation qui en rendra les fruits. [44]Celui qui tombera sur cette pierre s'y brisera, et celui sur qui elle tombera sera écrasé. [45]Après avoir entendu ses paraboles, les principaux sacrificateurs et les pharisiens comprirent que c'était d'eux que Jésus parlait, [46]et ils cherchaient à se saisir de lui ; mais ils craignaient la foule, parce qu'elle le tenait pour un prophète. Les sacrificateurs et les pharisiens comprennent qu'il parle d'eux et qu'ils venaient de prononcer leur propre jugement. Une mauvaise conscience n'a nul besoin d'accusateur. Elle épargnera parfois aux anciens de l'église de nous dire, c'est toi. La Parole de Dieu est puissante et efficace pour discerner les pensées et les intentions du cœur.

Hébreux 4 : 12 : II est donc facile pour un pécheur dont la conscience n'est pas totalement endurcie de penser qu'elle parle d'elle-même. *Marc 6 :12 ; Deutéronome 18 :18-20 ; Jean 4 :19-24 et 6 :14-21 et 7 :40-44 ; Actes 3 :22.*

11   LA PARABOLE DU FESTIN DES NOCES

Mathieu 22 :1-7 : [1]Jésus, prenant la parole, leur parla de nouveau en paraboles, et il dit ; [2]Le royaume des cieux est semblable à un roi qui fit des noces pour son fils. [3]Il envoya ses serviteurs appeler ceux qui étaient invités aux noces ; mais ils ne voulurent pas venir. [4]Il envoya encore d'autres serviteurs, en disant ; Dites aux conviés ; Voici, j'ai préparé mon festin ; mes bœufs et mes bêtes grasses sont tués, tout est prêt, venez aux noces. [5]Mais, sans s'inquiéter de l'invitation, ils s'en allèrent, celui-ci à son champ, celui-là à son trafic ; [6]et les autres se saisirent des serviteurs, les outragèrent et les tuèrent. [7]Le roi fut irrité ; il envoya ses troupes, fit périr ces meurtriers, et brûla leur ville. [8]Alors il dit à ses serviteurs ; Les noces sont prêtes ; mais les conviés n'en étaient pas dignes. Dieu offre le vêtement de justice à tous ceux qui acceptent son invitation. Vous êtes-vous revêtu de la robe de la grâce de Dieu et vous êtes-vous paré des bijoux du Saint-Esprit ? Sans ce vêtement qui efface toute méchanceté, vous ne serez pas digne d'assister au banquet. Celui qui pense pouvoir venir à Dieu sans le vêtement de grâce de Christ sera chassé dans le feu éternel. Ce ne sont pas que les flammes et la soif qui tourmentent ceux qui sont en enfer, mais aussi la peur et la séparation éternelle d'avec Dieu dans les ténèbres profondes. Christ nous a tous invités à ses noces, mais seuls quelques-uns ont répondu à l'invitation. Ce sont les Élus de Dieu. En faites-vous partie, vêtu du vêtement blanc de Sa justice ? *Luc 14 :16-24 ; Jérémie 35 :15-16 ; Ezéchiel 33 :11-13 ; 2 Corinthiens 5 :20-21 ; Apocalypse 3 :20-22.*

12   LES CHOSES QUI SONT A CESAR ET CELLES QUI SONT A DIEU

Matthieu 22 :15-17 : [15]Alors les pharisiens allèrent se consulter sur les moyens de surprendre Jésus par ses propres paroles. [16]Ils envoyèrent auprès de lui leurs disciples avec les hérodiens, qui dirent ; Maître, nous savons que tu es vrai, et que tu enseignes la voie de Dieu selon la vérité, sans t'inquiéter de personne, car tu ne regardes pas à l'apparence des hommes. [17]Dis-nous donc ce qu'il t'en semble ; est-il permis, ou non, de payer le tribut à César. Soumettez votre vie entière aux mains de Votre Sauveur, y compris votre argent. Nous vivons encore sur terre et pas au ciel. Certains pays cherchent parfois la soumission des croyants dans des affaires qui ne concernent que Dieu et non l'homme. Dans de telles conditions, nous devrions obéir à Dieu plutôt qu'aux hommes. Le droit d'un individu ou d'un État est petit comparé au droit de Dieu sur ses créatures. L'obéissance à Dieu passe avant notre service envers l'État. Nous ne devrions pas obéir à une créature en désobéissant au Créateur. Servons l'État fidèlement dans les choses qui ne s'opposent pas à la sainteté de Dieu ou à l'évangile de sa paix. Lorsque nous rendons à César ce qui lui appartient, nous devrions nous rappeler aussi de rendre à Dieu ce qui lui appartient. Il a dit ; Mon fils, donne-moi ton cœur. Il veut occuper la première place dans notre cœur et la plus importante. *Marc 12 :13-17 ; Luc 20 :20-22 ; Psaume 37 :12-14.*

13   APPEL À LA REPENTANCE

Joël 2 :12-14 : [12]Maintenant encore, dit l'Éternel, Revenez à moi de tout votre cœur, avec des jeûnes, avec des pleurs et des lamentations, [13]Déchirez vos cœurs et non vos vêtements, Et revenez à l'Éternel, votre Dieu ; car il est compatissant et miséricordieux, Lent à la colère et riche en bonté, Et il se repent des maux qu'il envoie, [14]Qui sait s'il ne reviendra pas et ne se repentira pas, Et s'il ne laissera pas après lui la bénédiction, des offrandes et des libations pour l'Éternel, votre Dieu ?

(Jonas 3 :7-9) Jérémie 3 :22-25 : [22]Revenez, enfants rebelles, Je pardonnerai vos infidélités. Nous voici, nous allons à toi, Car tu es l'Éternel, notre Dieu. [23]Oui, le bruit qui vient des collines et des montagnes n'est que mensonge ; Oui, c'est en l'Éternel, notre Dieu, qu'est le salut d'Israël. [24]Les idoles ont dévoré le produit du travail de nos pères, Dès notre jeunesse, Leurs brebis et

leurs bœufs, leurs fils et leurs filles. [25]Nous avons notre honte pour couche, Et notre ignominie pour couverture ; Car nous avons péché contre l'Éternel, notre Dieu. Nous et nos pères, dès notre jeunesse jusqu'à ce jour, Et nous n'avons pas écouté la voix de l'Éternel, notre Dieu.

Jérémie 4 :1-4 : [1]Israël, si tu reviens, si tu reviens à moi, dit l'Éternel, Si tu ôtes tes abominations de devant moi, Tu ne seras plus errant. [2]Si tu jures : L'Éternel est vivant ! Avec vérité, avec droiture et avec justice, Alors, les nations seront bénies en lui, Et se glorifieront en lui. [3]Car ainsi parle l'Éternel aux hommes de Juda et de Jérusalem : Défrichez-vous un champ nouveau, Et ne semez pas parmi les épines. [4]Circoncisez-vous pour l'Éternel, circoncisez vos cœurs, Hommes de Juda et habitants de Jérusalem. De peur que ma colère n'éclate comme un feu, Et ne s'enflamme, sans qu'on puisse l'éteindre, à cause de la méchanceté de vos actions *(Esaïe 65 :5-6 ; Luc 18 :13 ; Actes 26 :18 ; Esaïe 55 :7 ; 1 Samuel 7 :3-4).*

Ésaïe 1 :18-20 : [18]Venez et plaidons ! dit l'Éternel. Si vos péchés sont comme le cramoisi, ils deviendront blancs comme la neige ; S'ils sont rouges comme la pourpre, ils deviendront comme la laine. [19]Si vous avez de la bonne volonté et si vous êtes dociles, Vous mangerez les meilleures productions du pays ; [20]Mais si vous résistez et si vous êtes rebelles, Vous serez dévorés par le glaive, Car la bouche de l'Éternel a parlé. Lire aux *chapitres 1 :21-31 ; et 2 :19- 22 ; Psaume 51 :9.*

14   DEJA LA COGNÉ EST MISE A LA RACINE DES ARBRES

Matthieu 3 :10 : Déjà la cognée est mise à la racine des arbres ; tout arbre donc qui ne produit pas de bons fruits sera coupé et jeté au feu. *Luc 3 : 9 :* Déjà même la cognée est mise à la racine des arbres ; tout arbre donc qui ne produit pas de bon fruit sera coupé et jeté au feu. *Matthieu 7 : 16-20 :* [16]Vous les reconnaitrez à leurs fruits. Cueille-t-on des raisins sur des épines, ou des figues sur des chardons. [17]Tout bon arbre porte de bons fruits, mais le mauvais arbre porte de mauvais fruits. [18]Un bon arbre ne peut porter de mauvais fruits, ni un mauvais arbre porter de bons fruits. [19]Tout arbre qui ne porte pas de bons fruits est coupé et jeté au feu. [20]C'est donc à leurs fruits que vous les reconnaitrez.

Matthieu 12 :33-34 : [33]Ou dites que l'arbre est bon et que son fruit est bon, ou dites que l'arbre est mauvais et que son fruit est mauvais ; car on connait l'arbre par le fruit. [34]Races de vipères, comment pourriez-vous dire de bonnes choses, méchants comme vous l'êtes. Car c'est de l'abondance du cœur que la bouche parle. *Luc 19 :22 :* Il lui dit ; je te juge sur tes paroles, méchant serviteur ; tu savais que je suis un homme sévère, prenant ce que je n'ai pas déposé et moissonnant ce que je n'ai pas semé.

Dr. Martin Luther a dit ; Je ne peux pas empêcher les oiseaux de voler au-dessus de ma tête, mais je peux les empêcher de faire leur nid dans mes cheveux *(Deutéronome 28 :66-68 et 19 :5-6 ; 1 Samuel 13 :20-21 ; 2 Samuel 12 :31 ; 2 Roi 6 :5).*

15   CHRIST EST LE SEIGNEUR DES SEIGNEURS

Matthieu 26 : 64 : Nous appelons Jésus Seigneur. C'est bien car le Seigneur nous a créés. Il est notre Créateur, Roi et juge. Il est glorieux et majestueux, il possède toute l'autorité dans le ciel et sur la terre. Les anges le servent et les chérubins chantent jour et nuit ; Saint, saint est le Seigneur, le Tout-puissant.

Le nom Seigneur apparait **6828** fois dans l'Ancien Testament, tandis que le terme Dieu n'est mentionné que **2600** fois. Cela indique la grande importance du titre Seigneur dans l'Écriture. Les

Juifs ne pouvaient pas reconnaitre Jésus comme Seigneur, car ils ont fermé leur cœur à son amour. Ainsi, Jésus est forcé de leur déclarer que Dieu ferait d'eux son marchepied, car celui qui ne s'agenouille pas devant Jésus mourra. Cette Apocalypse divine nous incite à prêcher Christ, même à nos ennemis. Quand nous le faisons, nous nous unissons à l'amour de Dieu, qui désire que tous les hommes soient sauvés et parviennent à la connaissance de la vérité. Ce Jésus est plus puissant que toutes les bombes à hydrogène parce qu'il élimine le mal en vous et développe ce qui est bien à la place *(Esaïe 11 :1 ; Ézéchiel : 34 : 25)*.

CHAPITRE III

Priez Que Le Maître De La Moisson, Jehova Yahwe Sabaoth Envoie Des Ouvriers Dans Sa Moisson

1 Les Douze Disciples sont envoyés prêcher et servir

1.1 La grande compassion de Christ

Matthieu 9 :35-38 : **35 Jésus parcourait toutes les villes et villages, enseignant dans les synagogues, prêchant la bonne nouvelle du royaume, et guérissant toute maladie et toute infirmité. 36 Voyant la foule, il fut ému de compassion pour elle, parce qu'elle était languissante et abattue, comme des brebis qui n'ont point de berger. 37 Alors il dit à ses disciples : La moisson est grande, mais il y a peu d'ouvriers. Verset 38, priez donc le Maître de la moisson d'envoyer des ouvriers dans sa moisson** *(Ezéchiel 34 :5 ; Marc 6 :34 ; Luc 10 :2).* Christ a beaucoup souffert en esprit, car il a vu la maladie et ses causes, la mauvaise vie, l'ignorance, la destruction économique et l'injustice coloniale. Jésus était surtout déçu de la faible foi, de l'attirance des gens par les pensées du monde, de l'orgueil, du pouvoir des démons et du règne de la mort sur tout. Christ n'a pas évité les pécheurs, ni haï les agitateurs, comme certains poètes orgueilleux et philosophes le faisaient. Il les a regardés comme une mère regarde son enfant malade, et a été ému de compassion pour eux. C'est pourquoi il a quitté le ciel pour venir mourir sur la Croix et intercéder en notre faveur. La compassion de Christ est l'essence de son cœur. Les serviteurs du Seigneur devraient être des ouvriers dans le champ de Dieu. Le ministère est un travail indispensable qui exige que tout soit fait en sa saison avec zèle. Où sont les serviteurs du Seigneur qui ont la réponse décisive, qui s'efforcent de relever ceux qui tombent et enseignent aux ignorants à surmonter leurs difficultés spirituelles ? Christ vous appelle à prier et à demander avec insistance à Dieu d'envoyer de nombreux croyants fidèles pour servir son ministère de salut. Cette prière est une tâche sainte basée sur l'ordre de Christ. Christ n'a pas simplement abandonné face à un ministère illimité qui dépasse notre capacité humaine, mais il nous a ordonné de prier le Seigneur de la récolte, avec insistance, pour qu'il envoie aujourd'hui encore des ouvriers compétents et fidèles pour moissonner dans son champ. Par conséquent, joignez-vous à la prière pour que Dieu envoie ses serviteurs aussi dans votre ville ou village. Avez-vous pitié des gens dispersés et voulez-vous que Dieu leur pardonne ? Avez-vous pitié des fils de la désobéissance qui ne connaissent pas leur Seigneur ? Priez le Seigneur d'envoyer des ouvriers aujourd'hui encore, car aujourd'hui, c'est le jour de la récolte. C'est le travail de Dieu d'envoyer des ouvriers. Christ fait de nous des serviteurs. La fonction est celle qu'il définit, les qualifications sont celles qu'il prépare et l'appel dépend de lui. Nous ne serons ni employés ni payés en tant que laboureurs. Comment y aurait-il des prédicateurs, s'ils ne sont pas envoyés *(Romains 10 :15).* Etes-vous appelé ? demandez à Dieu d'ouvrir votre cœur afin d'entendre son appel, pour qu'il puisse vous conduire dans le service et que vous récoltiez beaucoup de fruits à la gloire de son saint nom. Si vous êtes appelé, alors ne tardez pas ou n'hésitez pas. Demandez au Seigneur de vous donner la force pour répondre à votre appel dans les bons comme dans les mauvais jours.

1.2 L'appel des douze disciples

Matthieu 10 : 1-4 : **Puis, ayant appelé ses douze disciples, il leur donna le pouvoir de chasser les esprits impurs, et de guérir toute maladie et toute infirmité. 2 Voici les noms des douze Apôtres. Le premier, Simon appelé Pierre, et André, son frère ; Jacques, fils de Zébédée, et Jean, son frère ; verset 3, Philippe, et Barthélemy ; Thomas, et Matthieu, le publicain ; Jacques, fils d'Alphée, et Thaddée ; verset 4, Simon le Cannanite, et Judas, Ischariot, celui qui livra Jésus** *(Marc 3 :13-19 ; 6 :7 ; Luc 6 :12-16 ; 9 :1).* Christ a d'abord ordonné à ses disciples d'être ses serviteurs et de prier Dieu d'envoyer des ouvriers dans son champ. Le Seigneur vous appelle, avant toute activité ou mouvement, à prier. Celui qui ne prie pas pour les perdus, ne les aime pas, ne les visite pas, ne peut pas être un prédicateur pour Christ. Ni vos talents, ni vos diplômes, ne peuvent vous qualifier pour le ministère du Seigneur. Ce ne sont que vos prières, votre foi et votre souci pour le salut de beaucoup qui marqueront le commencement de l'accomplissement de l'appel. Le service pour Jésus nécessite une grande confiance. Il est juste qu'un ministre soit observé pendant un temps, avant qu'on ne lui confie une tâche à long terme. Qu'il fasse d'abord ses précipitations sur un ministre, car les péchés de certains hommes sont manifestes, même avant qu'on les juge, tandis que chez d'autres, ils ne se découvrent que dans la suite.

(1 Timothée 5 :22-24). Christ a choisi ses ambassadeurs parmi ceux qui le suivaient depuis longtemps et ceux qui s'étaient repentis avec Jean-Baptiste. Ils l'avaient vu prêcher et guérir et avaient reçu de lui une puissance spirituelle. Celui qui veut s'engager dans un ministère de prédication sans avoir été appelé par Christ, donnera des enseignements vides et causera du tort à son Église et à lui-même avec des pensées qui proviendront de son esprit vide. Mais celui qui est envoyé par Christ a reçu une puissance pour conduire de nombreuses personnes à la repentance et à une transformation du cœur. Il ne se glorifie pas de ses actes, mais rend toute la gloire à son Sauveur Jésus, qui est ressuscité d'entre les morts, qui agit à travers ses serviteurs comme s'il était présent en eux. Les apôtres ont guéri les malades, ressuscité les morts et chassé des démons, non par leur propre puissance, ni en leur nom, mais au nom du Christ vivant. Le secret du succès dans les Actes des Apôtres trouve son explication dans l'appel de Christ. Examinez-vous vous-même. Êtes-vous vraiment appelé par Christ à le servir, ou voulez-vous exercer un ministère parce que vous n'avez pas obtenu le travail désiré ? Faites attention, car le Seigneur ne prend aucun plaisir en ceux qui s'ingèrent dans un ministère sans y être appelés. Priez pour recevoir la direction et l'appel du Seigneur, car la moisson est vraiment abondante, mais les ouvriers sont peu nombreux. Priez que le Maître de la moisson envoie des ouvriers dans sa moisson. Christ est le Roi qui dirige son royaume. Il a choisi des ambassadeurs et les a envoyés selon son plan. Il les a éprouvés, non à la manière humaine, mais avec sa grande sagesse. Celui qui a l'air grand dans ce monde est petit devant Dieu, mais Dieu remplira de sa divine puissance celui qui a l'air petit devant les hommes. Ceux qui désirent enseigner doivent d'abord apprendre, ils doivent recevoir pour pouvoir donner. Ils doivent être capables d'enseigner les autres. L'évangile doit être solidement enraciné en eux, avant qu'ils ne soient envoyés pour annoncer l'évangile. Donner aux hommes l'autorité d'enseigner les autres, alors qu'ils n'en ont pas la capacité, équivaut à se moquer de Dieu et de l'Église. C'est aussi un manque de respect envers celui qui reçoit le message. Christ a enseigné ses disciples avant de les envoyer. Ces prédicateurs ont été envoyés dépourvus de tous les avantages extérieurs : ils n'avaient pas de biens, pas de formation, pas de titre d'honneur et ils faisaient bien piètre figure. Il était donc nécessaire qu'ils soient remplis d'une puissance extraordinaire qui les élève au-dessus des scribes. Christ lui a adressé un appel divin à le servir. Il a laissé plusieurs occasions à son ennemi de se séparer de sa méchanceté, de revenir à la raison et de se détourner de ses péchés. Cela montre que Christ aime tous les hommes, même ceux qui lui en veulent et cherchent à le tuer.

1.3   Les Méthodes pour répandre le Royaume des Cieux

- **Les principes fondamentaux de l'enseignement (Matthieu 10 :5-15)**

Matthieu 10 :5-6 : **Tels sont les douze que Jésus envoya, après leur avoir donné les instructions suivantes ; N'allez pas vers les païens, et n'entrez pas dans les villes des Samaritains ; verse 6, allez plutôt vers les brebis perdues de la maison d'Israël** *(Matthieu 15 : 24 ; Marc 6 : 7-13 ; Luc 9 : 2-6 ; Actes 13 : 46).* Au début de son ministère, Christ a dit à ses disciples de ne pas aller dans le monde entier, mais d'aller vers leurs compatriotes, car les autres nations n'étaient pas encore prêtes à recevoir la prédication, et le Saint-Esprit ne les avait pas encore touchés. Christ a présenté son royaume premier aux Juifs perdus, selon la promesse de Dieu faite à leurs ancêtres, et les a appelés à une véritable repentance et à une espérance vivante.

Christ se faisait un souci particulier pour le peuple d'Israël ; ils étaient « aimés à cause de leurs pères » *(Romains 11 :28)*. II veillait sur eux avec compassion comme des brebis perdues. Lui, le berger, devait ramener celles qui s'étaient égarées sur les chemins du péché et de l'erreur, pour éviter qu'elles n'errent à jamais sur ces sentiers. Certains érudits disent que *Matthieu 10 :5-6* mentionne que Christ a conseillé à ses douze disciples de prêcher aux brebis perdues de la maison d'Israël. *Matthieu 15 :24* mentionne qu'il a répondu et dit : Je n'ai été envoyé qu'aux brebis perdues de la maison d'Israël ; alors qu'il a dit dans *Marc 16 :15*, Allez par tout le monde et prêchez la bonne nouvelle à toute la création. Nous répondons que l'ordre instauré par Christ pour ses apôtres était de prêcher à la maison d'Israël en premier pour qu'ils cessent d'errer, puis de prêcher au reste du monde. Du commencement à la fin, la Bible dit que le peuple de l'Alliance devrait être pris en considération avant les autres nations. II était juste que les descendants de Jacob aient la priorité sur les autres.

Matthieu 10 : 7-8 : **Allez prêchez, et dites ; Le royaume des cieux est proche. Verset 8, Guérissez les malades, ressuscitez les morts, purifiez les lépreux, chassez les démons. Vous avez reçu gratuitement, donnez gratuitement** *(Matthieu 4 : 17 ; Marc 16 : 17 ; Luc 10 : 1-12)*. Cette vérité montre que les prédicateurs n'auront aucune influence s'ils se contentent de répéter des mots sans la puissance. Aujourd'hui, Christ veut triompher par ses serviteurs, comme il a triomphé à l'époque par les apôtres, mais à cause de leur faible foi, de l'orgueil et de la dureté de leur cœur, il ne peut pas faire toutes ses œuvres, car les miracles sont opérés là où l'amour parfait est uni à la simple foi. Christ veut accomplir les mêmes miracles au travers des disciples qui sont envoyés aujourd'hui que ceux opérés alors qu'il était sur terre. Cet appel nous conduit à la repentance pour que nous puissions apprendre à servir par sa compassion.

Matthieu 10 : 8-10 : **Vous avez reçu gratuitement, donnez gratuitement. 9 Ne prenez ni or, ni argent, ni monnaie, dans vos ceintures ; verset 10 ni sac pour le voyage, ni deux tuniques, ni souliers, ni bâton ; car l'ouvrier mérite sa nourriture** *(Nombre 18 : 31 ; Actes 20 : 33 ; 1 Corinthiens 9 : 14 ; 1 Timothée 5 : 18)*. Un serviteur désire recevoir son salaire après une tâche fidèlement accomplie. II désire aussi un travail régulier, mais le roi céleste n'a pas voulu que ses apôtres reçoivent un salaire, ni qu'ils fassent du commerce ou gagnent de l'argent, à l'exception de sa parole. II leur a ordonné de rendre gratuitement des services, de vivre par leur foi en Christ et de ne pas mettre leur confiance dans l'argent, les biens et les talents. Christ nous libère complètement de l'amour de l'argent pour que nous l'aimions lui seul et ayons confiance en sa divine providence. Ceux qui avaient le pouvoir de guérir les malades avaient la possibilité de s'enrichir. Qui ne serait pas prêt à payer n'importe quel prix pour un remède. Par conséquent, les disciples ont reçu la directive de ne pas faire profit de leur puissance spirituelle. Ils doivent guérir gratuitement, servir d'exemple à la nature du royaume du Nouveau Testament, qui est fait non de simple grâce, mais de grâce libératrice. Christ a aussi recommandé à ses apôtres de ne pas acheter des habits et des souliers supplémentaires, pour qu'ils puissent marcher facilement, sans les fardeaux et les soucis du monde. Allez servir le Seigneur comme vous êtes. Vous n'avez pas besoin d'arme ni de protection particulière, car les anges de Dieu veilleront sur vous. Lorsque la puissance de Dieu se manifeste à travers vous et que ceux qui vous écoutent obtiennent le salut de leur âme et de leur corps, veillez à ne pas en tirer gloire, mais à rendre toute la gloire à Dieu. II vous nourrira et vous vêtira. Vous ne devriez pas faire de réserves, ni chercher à économiser de l'argent à la banque, pour que votre foi ne devienne pas faible. Car le royaume de Dieu reste spirituel et non matériel. Ceux qui travaillent pour Christ ont de bonnes raisons de lui faire confiance pour leurs besoins. II ne fait aucun doute que sa volonté est de pourvoir aux besoins de ceux qui le servent. Les serviteurs de Christ auront suffisamment de pain et en auront en abondance. Tout en restant fidèles à Dieu et à son plan, et en veillant à bien faire leur travail, ils remettent leurs autres soucis à Dieu. Le Seigneur subvient à leurs besoins et à ceux de leur famille comme il le juge bon. Ceux qui travaillent pour Christ espèrent que les personnes qu'ils servent subviendront à leurs besoins, car l'ouvrir mérite sa nourriture. Ils ne doivent pas toujours s'attendre à être miraculeusement nourris, comme Elisée, mais dépendre de Dieu qui peut toucher et influencer les cœurs de ceux qui les accueillent. Quoi que ce soit, ceux qui servent à l'autel risquent de ne pas devenir riches, mais ils peuvent cependant s'attendre à vivre de leur fonction et à en vivre confortablement. Il est juste qu'ils puissent vivre de leur travail. Les serviteurs sont et doivent être des ouvriers. Et ceux qui sont fidèles méritent leur nourriture, afin de n'être pas obligés de travailler à côté pour pouvoir se nourrir. Christ s'attend à ce que ses disciples placent leur confiance en Dieu, et non en leurs compatriotes, et qu'ils lui fassent connaitre leurs besoins. Si vous prêchez et vous efforcez de faire du bien aux gens, ils vous donneront certainement à manger et à boire. S'ils le font, n'en demandez pas plus. Dieu vous récompensera en son temps, et en attendant, acceptez ce qu'il donne. L'apôtre Paul a cependant suggéré que tout serviteur du Seigneur travaille aussi de ses mains pour assurer ses moyens de subsistance quotidiens et ne pas dépendre des dons. Ainsi, tout serviteur du Seigneur devrait chercher à connaitre la volonté de Dieu en ce qui le concerne.

- **Encouragement dans les difficultés ; Matthieu 10 ; 26-33.**

Matthieu 10 ; 26-27 : **26 Ne craignez donc point ; car il n'y a rien de caché qui ne doive être découvert, ni de secret qui ne doive être connu. Verset 27, Ce que je vous dis dans les ténèbres, dites-le en plein jour et ce qui vous est dit à l'oreille, prêchez-le sur les toits** *(Marc 4 :22 ; Luc 8 :17 et 12 :2-9).*

Le Royaume de Dieu, ce ne sont pas des paroles sans puissance. Nous n'avons aucun secret à cacher ou à garder. En témoignant, nous offrons la puissance du Saint-Esprit à quiconque veut l'entendre. La puissance de Christ nous inspire et nous dirige de la bonne manière. Son amour n'est pas resté caché, mais se révèle dans notre service. Vous ne pouvez pas cacher votre foi si Christ demeure en vous, car celui qui aime Son Seigneur ne ment pas et ne vole pas, ne devient pas orgueilleux, mais honore ses parents et ses voisins. Il ne triche pas à l'école ou au travail et ne participe pas aux révolutions ou aux bagarres. Votre communion en Christ se révèle par le témoignage de votre vie en public. Nous ne luttons pas pour la foi par nos propres forces ; c'est le Seigneur qui nous fortifie jour et nuit, dans les bons comme dans les mauvais jours. Nous ne sommes pas seuls. Sans crainte, nous devons annoncer aux autres tous ce que nous comprenons de l'Évangile du salut. La proclamation divine nous pousse à témoigner. Puisque le Saint-Esprit témoigne à votre esprit que vous êtes un enfant de Dieu par le sang de Christ, vous avez le privilège de témoigner de cette grâce. Annoncez autour de vous ce que votre cœur entend, car la Parole de Dieu est la base du salut de l'homme. Un jour, un serviteur du Seigneur aveuglé et paralysé a demandé à ses amis de lui acheter un microphone. Surpris de sa demande, certains se sont moqués de lui. Il leur a expliqué qu'il voulait parler d'une voix claire depuis le toit de sa maison à toutes les personnes qui passaient devant chez lui en leur conseillant de se tourner vers le ciel et non vers l'enfer. Si cet homme à moitié paralysé et aveuglé pouvait donner son témoignage, à combien plus forte raison devrions-nous, qui bénéficions d'une bonne vue et qui sommes appelés à ouvrir notre bouche. Nous pouvons aider ceux qui sont attirés par le feu de l'enfer et les délivrer par l'Évangile du salut. Poursuivez votre travail en proclamant l'Évangile au monde. C'est votre appel, souciez-vous-en. Le dessein de l'ennemi n'est pas simplement de vous détruire, mais de supprimer votre témoignage. Par conséquent, quelles que soient les conséquences, annoncez le plus possible l'Évangile. Ce que je vous dis dans les ténèbres, dites-le en plein jour… prêchez-le sur les toits.

Matthieu 10 :11-13 : **11Dans quelque ville ou village que vous entriez, informez-vous s'il s'y trouve quelque homme digne de vous recevoir ; et demeurez chez lui jusqu'à ce que vous partiez. 12En entrant dans la maison, saluez-la ; 13et, si la maison en est digne, que votre** paix vienne sur elle ; mais si elle n'en est pas digne, que votre paix retourne à vous**. C'est notre devoir de servir tous les hommes avec bonté, de prier de tout notre cœur pour ceux que nous connaissons et de nous comporter de la bonne manière envers ceux que nous rencontrons, et ensuite de laisser Dieu décider de l'effet que cela aura sur eux. Celui qui répond à l'Esprit de Dieu profitera de la salutation et recevra une bénédiction divine, mais celui qui endurcit son cœur à la paix et à la miséricorde de Dieu subira le jugement pour l'avoir renié.

Matthieu 10 :13-15 : **[13]si la maison en est digne, que votre paix vienne sur elle ; mais si elle n'en est pas digne, que votre paix retourne à vous. [14]Lorsqu'on ne vous recevra pas et qu'on n'écoutera pas vos paroles, sortez de cette maison ou de cette ville et secouez la poussière de vos pieds. [15]Je vous dis en vérité : au jour du jugement, le pays de Sodome et de Gomorrhe sera traité moins rigoureusement que cette ville-là** *(Genèse 19 : 1-29, Actes 13 :51)*. Lorsqu'un homme, une famille, une ville ou une nation rejette Christ et ses apôtres, superficiellement ou lentement, séparez-vous-en tranquillement pour ne pas partager le jugement qui leur est réservé. Quiconque rejette l'évangile de Christ avec sa paix rejette Dieu lui-même. Matthieu 10 :16. Christ recommande à ses disciples d'être aussi prudents que des serpents et simples que des colombes. Mais c'est à prendre plutôt comme un précepte qui nous rappelle que la sagesse du prudent, qui est de comprendre les voies de Dieu, est toujours utile, mais surtout dans l'épreuve, le malheur et la souffrance. Par conséquent, puisque vous êtes exposés aux dangers comme des moutons au milieu des loups, soyez prudents comme des serpents. La politique du serpent est de se défendre et de veiller à sa propre sécurité. Pour Christ, nous ne devons pas trop nous raccrocher à la vie et à ses commodités, mais ne pas les gaspiller non plus. C'est la sagesse du serpent de se protéger la tête pour qu'elle ne se fasse pas écraser. Soyons sages, pour ne pas nous jeter dans les problèmes ni en causer aux autres, et gardons le silence au lieu de riposter et ne blessons si possible personne. De plus, Christ demande à ses disciples d'être aussi simples ou innocents que des colombes. Soyez doux et calmes, ne blessez personne et ne pensez du mal à personne. Soyez aussi inoffensifs que des Colombes. Être inoffensif et prudent vont de pair. Ils ont été envoyés parmi les loups, et doivent par conséquent être prudents comme des serpents. Le serpent symbolise Satan, mais la colombe symbolise le Saint-Esprit. Par conséquent, un chrétien devrait être plus sage et plus prudent que le diable, mais dans la sainteté du Saint-Esprit, sans méchanceté et sans reproches. Cette remarque a besoin de prière et de foi pour que nous ne devenions pas intelligents comme Satan et nous entredévorions dans son esprit. Mais au contraire, laissons le Saint-Esprit nous sanctifier le plus possible pour pouvoir suivre Jésus de près.

- **Le but suprême de l'enseignement (Matthieu 10 :40-11 :1)**

Matthieu 10 :40 : **Celui qui vous reçoit me reçoit, et celui qui me reçoit, reçoit celui qui m'a envoyé** *(Luc 9 :48 ; Jean 13 :20 ; Galates 4 :14)*.

Christ envoie ses témoins. Quel est donc son but ? Son but n'est pas la connaissance de la vérité divine ou l'acceptation du salut personnel ou la simple expérience de la seconde naissance. Le but de la prédication des disciples de Jésus est plus élevé que cela. C'est notre union avec Christ lui-même. Notre foi n'est pas basée sur la pensée, les émotions, la connaissance et la détermination. Elle implique une communion spirituelle et une unité éternelle avec notre Sauveur bien-aimé. Nous ne sommes pas préparés dans le seul but d'hériter sa mort et sa résurrection, mais pour hériter lui-même directement et demeurer en lui comme la branche attachée au cep. Jésus confirme à ses disciples qu'il considère leur ministère comme si lui-même était l'orateur et l'ouvrier. Le Seigneur s'unit à ses serviteurs, comme le dit Paul ; nous faisons donc les fonctions d'ambassadeurs pour Christ, comme si Dieu exhortait par nous *(2 Corinthiens 5 :20)*. Le Très-Saint parle par ses serviteurs humains, et les disciples de Christ portent non seulement sa parole au monde, mais ils le portent lui aussi, car il est présent en eux. Christ est le lien saint entre Dieu le Père et nous. Celui qui reçoit ses ministres reçoit le Sauveur lui-même, et celui qui a reçu Christ a reçu le Père céleste. Jésus se reconnaît comme un messager, car son Père l'a envoyé. Jésus est la Parole unique de Dieu faite chair. Si vous avez reçu Christ, Dieu demeure dans votre cœur. L'esprit du Seigneur remplit-il votre esprit ? Le Tout-Puissant demeure-t-il vraiment en vous ? Les disciples de Christ sont le temple et la résidence de Dieu, et ses saints sont le corps spirituel de Christ. Vous bénéficiez de l'unité de la Sainte Trinité. Sentez-vous en sécurité, car vous ne partez pas seul dans ce monde corrompu pour annoncer le Salut. Christ est toujours avec vous et en vous, jusqu'à la fin des temps. Celui qui entend votre témoignage et croit en celui qui vous a envoyé recevra le Fils de Dieu personnellement dans son cœur et son esprit.

Matthieu 10 :17-18 : **Mettez-vous en garde contre les hommes ; car ils vous livreront aux tribunaux, et ils vous battront de verges dans leurs synagogues ; 18 vous serez menés, à cause de moi, devant des gouverneurs et devant des rois, pour servir de témoignage à eux et aux païens** *(Actes 5 :40 et 25 :23 et 27 :24 ; 2 Corinthiens 11 :24).*

Les prophéties de Jésus se sont réalisées, comme nous le lisons dans le livre des Actes des Apôtres. Dans chaque ville, il y avait un conseil composé de vingt-trois membres qui géraient les affaires judiciaires, condamnaient les adultères, ceux qui ne respectaient pas le jeûne ou la loi. Ils avaient le droit de condamner les malfaiteurs à la flagellation. Les personnes condamnées recevaient quarante coups de fouet moins un sur la nuque et le dos dénudé. Le fouet se composait de quatre cordes en cuir. Saul a forcé les chrétiens à renier Christ par ce moyen, mais plus tard, il a lui-même été battu de cette manière. Votre témoignage offre à vos auditeurs soit la justification et la vie, soit le jugement et la mort. Ne parlez pas de vos propres idées, mais dans la prière, demandez la direction du Saint-Esprit en tout temps. Certains apôtres se sont adressés aux gouverneurs romains et aux rois pour témoigner du nom de Jésus-Christ. Ils leur ont présenté le salut, qui sera un témoignage contre eux le jour du jugement s'ils l'ont rejeté.

Matthieu 10 :19-20 : **¹⁹Mais, quand on vous livrera, ne vous inquiétez ni de la manière dont vous parlerez ni de ce que vous direz ; ce que vous aurez à dire vous sera donné à l'heure même ; ²⁰car ce n'est pas vous qui parlez, c'est l'Esprit de votre Père qui parlera en vous** *(Exode 4 :12 ; Luc 12 :11-12 ; Actes 4 :8 ; 1 Corinthiens 2 :4).* Vous êtes un témoin au titre du Père et du Fils par le Saint-Esprit. Le Père vous a régénéré, le Fils sauve et le Saint-Esprit est la puissance éternelle en vous. Faites confiance au Tout-Puissant. Ne faites pas confiance à votre esprit. C'est votre Père qui vous protège et vous inspire dans les moments critiques. Christ a rassuré ses disciples en leur disant qu'ils ne seront pas abandonnés à eux-mêmes face au danger, mais que Dieu leur enverra son Esprit de sagesse pour parler à travers eux, comme promis. Notre Père céleste leur donne la capacité, non seulement d'avoir des paroles pertinentes et claires, mais aussi de parler avec courage et assurance. L'Esprit qui les a aidés sur la chaire les a assistés devant la cour. Ceux qui ont un tel avocat ne peuvent que bien s'en tirer, comme Dieu a dit à Moïse : « Va donc, je serai avec ta bouche, et je t'enseignerai ce que tu auras à dire » *(Exode 4 :12).*

Matthieu 10 :21-23 : **²¹Le frère livrera son frère à la mort, et le Père son enfant ; les enfants se soulèveront contre leurs parents, et les feront mourir. ²²Vous serez haïs de tous, à cause de mon nom ; mais celui qui persévèrera jusqu'à la fin sera sauvé. ²³Quand on vous persécutera dans une ville, fuyez dans une autre. Je vous le dis en vérité, vous n'aurez pas achevé de parcourir les villes d'Israël que le fils de l'homme sera venu** *(Michée 7 :6 ; Matthieu 16 :28 ; 24 :9-13 ; Actes 8 :1).* Jésus décrit quatre sources de danger qui menacent ses disciples. Ces sources de problèmes provenaient des gens ordinaires, des chefs religieux, de l'autorité civile et de leurs familles. Comme c'est douloureux lorsque des frères haïssent un frère ou une sœur à cause de sa foi en Jésus et que des parents bien-aimés deviennent des ennemis du racheté qui a ouvert son cœur à Christ. Un jour, dans un pays où régnait la dictature. Un Père fidèle a vu que son fils donnait d'un sommeil très agité. À son réveil, il lui a demandé la raison de son trouble. Le garçon a répondu que le responsable de la jeunesse l'avait obligé à espionner ses parents et à lui dire tout ce dont ils avaient parlé au repas. Une étudiante en médecine a écrit que son père la haïssait parce qu'elle avait abandonné la foi de ses ancêtres, mais il l'aimait toutefois à cause de son humilité, de son amour et de sa pureté à la maison et à l'extérieur. Au contraire, son père aimait son frère pour sa loyauté envers la foi des ancêtres, mais le haïssait cependant pour sa tolérance de toute impureté. L'étudiante nous a demandé de prier pour elle pour qu'elle puisse marcher dans la sainteté et être une témoin active par son silence, car étant une fille, elle avait l'interdiction de discuter ou de débattre de ce sujet avec son père. La haine du pouvoir et de la société atteint son paroxysme quand un pays est dirigé par un tyran opposé à Christ qui se sert des médias pour obliger les gens à se soumettre à lui et à son parti. Dans l'histoire de l'Esprit, de nombreux chrétiens ont Seigneur. Ils étaient sûrs que Christ était ressuscité et vivant, et rien ne pouvait les séparer de son amour. Nous vivons des temps critiques, car le faux Christ paraitra bientôt pour unifier les nations et les religions contre le vrai Christ. Pendant son règne limité, il dominera sur la plupart des Chrétiens et en tuera un grand nombre. Puis apparaitra celui qui demeurera fidèle à Christ et apprendra patience et endurance de son Esprit, qui continuera à aimer et à bénir ses ennemis et sera miséricordieux envers ceux qui sont persécutés par les mauvais esprits. Notre salut a commencé à la Croix, s'est réalisé à la seconde naissance et est purifié par les souffrances. Comme le dit l'Apôtre, il nous faut souffrir pour entrer dans le royaume de Dieu. À la seconde venue de Christ, notre salut sera rendu parfait par la grâce. Jusqu'ici, Christ n'a pas encore beaucoup parlé de sa mort et de l'histoire de l'humanité, et il offre une grande espérance aux disciples. Les souffrances, la mort et la résurrection resteront une attente du chrétien, mais la présence de Jésus dans toute sa gloire lorsqu'il vaincra tous les royaumes et fera de ses ennemis son marchepied est son but éternel. Heureux sont les doux, car ils hériteront la terre.

2   La déclaration de l'unité de la Sainte Trinité.

Matthieu 11 :25-27 : 25 **En ce temps-là, Jésus prit la parole, et dit ; Je te loue, Père, Seigneur du ciel et de la terre, de ce que tu as caché ces choses aux sages et aux intelligents, et de ce que tu les as révélées aux enfants. 26 Oui, père, je te loue de ce que tu l'as voulu ainsi. Verset 27 Toutes choses m'ont été données par mon père, et personne ne connait le fils, si ce n'est le père ; personne non plus ne connait le père, si ce n'est le fils et celui à qui le fils veut le révéler *(Esaïe 29 :14 ; Luc 10 :21-22 ; Jean 17 :25 ; 1 Corinthiens 1 :18-29. Philippines 2 :9)*.** Ces versets nous permettent de découvrir la prière précise que Christ adressait à son père céleste et nous révèlent les profondeurs de leur relation. Lors de nos méditations, nous entrons dans le lieu saint de la vie du fils de l'homme, l'endroit où il se soumet à son père. Là, nous pouvons entendre la voix de Jésus uni à la Sainte Trinité. Malgré le mépris et l'amertume du rejet de son peuple, Jésus loue son Père céleste et le remercie. Il ne se plaint pas du mauvais traitement et du rejet, mais croit que l'omnipotent tient tout dans sa main. Il se soumet à sa direction tout en glorifiant son saint nom. Christ appelle Dieu Père, parce qu'il est né de son Esprit ; il a existé avec lui depuis toute éternité, a toujours vécu en harmonie avec lui et demeure dans son amour. Notre Dieu existe, en tant que père et fils spirituel, comme un seul Dieu. Christ appelle son père Seigneur, comme l'a prophétisé David ; Parole de l'Éternel à mon Seigneur ; assieds-toi à ma droite jusqu'à ce que je fasse de tes ennemis mon marchepied *(Psaume 110 :1)*. Jésus sait que son Père est le Tout-puissant. Dieu avait caché sa paternité et la filiation de Jésus aux intelligents du monde et Jésus garde ce secret scellé. Les écoles, universités, philosophies et religions sont incapables de reconnaitre ou d'enseigner l'unité de la Sainte Trinité de leur plein gré ou d'accepter le salut et le Saint-Esprit en eux. Malgré tout, Christ veut amener tous les hommes au ciel. La reconnaissance est une bonne réponse aux mauvaises expériences et aux sombres pensées et peut être un moyen efficace pour leur imposer le silence. Les chants de louange stimulent et encouragent l'âme déprimée et aident à guérir les pensées noires. Lorsqu'il n'y a pas d'autre réponse au chagrin et à la peur, le remède est ; Je te remercie, mon père. Bénissons Dieu qui tient tout dans sa main. Après cette abnégation de soi dans sa prière, Jésus admet qu'il bénéficie de la puissance de Dieu. Comme le fils avait fait la volonté de son père, son père lui a donné toute autorité dans le Ciel et sur la Terre. Le secret de cette autorité est la connaissance de Dieu le Père. Personne ne connait le Père, a l'exception de celui qui vit avec lui et en lui et le suit dans le plan du salut et des principes de son jugement. Le père céleste est un ; pourtant Christ est l'image de son amour et de sa personne. Christ seul connait Dieu. Aucun prophète n'a pu reconnaitre le Créateur dans sa réalité à part le Fils, puisqu'il est de son essence et porte la plénitude de son Saint-Esprit en lui. Personne n'a pu connaitre Dieu comme il est, à part Jésus, en qui demeure toute la plénitude de Dieu corporellement. Ce mystère en deux parties, la connaissance du père et du fils, ne peut être reconnu ou compris par notre esprit humain ; c'est le Saint-Esprit qui nous aide à comprendre. Un homme ne peut pas croire de lui-même. C'est le Saint-Esprit qui vient à vous et vous appelle. Il vous soutient et vous lui appartenez. Répondre à l'invitation de Jésus ouvre vos yeux spirituels. Les grands secrets de l'intelligence des hommes grands, érudits et hommes d'État n'ont rien compris des mystères de l'Évangile. Le monde, avec sa sagesse, n'a point connu Dieu *(1 Corinthiens 1 :21)*. Il y a une opposition évidente à l'évangile, par ce qui est faussement appelé connaissance *(1 Timothée 6 :20)*. Ceux qui sont spécialistes dans les choses sensées et laïques sont souvent moins expérimentés dans les choses spirituelles. Faute d'avoir expérimenté la puissance de l'évangile, les hommes peuvent se noyer dans les mystères de la nature et dans ceux d'un état et tout ignorer des mystères du royaume des cieux, voire se tromper carrément. La différence entre les intelligents et les enfants dépend de Dieu. Il est celui qui cache ces choses aux sages et aux intelligents. Il leur donne des capacités, une compréhension humaine ; mais ils sont orgueilleux et se contentent de leurs cadeaux sans chercher à connaitre le donateur. Par conséquent, Dieu les prive de l'Esprit de repentance et de révélation. Bien qu'ils entendent le message de l'Évangile, ils ne le comprennent pas. Dieu n'est pas l'auteur de leur ignorance et de leur erreur, mais il les laisse à eux-mêmes, et leur péché devient leur punition, et le Seigneur reste cependant juste. S'ils avaient honoré Dieu avec sagesse et intelligence, il leur aurait donné la connaissance de l'essence de son évangile. Puisqu'ils ont servi leurs désirs personnels, il leur a caché cette compréhension. Nous lisons que Christ révèle le secret de la paternité divine à ceux qu'il veut. Il désire en fait que tous les hommes soient sauvés, mais tous les hommes ne désirent pas accepter le Père, le Fils et le Saint-Esprit et ne veulent pas être sanctifiés par la grâce de Dieu. Christ ne peut pas donner aux hommes ce qu'il a préparé pour eux s'ils ne lui ouvrent pas leur cœur.

3   L'invitation à se décharger sur Christ

(Matthieu 11 :28-30) : **[28]Venez à moi, vous tous qui êtes fatigués et chargés, et je vous donnerai du repos. [29]Penez mon joug sur vous et recevez mes instructions, car je suis doux et humble de cœur ; et vous trouverez du repos pour vos âmes. [30]Car mon joug est doux, et mon fardeau léger *(Jérémie 6 :16 ; 31 ; 25 ; Esaïe 28 :12 ; 1 Jean 3 :5)*.** Le Seigneur Jésus-Christ peut et veut donner un repos assuré aux âmes fatiguées qui viennent à lui par la foi. Elles se « reposeront » de la terreur du péché, ayant dorénavant une bonne conscience. Elles se « reposeront » du pouvoir du péché, car l'ordre est restauré dans leur âme. Elles se « reposeront » en Dieu et jouiront de la paix dans son amour *(Psaume 11 :6-7)*. C'est le repos qui est préparé pour le peuple de Dieu *(Hébreux 4 :9),* commencé dans la grâce et rendu parfait dans la gloire. Faire porter un joug supplémentaire à ceux qui sont fatigués et chargés semble quelque peu exagéré ; mais la pertinence de l'ordre de Christ repose dans le mot **« mon »**. « Vous êtes sous un joug qui vous fatigue. Débarrassez-vous-en et essayez le mien, qui est léger. » Les serviteurs sont « sous le joug » de leur Maître *(1 Timothée 6 :1)*, et les sujets d'un roi portent un joug *(1 Rois*

12 :10) ; mais porter le joug de Christ, c'est nous considérer comme ses serviteurs et ses sujets. Nous nous conduisons alors conformément à ses commandements et ses directives, dans l'obéissance. Nous nous soumettons ainsi avec joie à sa volonté, obéissons à son évangile et nous confions en lui. Notre cœur est mauvais et trompeur. La rémission des péchés ne nous suffit pas. Nous avons besoin d'une puissance qui nous transforme et crée une nouvelle vie en nous. Christ est uni au Père en totale harmonie, et il nous attire à lui pour que nous vivions cette communion en lui. C'est pourquoi il met son propre joug sur nous. Si nous croyons et marchons avec le Fils de Dieu sous un seul joug, nous serons transformés par son amour et découvrirons le vrai repos d'une conscience claire, car il n'y a pas de repos sans Christ. Tous les hommes sont sans aucun doute corrompus et méritent la mort, mais le sang de Christ nous purifie de tout péché, et le Saint-Esprit transforme le réprobateur en saint. Malheur à celui qui néglige la grâce de Dieu en Christ, car l'enfer a montré ses dents à tous ceux qui rejettent le fils du Tout-Puissant.

4   Comment Jésus et ses disciples ont-ils découragé le vol ?

Ephésiens 4 :28-32 *:* Jésus a montré une meilleure façon de combattre le vol. Il n'a pas aboli les peines en vigueur pour les cas de vols dans certains pays. Il a porté sur Lui la peine du jugement éternel et a payé pour chaque voleur. Par reconnaissance pour ses souffrances et son sacrifice, nous ne prendrons jamais ce qui ne nous appartient pas. L'Esprit de vérité nous a libérés de l'esprit de vol. Il encourage notre cœur renouvelé à faire confiance à Dieu, notre Père. Selon la prière du Seigneur, nous pouvons Lui demander de nous donner un travail décent pour gagner notre pain quotidien. Nous ne laissons pas le souci nous submerger, car nous sommes sûrs que notre Père céleste prend personnellement soin de nous et ne nous abandonne jamais. Le verset suivant s'applique à chaque disciple du Christ : que celui qui volait cesse de voler ; qu'il prenne plutôt la peine de travailler honnêtement de ses mains, afin d'avoir de quoi partager avec celui qui est dans le besoin. Jésus a doté les disciples d'un cœur nouveau. L'argent, les biens et le confort ne donnent pas un sens à leur vie. Mais ils trouvent un sens dans la vie spirituelle par le lien de l'amour, du service et de la reconnaissance. Notre Seigneur nous a libérés de la mesquinerie et de la convoitise. Il nous a enseigné que chaque riche est fortement tenté par le malin qui essaie de le contrôler et de le lier. Revoyons donc notre façon de dépenser l'argent et d'en rendre compte à Dieu. Nous sommes les gérants de ce qu'il nous a donné. Un Chrétien porte un regard d'amour et de compassion sur les pauvres. Il essaie de les aider pour qu'ils puissent devenir responsables d'eux-mêmes et travailler honnêtement avec assiduité. Nous devons trouver des moyens pour aider les nécessiteux à devenir indépendants, sauf s'ils sont trop handicapés pour travailler. Chaque membre de l'Église est appelé à œuvrer dans cette direction, car celui qui sait comment faire le bien et qui ne le fait pas, commet un péché. L'amour pour Dieu est la règle la plus importante dans la vie de chaque Chrétien, et non la crainte de la punition. C'est le grand sacrifice offert sur la croix du Calvaire qui efface nos péchés, et non nos bonnes œuvres. Remercions Jésus de nous encourager à vivre dans la confiance, la joie avec zèle. Au lieu d'imposer des lois sur la propriété ou d'exiger des impôts, Jésus change le cœur et l'esprit de ceux qui le suivent, même dans son principe unique qui change les cultures de tous les âges. "Le fils de l'homme est venu non pour être servi, mais pour servir et donner sa vie en rançon pour la multitude" ***(Matthieu 20 :28 ; Actes 20 ; 35. 1 Thessaloniciens 4 ; 11-12. 2 Thessaloniciens 3 ; 8-12. Jérémie 4 ; 1-4)***.

5   Neuvième commandement

Tu ne témoigneras pas faussement contre ton prochain (Exode 20 :16 ; Jacques 3 :1-12).

5.3   Puissance de la langue

La langue est un petit membre avec une puissance immense. Parfois, elle est plus puissante que l'argent ou la médecine. La langue est comme un feu et une simple allumette peut faire flamber une vaste forêt. Mais une parole utile est comme le petit gouvernail d'un bateau, entre les mains de celui qui le mène au port. Avec notre langue, nous mentons et blasphémons Dieu ou disons la vérité, bénissons Dieu et réconfortons la personne affligée, pourquoi ? Dans le troisième chapitre de son épitre, Jacques nous a donné trois exemples pour nous amener à la repentance. Nous devons éprouver les paroles que notre langue prononce à la lumière de la parole de Dieu, car chaque parole mauvaise sort d'un cœur corrompu qui n'est pas encore régénéré. Mais toute bonne parole révèle l'Esprit de Jésus dans le cœur. **Verset 5**, De même, la langue est un petit membre, et elle se vante de grandes choses. Voici, comme un petit feu peut embraser une grande forêt. **Verset 6**, La langue aussi est un feu ; c'est le monde de l'iniquité, la langue est placée parmi nos membres, souillant tout le corps, et enflammant le cours de la vie, étant elle-même enflammée par la géhenne *(**Romains 3 :13 ; Jacques 1 :26 ; Psaumes 34 :14 ; 1 Pierre 3 :10**).*

5.4   Notre sanctification, une nécessité

Ésaïe 6 :5-7 : Nous avons besoin du Sauveur Jésus pour purifier notre langue et renouveler notre esprit pour que nous puissions comprendre la vérité et parler avec sagesse. Le révérend prophète et prêtre Esaïe a tremblé en se présentant devant le Dieu saint pour réconcilier le peuple à l'unique Seigneur des Armées. II a eu très peur en voyant la traine de la robe du Seigneur et s'est écrié ; Malheur à moi. Je suis perdu, car je suis un homme aux lèvres impures, j'habite au milieu d'un peuple aux lèvres impures et mes yeux ont vu le roi, le ***SEGNEUR, le tout-puissant.*** Ensuite, l'un des Séraphins vola vers lui, tenant dans sa main une braise qu'il avait prise avec des pinces sur l'autel. II lui toucha la bouche et dit ; Dès lors que ceci a torché tes lèvres, la faute est écartée, ton péché est effacé. L'homme ne reconnait qu'en présence du Dieu saint la méchanceté et la fausseté de son cœur. À cet instant, il sait que le Tout-Puissant est son modèle final. À sa lumière, nous voyons l'impureté, la fausseté et la corruption qui nous remplissent. Les hommes vivent superficiellement sans une véritable rencontre avec le Dieu saint et vivant. Cette situation ne change pas sauf si le pêcheur se rapproche de son Seigneur, et alors, tout change. L'apôtre Pierre est tombé à genoux quand il a vu la toute-puissance de Son Seigneur. « Éloigne-toi de moi, car je suis un pêcheur » *(Luc 5 :8)*. II a réalisé que Jésus connaissait tout de son cœur pêcheur. Bien que notre Seigneur ait su d'avance que Pierre allait le renier, II l'a choisi comme symbole pour chaque pêcheur d'hommes *(**Jérémie 1 ; 9-19. Daniel 10 :16-21 ; Jérémie 18 :7 ; 2 Corinthiens 10 :4-6**).*

5.5   Le Mensonge et ses Sources

Jean 8 :44 : **Vous avez pour père le diable et vous voulez accomplir les désirs de votre père. II a été meurtrier dès le commencement, et il ne se tient pas dans la vérité, parce qu'il n'y a pas de vérité en lui. Lorsqu'il profère le mensonge, il parle de son propre fonds ; car il est menteur et le père du mensonge.** Le Dieu Trinitaire est Lui-même la vérité. Mais Satan est un menteur et le père du mensonge. II est un meurtrier depuis le commencement. Jésus l'appelle le mauvais et le prince de ce monde. Tout ce qui vient de lui est mensonge, même si cela a l'apparence de la vérité. Ne croyez donc pas à des visions qui n'ont pas été confirmées dans la Bible. Le mauvais a trompé Eve. Sa question rusée a déformé la vérité, mettant Dieu en doute. Il a secoué la confiance d'Eve. La fierté d'Ève, la convoitise et la rébellion contre Dieu se sont éveillés et ont débouché sur une rébellion ouverte. Juste après son baptême, le Saint-Esprit a conduit Jésus dans le désert où il fut tenté par le diable. Jésus a jeûné et prié quarante jours. Après cela, Il a résisté au tentateur qui s'est adressé à Lui en déformant à nouveau la vérité avec ses questions. Satan Lui dit : "Si tu es le fils de Dieu…" S'il avait dit : "Vous êtes le fils de Dieu", il aurait dit la vérité. Mais il a remis en question la réalité en essayant de semer le doute dans le cœur de Jésus concernant sa filiation. Le mauvais a essayé de le séparer de son père et de l'amener à servir ses propres fins. Jésus n'a pas répondu avec ses mots. Il ne s'est pas engagé dans une discussion et n'a pas répondu en citant ses expériences. Il a répondu ; **Il est écrit**. Jésus a confirmé la parole de Dieu révélée et l'a opposée aux ruses du diable. Il n'y a qu'un seul moyen pour vaincre le père du mensonge ; dépendre de la parole de Dieu, de toute la Bible. Satan connait la Bible et l'utilise habilement. Il a immédiatement répondu aux objections de Jésus et a mentionné un texte biblique sorti du contexte. Il a essayé d'éveiller la fierté de Jésus et de l'amener à mettre à l'épreuve la fidélité de son père. À nouveau, Jésus a répondu ; Il est écrit ; **Tu ne mettras pas à l'épreuve le Seigneur, ton Dieu**. Il a mis à la lumière de la vérité divine les mauvaises intentions du Diable. Dans cette lutte puissante entre le fils de Dieu et le Diable, satan ne dit évidemment rien que des **mensonges**, même s'ils contiennent des éléments de vérité. Ses paroles entretiennent la tromperie et la rébellion contre Dieu et Son Fils. Examinez certaines philosophies et religions venues après le Christ. Vous verrez comme elles sont trompeuses, bien qu'elles contiennent des parties remarquables de vérité. Le diable agit de même aujourd'hui ; il trompe les croyants et ceux qui cherchent la vérité en leur faisant croire que la Bible est corrompue, abrogée, écrite par des hommes, etc., etc. Ne laissez pas le Diable murmurer de tels mensonges dans votre cœur. Mais combattez-le humblement comme Jésus lorsqu'il a dit : "Il est écrit" *(Jean 4 :1-13 ; 1 Jean 3 :8 ; Matthieu 4 :6 ; 2 Corinthiens 10 :4- 6)*.

5.6   Le Plus Grand Mensonge

Genèse 3 :6 : **La femme vit que l'arbre était bon à manger et agréable à la vue, et qu'il était précieux pour ouvrir l'intelligence ; et elle prit de son fruit, et en mangea ; et elle en donna aussi à son mari, qui était auprès d'elle, et il en mangea. Les yeux de l'un et de l'autre s'ouvrirent, ils connurent qu'ils étaient nus, et ayant cousu des feuilles de figuier, ils s'en firent des ceintures.** Les différentes vues et idéologies du monde n'apparaissent pas seulement comme d'évidents mensonges, mais brillent et étincellent avec des éléments de vérité et des lois qui semblent essentiels à la structure sociale. Cependant, la direction générale de ces vues est fausse. Les vérités partielles sont en général à la base des tromperies. Un des plus grands mensonges au monde est l'affirmation "l'homme est bon" ; il faut seulement bien l'éduquer. Toutes les philosophies et les programmes d'éducation sont basés sur cette affirmation. Ils supposent que chacun peut se sauver, se développer par lui-même et construire un monde meilleur par ses efforts. Ils ne tiennent pas compte de la nature déchue de l'homme ou du fait que l'humanité soit perdue. Les étrangers à l'islam peuvent penser que cette religion est une "religion naturelle d'Allah". Car beaucoup de versets bibliques de l'Ancien et du Nouveau Testament sont transmis oralement, mais déformés. Pourtant, tous les Musulmans nient catégoriquement la crucifixion du Fils de Dieu. Ils espèrent arriver à être justes par leurs bonnes actions. Ils ne réalisent pas qu'ils sont des pécheurs perdus et ne peuvent échapper au jugement de Dieu sauf par Jésus-Christ le crucifié. Le communisme et les idéologies similaires croient en leur propre pouvoir et mélangent d'habiles mensonges avec la vérité, ce qui finalement conduit à un athéisme désastreux. Certains théologiens libéraux ou certaines sectes sortent des versets bibliques du contexte pour amener les personnes à croire en leurs livres et en leurs idées au lieu d'admettre que Jésus est la source la plus authentique de pensée et de vie. Jésus a dû être crucifié et ressuscité des morts pour accomplir la justice comme vérité éternelle. Tous les hommes sont menteurs devant Le Glorieux, mais quiconque croit en Jésus est transformé et incité à vivre justement et fidèlement, échappant ainsi à la jungle des mensonges. Nous ne pouvons empêcher les médias d'émettre des mensonges grands ou petits, intelligents ou stupides, à la radio, à la télévision, dans les journaux, les revues, lors de festivals et de carnavals. Ils manipulent les masses et leur réaction a été prévue d'avance. En politique, bien des orateurs s'attaquent au parti opposé et font de la publicité pour leur propre parti comme unique vérité et seule solution. De petits résultats seront exagérés et de grandes fautes cachées. La vérité tordue essaie de surprendre l'opposant, et les nouvelles manipulées créent la haine *(Ephésiens 2 :2 ; 1 Pierre 5 :8 ; Apocalypse 1 :10).*

5.7   Mensonges quotidiens

Ezéchiel 28 :1-10 : **[1]La parole de l'Éternel me fut adressée, en ces mots ; [2]fils de l'homme, dis au prince de Tyr ; ainsi parle le Seigneur, l'Éternel ; ton cœur s'est élevé, et tu as dit ; Je suis Dieu, Je suis assis sur le siège de Dieu, au sein des mers. Toi, tu es homme et non Dieu, et tu prends ta volonté pour la volonté de Dieu.** Mentir domine les paroles de nombreux politiciens, mais domine aussi notre vie quotidienne. La vérité est bafouée et les gens critiquent souvent les autres devant une tasse de café. Mais si la personne critiquée arrive, le groupe change discrètement de sujet, comme chacun le fait depuis l'enfance. Nous n'avons peut-être pas dit de grands mensonges nuisibles, mais nous avons diffamé quelqu'un ou sali son nom, influencés par le, père du mensonge. Nous devons nous en repentir sincèrement et toujours parler des absents comme s'ils étaient présents. Pas de pieux mensonges, pas de demi vérités, ils sont tout aussi mortels. Nous pouvons mettre fin aux commérages en allant durement vers la personne concernée pour entendre sa version des faits. Prenons sa défense en son absence au lieu de suivre le groupe. Le neuvième commandement nous enseigne à nager à contre-courant des mensonges. Parfois, nous nous trouvons dans une situation critique, appelés à donner notre avis sur un sujet impopulaire. Nous n'aimons pas perdre la face, ni parler d'amis ou de parents absents. Dans ce cas, nous avons souvent recours à des demi-vérités que nous embellissons avec des paroles vides et des explications rusées. Certains trouvent des excuses plus vite qu'une souris trouve son trou. Le mensonge empoisonne notre société. La confiance n'existe plus, plusieurs ont tendance à penser que leurs interlocuteurs comprennent le contraire de ce qu'ils disent. Les incompréhensions divisent les peuples et les isolent comme si un mur les séparait. Mentir isole l'homme, la douleur se développe, elle est déclenchée dans ces moments de silence. Demandons à Jésus la force et le courage de confesser nos mensonges et nos calomnies subversives. Demandons ouvertement pardon aux autres. La confiance se renouvellera alors et la fierté sera brisée *(Esaïe 14 :12-17 ; Actes 5 :3 ; 2 Corinthien 12 :7).*

5.8   Qui peut vraiment comprendre son frère

Matthieu 7 :1-5 : **Verset 1 Ne jugez point afin que vous ne soyez point jugés. Verset 2, Car on vous jugera du jugement dont vous jugez, et l'on vous mesurera avec la mesure dont vous mesurez.** Comprenons-nous effectivement notre frère ou notre sœur comme Dieu les comprend et les apprécie. Jésus connait nos jugements superficiels et nous avertit ; ne vous posez pas en juge, afin de n'être pas jugé ; car c'est de la façon dont vous jugez qu'on vous jugera, et c'est la mesure dont vous vous servez qui servira de mesure pour vous. Qu'as-tu à regarder la paille qui est dans l'œil de ton frère. Et la poutre qui est dans ton œil, tu ne la remarques pas. Ou bien, comment vas-tu dire à ton frère ; attends que j'ôte la paille de ton œil. Seulement voilà ; la poutre est dans ton œil. Homme au jugement perverti, ôte d'abord la poutre de ton œil, et alors tu verras clair pour ôter la paille de l'œil de ton frère. En étudiant ce commandement du Sermon sur la montagne, il vaut mieux se taire et s'examiner d'un esprit critique pour éviter de juger les autres. Notre frère peut avoir commis une faute aussi petite qu'une paille, mais nous ne voulons pas admettre que toutes les poutres dans nos yeux suffiraient pour ouvrir une scierie ! Jésus peut nous montrer la haine, les pensées et actions impures, la convoitise, l'avidité, la tromperie, l'hypocrisie et le manque de respect envers nos parents et même la désobéissance au jour du Seigneur. Celui qui apprend à se priver, dirigé par la conviction du Saint-Esprit, ne rejette plus et ne méprise plus les autres par fierté ou supériorité, mais il commence à réfléchir comment les aider efficacement comme Dieu nous aide. Nous ne pouvons juger l'autre équitablement, car nous ne saisissons pas pleinement les paramètres de son problème, qu'aurions-nous fait à sa place ? Comment aurait-il réagi s'il avait connu les bénédictions de la direction divine. En disant ; aimez votre prochain comme vous-même, Dieu nous montre combien il est essentiel d'être vigilant et de montrer une attention spéciale quand il s'agit de juger notre frère. Nous devrions plutôt l'aimer. Cela met en question le fait de prêter serment comme témoin ; qui sait s'il a vraiment vu les choses comme elles se sont effectivement passées et les a bien comprises. Bien sûr, nous ne pouvons pas voir les choses aussi exactement que Dieu. En jugeant un frère, notre jugement reste toujours humain. Evitons donc de conclure à la légère, mais réfléchissons et essayons de bien comprendre l'autre dans la prière. Que Dieu puisse nous donner les yeux d'une mère, et non ceux d'un policier *(Luc 6 :37-38 ; verset 41-42 ; Romains 2 :1-4 ; chapitre 15 :1-4 ; 1 Corinthien 4 :3-5 ; Marc 4 :24)*.

5.9   Mensonge de Vie ou Vérité de Dieu

1 Corinthiens 13 : 4-8 : **4 La charité est patiente, elle est pleine de bonté ; la charité n'est point envieuse, elle ne s'enfle point d'orgueil, 5, elle ne fait rien de malhonnête, elle ne cherche point son intérêt, elle ne s'irrite point, elle ne soupçonne point le mal.** Si vous n'acceptez pas Jésus, le Crucifié et ressuscité des morts, l'esprit de vérité n'est pas en vous. Votre vie entière devient mensonge et vous vous trahissez vous-même en rejetant la crucifixion de Jésus. Jésus, le Grand Prêtre, a versé son sang sur la croix pour racheter les péchés des hommes et des menteurs repentis. Après sa résurrection, II a envoyé l'Esprit de vérité sur ceux qui attendaient, dans la prière, l'accomplissement de la promesse du Père. Le Saint-Esprit est apparu sous forme de langues de feu. Cela explique ce que Jésus voulait faire avec ses disciples ; leur langue mensongère devait être brûlée et remplacée par une nouvelle, une langue spirituelle, capable de dire la vérité éternelle. Qu'est-ce que la vérité éternelle ? Dieu est notre père, Christ est notre Sauveur et Seigneur, le Saint-Esprit demeure en nous. Le Dieu Trinitaire est la réalité éternelle que l'Esprit de vérité confesse par les disciples du Christ, Notre privilège est de dire sa vérité avec amour, proclamant sa victoire sur la croix pour notre rachat. Comme c'est merveilleux de voir un ami qui prie et ose nous dire la vérité sur nous-même avec amour. II nous apporte plus que mille personnes qui nous flattent toujours. Demandons à Jésus de nous aider à dire la vérité avec sagesse et prions pour nos amis. Jésus nous commande : "Quand vous parlez, dites **« oui » ou « non »** ; tout le reste vient du **Malin**" *(Matthieu 5 :37)*. Prions Jésus de nous garder fidèles à lui et de nous aider à toujours dire sa vérité avec amour *(Jérémie 23 :6 ; Deutéronome 33 :28-29)*.

6 Dixième Commandement

Tu ne convoiteras pas la maison de ton prochain. Tu ne convoiteras ni la femme de ton prochain, ni son serviteur, sa servante, son bœuf ou son âne, ni rien qui appartienne à ton prochain (Exode 20 :17).

6.3 Tentations Modernes

Le téléspectateur peut être tenté par la publicité. II court acheter les choses à la mode, signe un contrat avec une compagnie d'assurance, achète un parfum de marque, des vêtements et une voiture de sport. La liste peut s'allonger. Voici une publicité que vous n'entendrez jamais, une simple affirmation de Jésus ; Renoncez à vous-même. Soyez satisfait de ce que vous avez. Non, elle nous dit plutôt ; désirez toutes choses. Achetez ce que vous n'avez pas. Un journal montrait une image d'un petit garçon couvert de jouets, de peluches et de jeux. II avait reçu tout ce qu'il désirait. Quel pauvre enfant. La société lui a tout donné jusqu'à le frustrer et le noyer dans le monde de son enfance. Dans les sociétés industrielles, les personnes sont influencées par des valeurs temporaires opposées au dixième commandement. Par exemple, un mari et une femme peuvent travailler des années rien que pour construire leur propre maison. Ils font des heures supplémentaires aux dépens de leurs enfants et la mère s'épuise. Ils boivent trop de café et prennent des stimulants pour regagner des forces au travail. Le résultat est un vide intérieur total, une accumulation de dettes et de querelles familiales ; Pourquoi ? Parce que les membres de la famille dépensent plus d'argent pour des choses superflues et vivent au-dessus de leurs moyens *(Esther 3 :8-9 ; Psaume 10 :7-11 ; Esaïe 59 :7-8 ; Proverbes 1 :16-18 ; Romain 3 :15).*

6.4 Tromper son prochain

Genèse 30 :37-43 : **Jacob prit des branches vertes de peuplier, d'amandier et de platane ; il y pela des bandes blanches, mettant à nu le blanc qui était sur les branches. Verset 38, Puis il plaça les branches, qu'il avait pelées, dans les auges, dans les abreuvoirs, sous les yeux des brebis qui venaient boire, pour qu'elles entrassent en chaleur en venant boire** *(Genèse 27 :35-36 et 25 :33, Genèse 4 :3-8 ; Matthieu 23 :35-36 ; Luc 11 :51 ; 1 Jean 3 :12).*

Genèse 3 :6-7 : La femme vit que l'arbre était bon à manger et agréable à la vue, et qu'il était précieux pour ouvrir l'intelligence ; elle prit de son fruit et en mangea ; elle en donna aussi à son mari, qui était auprès d'elle, et il en mangea *(Matthieu 5 :31-32 ; 19 :9 ; 1 Corinthien 7 :10-11).* Le dixième commandement n'est pas seulement limité à l'acquisition de biens, mais interdit d'envier des collaborateurs, des employés ou des amis. Le simple fait que des employés n'apprécient pas leur patron ou ont des difficultés au travail ne leur donne pas le droit de semer la discorde. Encourageons-les à rester où ils sont, sans tenir compte des avantages qu'ils auraient en changeant d'emploi. Nous devrions aussi obéir au dixième commandement dans les églises, les sociétés, les écoles ou dans les œuvres sociables, car jalouser des frères, des sœurs ou des collaborateurs n'apportera aucune bénédiction. S'ingérer dans les affaires d'une famille bénie par Dieu et pousser le mari ou la femme à l'abandonner entraine de graves répercussions. Le désir de changement, un malentendu sérieux ou même une dispute ne peuvent jamais justifier une telle décision. Jésus dit lui-même que l'homme ne sépare pas ce que Dieu a uni. Le Saint-Esprit peut aider à prendre conscience de son péché celui qui essaie de détruire un foyer ou d'entrainer une personne dans l'adultère. II se repentira, changera d'attitude et se préparera à assumer ses responsabilités au sein de sa propre famille. Dieu donnera un nouveau sens à sa vie, II lui apprendra à rejeter et à haïr toute forme de péché. Cet homme ne pensera plus à changer de partenaire pour une nuit, à se libérer des liens du mariage ou à vivre à l'essai avec une autre partenaire. Avec la puissance du Saint-Esprit, il vivra libéré de tout esclavage du péché, car il ne peut rien faire de bon, sans le Saint-Esprit.

6.5   Comment nait la convoitise

Le dixième commandement parle de personnes attractives et de choses désirables. Aujourd'hui, nous pouvons continuer cette liste en y ajoutant ; la nouvelle voiture, l'équipement électronique, la machine à laver, le réfrigérateur et les vêtements au monde. L'homme a tendance à croire qu'il doit avoir ce que les autres ont. L'augmentation du niveau de vie est donc destructrice et appauvrissante. Les pays en voie de développement ont commencé des programmes sophistiqués qui les ont endettées à un tel point qu'ils ne peuvent même plus payer les intérêts. Ils ont acheté des machines modernes que personne ne sait réparer. Les apôtres du Christ savaient pourquoi il était important d'être satisfaits de ce qu'ils avaient et d'être libérés de dettes pouvant détruire l'âme et le corps. De plus, Jésus a dit. "Si quelqu'un veut être grand parmi vous, qu'il soit votre esclave. C'est ainsi que le fils de l'homme est venu non pour être servi, mais pour servir et donner sa vie en rançon pour la multitude" *(Matthieu 20 :26-27)*. Jésus est venu bouleverser toutes les valeurs de notre monde. Sa prière en est un exemple : "Je te loue, père, Seigneur du ciel et de la terre, d'avoir caché cela aux sages et aux intelligents et de l'avoir révélé aux tout-petits. Oui, père, c'est ainsi que tu en as disposé dans ta bienveillance. Tout m'a été remis par mon père. Nul ne connait le fils si ce n'est le père, et nul ne connait le père si ce n'est le fils, et celui à qui le fils veut bien le révéler. Venez à moi, vous tous qui peinez sous le poids du fardeau, et moi, je vous donnerai le repos. Prenez sur vous mon joug et mettez-vous à mon école, car je suis doux et humble de cœur, et vous trouverez le repos de vos âmes. Oui, mon joug est facile à porter et mon fardeau léger" *(Matthieu 11 ; 25-30)*. Paul a écrit que Dieu humiliera toute fierté et arrogance. À une époque, seules quelques personnes riches et bien placées faisaient partie de l'Église de Corinthe. Les membres de l'Église primitive éternelle. Le dixième commandement interdit les actions mauvaises et méprisables et condamne les intentions cachées. Un tribunal peut, jusqu'à un certain point, juger les crimes d'une personne, mais Dieu seul peut pénétrer le cœur de l'homme. Nous ne comprenons pas parfaitement l'obstination et l'impureté de notre cœur. Nous sommes souvent un mystère pour nous-mêmes. Nous ne comprenons pas toujours pourquoi notre ami a agi d'une telle façon. La Bible dit : " La méchanceté de l'homme se multipliait sur la terre. À longueur de journée, son cœur n'était porté qu'à concevoir le mal" *(Genèse 6 :5)*. Si nous nous mesurons à la sainteté de Jésus, nous réaliserons notre impureté et notre corruption. "Tous ont péché et sont privés de la gloire de Dieu" *(Romains 3 :23)*. Cet état se remarque déjà chez un enfant qui essaie d'obtenir ce qu'il désire en criant. Les enfants se jouent des tours entre eux. Conscients du péché héréditaire dans leur vie, nous rejetons la théorie superficielle disant que les enfants sont innocents. Un enfant qui grandit et suit ses désirs peut être intelligemment égoïste. Il y a bien sûr une différence entre penser et faire le mal. Personne ne peut éviter la tentation, mais nous sommes tous appelés à résister au mal de tout notre cœur. Dr. Martin Luther a dit : "Je ne peux pas empêcher les oiseaux de voler au-dessus de ma tête, mais je peux les empêcher de faire leur nid dans mes cheveux." Nous devons être attentifs à la tentation depuis le commencement, lui résister et la vaincre. Paul a souvent écrit l'expression grecque ; que cette pensée ne voie pas le jour en moi. L'épître de Jacques trace l'origine de la tentation. Dans son premier chapitre, il affirme : "Dieu ne peut être tenté de faire le mal et ne tente personne. Chacun est tenté par sa propre convoitise, qui l'entraine et le séduit. Une fois fécondée, la convoitise enfante le péché et le péché, arrivé à la maturité, engendre la mort. Ne vous y trompez pas, mes frères bien-aimés. Tout don de valeur et tout cadeau parfait descendent d'en haut, du Père des lumières chez lequel il n'y a ni balancement ni ombre due au mouvement. De sa propre volonté, il nous a engendrés par la parole de vérité, afin que nous soyons pour ainsi dire les prémices de ses créatures" *(Jacques 1 :16-18)*. Chaque jour, nous devrions permettre à la Parole de Dieu de façonner nos désirs, nos buts et nos intentions. Vaincre les pensées impures dépend de notre abandon total à

Jésus et, par sa grâce éternelle, nous pouvons prier dans la confiance. "Ne nous expose pas à la tentation, mais délivre-nous du Tentateur" *(Matthieu 6 :13)*. Nous avons la certitude que nos péchés sont pardonnés par le sang de Jésus et nous nous attachons à la justice du Christ qui nous est imputée. Nous ne pécherons donc pas délibérément, car le Saint-Esprit sanctifie nos pensées et notre attitude. Jésus veut être le Seigneur victorieux dans toutes les pensées de notre cœur. Il veut diriger le combat dans notre vie et nous accorder la victoire. Ce n'est pas une guerre sainte contre des individus ou des nations, mais contre notre super-ego, contre nos désirs mauvais et contre les tentations extérieures qui nous assaillent. Prions et croyons ce que nous prions. "O Seigneur vivant et puissant sauveur ! Merci parce que tu m'as sauvé. Ne permets pas, je te prie, que je retombe dans le péché, mais délivre-moi et protège-moi de tout mal qui demeure en moi. Ne permets pas au Malin de prendre racine en moi. Je t'appartiens, Seigneur, transforme-moi et demeure en moi pour toujours. Purifie complètement mes pensées par ton sang et sanctifie-moi par ton Esprit, pour que ma volonté et mes désirs puissent te plaire."

6.6   La propriété est-elle autorisée

Jésus dit : *"Quel avantage l'homme aurait-il à gagner le monde entier, s'il le perd de sa vie ?"* *(Matthieu 16 :26)*. Il dit aussi : "En effet, qui veut sauver sa vie, la perdra ; mais qui perdra sa vie à cause de moi et de l'Évangile, la sauvera" *(Marc 8 :35)*. En temps de guerre, une bombe suffit pour détruire un immeuble de huit étages en une seconde et tout réduire en cendres. Des millions de réfugiés perdent tout ce qu'ils ont. Dans un pays communiste, celui qui possède encore une maison ou des biens doit payer des impôts plus élevés que la location d'un appartement d'importance comparable. Avec les années, sa situation financière devient pire que celle d'une personne qui n'a rien. Dieu veut nous ramener à lui et nous aider à reconsidérer les biens matériels avec sa perspective. Les vérités spirituelles sont plus importantes que les biens matériels. En partageant un héritage avec ce principe, les héritiers veillent à ne pas susciter d'animosité entre eux à cause de l'argent et des biens. Jésus a dit : « À qui veut te mener devant le juge pour prendre ta tunique, laisse aussi ton manteau » *(Matthieu 5 :40)*. Paul nous a assuré qu'il y a plus de bénédictions à donner qu'à recevoir. Laissons-nous diriger par ce principe en suivant Jésus. S'emparer des biens des autres est un péché. Celui qui contrefait des documents ou profite de la naïveté de quelqu'un sera puni par la colère de Dieu, car Dieu protège les orphelins.

6.7   Un Cœur Nouveau et un Esprit Nouveau

En entrant dans le réel combat spirituel contre le mal en nous, nous comprenons les paroles de Jésus : "Du cœur proviennent les intentions mauvaises" *(Matthieu 15 :19)*. Il ne suffit pas de se protéger contre les actions du malin ou de lutter contre des péchés particuliers. Notre conscience, notre esprit et notre cœur doivent être purifiés et renouvelés ! Demandons donc à Jésus d'accomplir en nous sa volonté par la puissance du Saint-Esprit et de sanctifier notre corps, notre âme et notre esprit qui sont mauvais. Le dixième commandement vise une nouvelle naissance du vieil homme et un renouveau spirituel de ses pensées et de son attitude. Le prophète Jérémie a beaucoup souffert à cause de la rébellion de son peuple et a finalement reçu la grande promesse divine : **"Je déposerai mes directives au fond d'eux-mêmes, les inscrivant dans leur être, je deviendrai Dieu pour eux, et eux, ils deviendront un peuple pour moi. Ils ne s'instruiront plus entre compagnons, entres frères, répétant : Apprenez à connaitre le SEGNEUR ! Car ils me connaitront tous, petits et grands - oracle du SEGNEUR. Je pardonne leur crime ; leur faute, je n'en parle plus"** *(Jérémie 31 :33-34)*. Dieu a fait une promesse similaire au prophète Ezéchiel lorsqu'il souffrait à cause de la punition de Dieu infligée à son peuple : **"Je vous donnerai un cœur neuf et je mettrai en vous un esprit neuf ; j'enlèverai de votre corps le cœur de pierre et je vous donnerai un cœur de chair. Je mettrai en vous mon propre esprit, je vous ferai marcher selon mes lois, garder et pratiquer mes coutumes"**

(Ezéchiel 36 :26-27). Le roi David a prononcé la prière de repentance suivante **300 ans** avant ces prophéties : "Aie pitié de moi, mon Dieu, selon ta fidélité ; selon ta grande miséricorde, efface mes torts. Lave-moi à grande eau de ma faute et purifie-moi de mon péché. Car je reconnais mes torts, j'ai sans cesse mon péché devant moi. Contre-toi, et toi seul, j'ai péché, ce qui est mal à tes yeux, je l'ai fais, ainsi tu seras juste quand tu parleras, irréprochable quand tu jugeras. Voici, dans la faute, j'ai été enfanté et, dans le péché, conçu des ardeurs de ma mère. Voici, tu aimes la vérité dans les ténèbres, dans ma nuit, tu me fais connaitre la sagesse. Ote mon péché avec l'hysope et je serai pur, lave-moi et je serai plus blanc que la neige. Fais que j'entende l'allégresse et la joie, et qu'ils dansent, les os que tu as broyés. Devant mes péchés, détourne-toi, toutes mes fautes, efface-les. Crée pour moi un cœur pur, Dieu, enracine en moi un esprit tout neuf. Ne me rejette pas loin de toi, ne me reprends pas ton esprit saint ; rends-moi la joie d'être sauvé, et que l'esprit généreux me soutienne ! J'enseignerai ton chemin aux coupables, et les pécheurs reviendront vers toi. Mon Dieu, Dieu Sauveur, libère-moi du sang ; que ma langue crie ta justice ! Seigneur, ouvre mes lèvres, et ma bouche proclamera ta louange. Tu n'aimerais pas que j'offre un sacrifice, tu n'accepterais pas d'holocauste. Le sacrifice voulu par Dieu, c'est un esprit brisé ; Dieu, tu ne rejettes pas un cœur brisé et broyé" *(Psaume 51 : 1-19)*. Celui qui prononce cette prière exemplaire avec le Roi David recevra une réponse claire de Dieu. Jésus a accompli toutes ces prophéties en affirmant : "Je suis la lumière du monde. Celui qui vient à ma suite ne marchera pas dans les ténèbres ; il aura la lumière qui conduit à la vie" *(Jean 8 :12)*, et : "Je suis la vigne, vous êtes les sarments ; celui qui demeure en moi et en qui je demeure, celui-là portera du fruit en abondance, car, en dehors de moi, vous ne pouvez rien faire" *(Jean 15 :5)*. Au début de son ministère, Jésus a dit clairement à Nicodème, un ancien du peuple : "En vérité, en vérité, je le dis : nul, s'il ne nait d'eau et d'Esprit, ne peut entrer dans le royaume de Dieu" *(Jean 3 :5)*. Pierre a affirmé l'accomplissement de cette promesse le jour de Pentecôte devant une foule de **3000** personnes : "Convertissez-vous ; que chacun de vous reçoive le baptême au nom de Jésus-Christ pour le pardon de ses péchés, et vous recevrez le don du Saint-Esprit" *(Actes 2 :38)*, *(Ezéchiel 37 :9-11 ; chapitre 41 :8-10 et 43 :1-2 ; Jean 4 :23-24 ; 2 Corinthiens 3 :17-18 ; Ezéchiel 34 :25-27)*.

6.8   Le Combat Spirituel

Quand le Saint-Esprit demeure en nous, nous ne sommes pas à l'abri des tentations. Mais l'Esprit lutte contre la chair et la chair contre l'esprit. Une bataille fait rage, comme Paul l'explique : "Car si vous vivez de façon charnelle, vous mourrez ; mais si, par l'Esprit, vous faites mourir votre comportement charnel, vous vivrez" *(Romains 8 :13)*. Dans *Éphésiens 4 :22-24*, Paul nous exhorte : "il vous faut, renonçant à votre existence passée, vous dépouiller du vieil homme qui se corrompt sous l'effet des convoitises trompeuses ; il vous faut être renouvelés par la transformation spirituelle de votre intelligence et revêtir l'homme nouveau, créé selon Dieu dans la justice et la sainteté qui viennent de la vérité". Se dépouiller du vieil homme signifie renier et haïr tous nos mauvais désirs pour toujours. Revêtir l'homme nouveau signifie se couvrir de Jésus comme d'une nouvelle robe après qu'il nous ait aidés à vaincre notre égoïsme original. Dans ce combat pour mener une vie sainte, nous vivrons des défaites. Relevons-nous, tournons-nous vers Jésus et confessons-lui nos péchés. Une fois que la fierté et la confiance en nous-même sont brisées. Nous demeurerons en Jésus et sa force s'accomplira dans notre faiblesse. Nous obtenons ainsi la victoire sur le mal et grandissons dans le Seigneur. La Bible dit : "Tous ceux qui sont conduits par l'Esprit de Dieu sont enfants de Dieu". Dans *Romains 8 :1-2*, Paul encourage tous ceux qui prennent part à ce combat spirituel : "Il n'y a donc, maintenant, plus aucune condamnation pour ceux qui sont en Jésus-Christ, car la loi de l'Esprit qui donne la vie en Jésus-Christ m'a libéré de la loi du péché et de la mort." Alors que l'Ancien Testament place nos mauvaises intentions et actions sous la juste punition de la loi, le Nouveau Testament nous offre une connaissance plus profonde de notre nature pécheresse, et en même temps nous amène à accepter la justice de Dieu par grâce par notre foi en Jésus-Christ. Jésus nous remplit du Saint-Esprit et renouvelle notre esprit et notre volonté. La loi de Moïse veut nous empêcher de tomber, mais Jésus nous accorde la victoire sur le péché par une complète justification et par la puissance de l'Esprit de Dieu. Cela nous aide à obéir à ses commandements. Alors que l'Ancien Testament nous montre le chaos de nos vies, résultat de nos mauvaises intentions, notre Père céleste nous accorde une justification divine ; pas de coupable, pas de punition. Jésus a déjà payé le prix. Par son Esprit éternel, Il nous donne aussi le pouvoir de vaincre le péché. La grâce du Dieu Trinitaire nous libère de notre péché et nous amène de la défaite à la victoire par la puissance de son amour en nous *(Esaïe 30 :18-19 ; Job 11 :18 ; Psaume 91 :5-6 et 112 :7-8 et 125 :1-3 ; Proverbes 1 :33 et 3 :21-26 ; Esaïe 33 :15-16 et 43 :1-3 ; Hébreux 13 :6-9 ; 1 ; Pierre 3 :13-14)*.

7 Aimons-nous vraiment Dieu

Jean 3 : 16 : **Car Dieu a tant aimé le monde qu'il a donné son fils, unique, afin que quiconque croit en lui ne périsse point, mais qu'il ait la vie éternelle**. Aimer Dieu est le commandement le plus urgent et le plus facile à comprendre si nous aimons vraiment Dieu. Ne gardons pas pour nous-mêmes une portion de notre temps, de notre argent ou de nos projets. Il nous a donné un corps, une âme et un esprit ; nos désirs, notre volonté et notre espérance sont formés et remplis par Son Amour. Que le Créateur saint, le Sauveur rédempteur soit le centre de nos vies. Lui seul est important. Il est un Dieu jaloux qui s'attend à un amour exclusif et total. Il n'est pas prêt à partager cet amour avec un autre. Nous devons donc nous demander : Aimons-nous Dieu comme Il nous a aimés et nous aime encore ? Jusqu'à quel point l'aimons-nous vraiment ? L'aimons-nous émotionnellement, en pensées, méditant en profondeur sa Parole pour connaitre sa volonté et chercher à l'accomplir avec son aide ? Que tout notre être Le loue pour la grâce de pouvoir vivre une vie nouvelle. Honorons-Le par ce que nous faisons et ce que nous abstenons de faire. Remercions-Le pour le pardon de nos péchés par l'expiation pourvue librement en Christ Jésus. Louons-Le pour la joie, la paix et l'esprit de consolation qu'il a répandu dans nos cœurs. Nous devrions réaliser l'insuffisance de noter amour. Nous n'aimons pas toujours Dieu de tout notre cœur et de toute notre âme. Nous avons besoin de l'aide de notre Seigneur même pour L'aimer comme nous le devrions. L'Apôtre Paul nous montre comment Dieu répond à nos prières : "L'amour de Dieu a été répandu dans nos cœurs par l'Esprit-Saint qui nous a été donné." *(Romains 5 :5)*. Notre Père céleste nous donne son propre amour pour que nous puissions vraiment l'aimer. Son amour remplit nos cœurs, car le Saint-Esprit demeure en nous *(Romains 5 :8-11 ; et 8 :31-36 ; Jean 4 :9-16 ; Luc 19 :10 ; Jean 3 :36)*.

8 Le blasphème contre le Saint-Esprit.

Matthieu 12 :25-30 : **Comme Jésus connaissait leurs pensées, il leur dit ; Tout royaume divisé contre lui-même est dévasté, et toute ville ou maison divisée contre elle-même ne peut subsister (Hébreux 6 :4-6 ; Esaïe 49 :24 ; Marc 9 :40 ; 1 Jean 3 :8)**. Christ sait exactement ce que nous pensons. Il cherche à expliquer à ceux qui le haïssent que leurs accusations ne valent rien et sont des mensonges sans fondement. Il donne quatre arguments pour les aider à comprendre. Christ ne les a pas rejetés, ni haïs, ni même maudits, mais s'est approché d'eux pour leur donner des explications et ouvrir les yeux de leur cœur. La réplique de Christ à cette accusation est claire et précise et ferme la bouche des détracteurs avec bon sens et raison. Avant qu'ils ne soient arrêtés par le feu et le soufre. Christ démontre ici la fausseté de ce soupçon. Ce serait très étrange et fort improbable que des démons soient chassés par Satan, parce qu'alors le royaume de Satan serait divisé contre lui-même. Ce qui est inconcevable vu sa subtilité. C'est un fait établi que les disputes mutuelles engendrent la ruine, dans toutes les sociétés. « Tout royaume divisé contre lui-même est dévasté. » Cela s'applique aussi aux familles. Quelle famille est assez forte, quelle communauté assez solide, pour ne pas être renversée par l'inimitié et les dissensions ? Les divisions se terminent souvent dans le chagrin. Si nous entrons en conflit, nous brisons quelque chose. Si nous nous divisons, nous devenons une proie facile pour notre ennemi commun. Même plus ; si vous vous mordez et vous dévorez les uns les autres, prenez garde que vous ne soyez détruits les uns par les autres *(Galates 5 :15)*. Christ dit clairement qu'une maison divisée contre elle-même ne subsistera pas. Il précise que Satan ne chasse pas Satan, et que ceux qui chassent des esprits impurs n'agissent pas avec l'aide du prince des démons. Christ leur révèle qu'il est capable de lier des esprits impurs et de les expulser une fois pour toutes, parce qu'il est plus fort que leur prince. Christ déclare qu'en chassant des esprits par la puissance de l'Esprit de Dieu, il prouve que le royaume des Cieux s'est approché d'eux. Celui qui y réfléchit comprendra et reconnaitra cette vérité. Cependant, les enseignants de la loi étaient possédés d'esprits mauvais et leurs cœurs endurcis contre le Seul Sauveur. Ils n'ont donc pas admis les arguments de Christ, ni obtenu le salut. Les esprits de l'enfer sont tous pareils, même s'ils semblent différents en Europe, en Asie et en Afrique. Ils peuvent corrompre l'Amérique différemment que le Moyen-Orient. Parfois, les croyances et groupes sataniques s'affrontent, mais en réalité, ils cherchent à détruire des millions de personnes, suscitant en eux l'amour de l'argent, des désirs impurs et des guerres mortelles. Le dessein du diable au travers de ces afflictions est d'endurcir les cœurs contre l'Esprit de Dieu et de détruire la conscience des hommes. Dans une révélation, l'évangéliste Jean a vu l'image de Satan ayant sept têtes. Chaque tête profanait différents blasphèmes et mensonges. Pourtant, toutes les têtes étaient en harmonie et unies contre le Sauveur Jésus *(Apocalypse 12 :3 et 13 :4)*. Quelle tristesse de voir des personnes chercher la guérison en entrant en contact avec des esprits mauvais, qui ne leur apporteront rien de bon. Ces contacts ne donnent aucune liberté. Au contraire, celui qui consulte des devins, des diseurs de bonne aventure ou des sorciers ne sera ni délivré ni aidé, mais deviendra de plus en plus pris, jusqu'à ce qu'il devienne un citoyen de l'enfer. Par le puissant Esprit de Dieu, Christ lie et chasse cependant les mauvais esprits des démoniaques. Grâce à Dieu, il y a une puissance plus grande que toutes les puissances inférieures et attraits qui sont à l'œuvre au travers des doctrines trompeuses, des traditions et des philosophies. Cette puissance supérieure est Dieu le Père Lui-même et le Saint-Esprit qui glorifie Christ et son sang. Cet Esprit pur nous confirme que le Sauveur Jésus a vaincu ; Christ est l'unique vainqueur, et celui qui se confie en lui sera libéré des chaines du péché et des accusations de l'enfer, et sera protégé de leur influence pour toujours. La délivrance des démons symbolise la venue du Royaume des cieux. La puissance de Christ dépasse notre compréhension, car aujourd'hui, il règne dans les cieux et sur la terre et sauve des individus dans tous les pays. Cher ami, croyez avec nous que Jésus a vaincu tous les esprits mauvais de votre pays, qu'il libère vos compatriotes de leurs chaines et les délivre de l'égoïsme, de l'adultère, des préjugés et de l'orgueil, s'ils se soumettent à lui dans la joie et la paix. Le but de l'évangile de Christ est de détruire les œuvres du diable. Il est venu comme Sauveur pour faire passer les gens des ténèbres à la lumière. Du péché à la sainteté, de ce monde au royaume des cieux, « de la puissance de Satan à Dieu » *(Actes 26 :18)*. En cultivant ce but. Christ a lié Satan en chassant les esprits impurs par sa Parole. Ce faisant, il a retiré l'épée de la main du diable afin de pouvoir aussi lui retirer le sceptre. Christ nous enseigne comment comprendre ses miracles. En prouvant par son exemple qu'il était facile et efficace de chasser le diable des corps des personnes, il a encouragé tous les croyants à croire que, quelle que soit la puissance prise ou exercée par Satan sur notre âme, il pouvait la briser. Il est évident que Christ peut lier Satan. Lorsque les nations se sont détournées des idoles pour servir le Dieu vivant, lorsque certains grands pécheurs ont été sanctifiés et sont devenus des saints, c'est alors Christ qui a anéanti les œuvres du diable, et il continuera à le faire. Cela laisse entendre que cette guerre sainte ou ce combat spirituel de Christ contre le diable et son royaume était tel qu'il n'y avait pas de place pour la neutralité. « Celui qui n'est pas avec moi est contre moi. » Dans les petits différends qui peuvent surgir entre les disciples de Christ, il nous est dit de ne pas leur accorder trop d'importance et de chercher la paix en comptant ceux qui « ne sont pas contre nous » comme étant avec nous *(Luc 9 :50)*. Dans la grande lutte qui oppose Christ au diable, aucune paix ne doit être cherchée, ni aucun compromis. Celui qui n'est pas vraiment pour Christ sera considéré comme étant contre lui. Celui qui est indifférent à la cause de Christ est considéré comme un ennemi. Participez-vous à cette lutte par la foi, la prière, avec votre argent et votre volonté ? Etes-vous pour ou contre Christ ? Si vous ne combattez pas avec lui, vous deviendrez son ennemi et vous détruirez vous-même. Sous la protection du sang de Jésus, vivez dans la douceur et l'humilité du cœur ; les méchants n'auront alors aucun pouvoir sur vous.

Matthieu 12 :31-32 : **[31]C'est pourquoi je vous dis : Tout péché et tout blasphème sera pardonné aux hommes, mais le blasphème contre l'Esprit ne sera point pardonné. [32]Quiconque parlera contre le Fils de l'homme, il lui sera pardonné ; mais quiconque parlera contre le Saint-Esprit, il ne lui sera pardonné ni dans ce siècle ni dans le siècle à venir *(Marc 322-30). Luc 12 ; 10 ; 1 Timothée 1 ; 13 ; Hébreux 6 ; 4-6 ; 10-12)*.** Christ fait une différence entre les péchés. Il dit que l'incrédulité de Capernaüm est plus grave que le péché de Sodome. Il déclare aussi que le péché contre le Saint-Esprit est le plus grand péché contre la gloire de Dieu et ne peut pas être pardonné. Tout péché contre Christ et son Église, ou contre les hommes et nous-mêmes sera pardonné par la grâce de Dieu, s'il a été commis involontairement ou précipitamment, comme le péché de Saul qui a été commis avant sa conversion. Saul avait fait mettre les disciples de Christ en prison pour les forcer à l'apostasie. Christ lui-même s'est mis en travers de la route de Saul et lui a dit : « Saul, Saul, pourquoi me persécutes-tu ? ». Tout péché que vous avez commis avant que le Saint-Esprit ne demeure en vous est pardonné. Sur la croix, Christ a prié pour ses meurtriers en disant : « Père, pardonne-leur, car ils ne savent pas ce qu'ils font. » Dieu n'a pas détruit les Juifs pour avoir crucifié Christ, mais pour avoir rejeté l'œuvre du Saint-Esprit en eux après coup, et pour leur mépris continuel de l'enseignement des apôtres. Ils ont rejeté l'Esprit de Dieu de plein gré et avec force, alors que les œuvres de Christ étaient si claires et évidentes que même les gens simples pouvaient les reconnaitre. Celui qui affirme que l'œuvre de Christ est satanique s'avère malveillant et méchant, car Christ est amour, doux et pur. Celui qui dit que Christ est possédé d'un démon est lui-même possédé d'un démon, car l'esprit du diable blasphème toujours contre l'unité de la Sainte Trinité. Dans *Marc 3 :28 et Luc 12 :10,* Christ parle de ceux qui le blasphèment. Ceux qui ont blasphémé Christ pendant son temps sur terre l'ont appelé entre autres « Un ivrogne », « Un trompeur », « Un blasphémateur ». Les chefs religieux avaient des préjugés contre lui et voyaient le mal dans tout ce qu'il faisait. La preuve de sa mission divine n'a été parfaite qu'après son ascension. Par conséquent, ils ont été pardonnés sur la base de leur repentance. Certains de ses traitres et meurtriers ont été convaincus après le don du Saint-Esprit. Mais si, après avoir été touchés par une révélation du Saint-Esprit, ils continuent à blasphémer l'Esprit divin, il n'y a alors plus d'espoir pour qu'ils arrivent un jour à croire en Christ. Celui qui s'oppose au Saint-Esprit et endurcit son cœur contre sa voix miséricordieuse, ne recevra pas de pardon. L'épître aux Hébreux nous met en garde en disant : « Aujourd'hui, si vous entendez sa voix, n'endurcissez pas vos cœurs. » *(Hébreux 4 :7).* Puisque Dieu se révèle à vous dans l'Évangile sous l'influence de son Esprit, vous avez le choix entre le rejeter ou vous abandonner à lui. Vous êtes-vous entièrement soumis à Jésus ? N'oublions pas que Dieu se rappelle chaque parole qui sort de votre bouche. Il connait Maître même vos doutes, vos exagérations et vos impuretés et s'en souvient. Au jour du jugement, vous serez jugé. Vous entendrez les paroles que vous avez prononcées sur terre, devant le Tout-Puissant et les autres. Vous en aurez si honte que vous préféreriez que la terre s'ouvre et vous engloutisse plutôt que d'être vu par les autres.

9   Le signe du prophète Jonas (Matthieu 12 :38-45) :

Matthieu 12 :38- 42 **: Alors quelques-uns des scribes et des pharisiens prirent la parole, et dirent ; Maître, nous voudrions te voir faire un miracle. 39 Il leur répondit ; Une génération méchante et adultère demande un miracle ; il ne lui sera donné d'autre** miracle que celui du prophète Jonas. 40 : Car, de même que Jonas fut trois jours et trois nuits dans le ventre d'un grand poisson, de même le fils de l'homme sera trois jours et trois nuits dans le sein de la terre. 41 Les hommes de Ninive se lèveront, au jour du jugement, avec cette génération et la condamneront, parce qu'ils se repentirent à la prédication de Jonas ; et voici, il y a ici plus que Jonas. 42 La reine du Midi se lèvera, au jour du jugement, avec cette génération et la condamnera, parce qu'elle vint des extrémités de la terre pour entendre la sagesse de Salomon, et voici, il y a ici plus que Salomon** *(Jonas 2 :1 ; Marc 8 :11-12 ; Luc 11 :29-32 ; Ephésiens 4 :9 ; 1 Pierre 3 :19)*. Les Juifs demandent un signe de Christ, non par confiance et amour, mais dans le but de le tenter et de trouver une excuse pour ne pas croire à sa divinité. Ainsi sont les hommes ; ils ne veulent pas croire, mais demandent des confirmations et des preuves concrètes de l'existence de Dieu. Ils n'accordent pas d'importance à Christ et ne reconnaissent pas le Saint-Esprit. Personne ne peut leur prouver l'unité du Saint-Esprit à cause de la dureté de leur cœur. Quant à nous. Nous n'avons pas cru avec notre esprit, mais c'est l'amour de Christ qui nous a inspiré la foi qui est un don de Dieu. La foi a besoin du courage confiant de notre esprit et de l'accord de notre cœur pour pouvoir vaincre les doutes en nous. Il est normal pour les orgueilleux de poser des conditions à Dieu, et ensuite de trouver une excuse pour ne pas se soumettre à lui. Bien que Christ soit toujours prêt à entendre nos désirs saints et nos prières et à y répondre, il ne satisfera pas nos désirs charnels et nos pensées tordues. Ceux qui demandent avec de mauvaises motivations ne recevront pas *(Jacques 4 :3)*. Dieu a donné aux croyants critiques un signe surnaturel qui dépassait leur compréhension humaine et leurs expériences pratiques : c'est la grande résurrection du Crucifié, appelée ici « le signe du prophète Jonas ». Ce signe devait les convaincre et prouver que Christ était le Messie. Par la résurrection, il a été. « Déclare fils de Dieu avec puissance » *(Romains 1 :4)*. C'était un signe qui achevait, couronnait et dépassait tout le reste. « S'ils ne croient pas » aux premiers signes, ils peuvent croire à celui-ci *(Exode 4 :9)*. Et si ce signe ne les convainc pas, rien n'y fera. Celui qui ne croit pas cet évènement historique est dans les ténèbres. Après sa résurrection, Christ a prêché le même message que Jonas à ses disciples. Jonas, une fois sorti du ventre de la baleine, avait appelé les habitants de Ninive à la repentance. Les apparitions et paroles de Christ après sa résurrection sont les preuves irréfutables de sa divinité. Avant sa mort, il avait plusieurs fois prédit sa résurrection aux disciples et à la foule afin qu'ils puissent y croire le moment venu. La plupart des Juifs ont rejeté Christ, bien qu'il ait parlé avec une puissance divine. Ses paroles miséricordieuses ne pouvaient pas trouver le chemin menant à leur cœur, et leur cœur était endurci. C'est incroyable que les gens de Ninive aient accepté la parole de Dieu du prophète Jonas et se soient repentis ! Les Juifs, au contraire, ne se sont pas tournés vers leur Seigneur, bien que sa parole se soit fait chair et ait demeuré parmi eux. Par conséquent, leur espoir de connaitre la vérité est parvenu à une fin. Ils croyaient que personne à part eux ne pouvait être versé dans la loi de Moïse, et qu'ils étaient justes et parfaits. La Bible nous rappelle la visite de la reine de Séba au sage Salomon. Elle est venue d'Arabie pour entendre la sagesse de Dieu dans le Roi. Mais les Juifs qui étaient proches de Christ ont rejeté avec mépris la sagesse de Dieu qui se révélait à eux. Qu'en est-il de vous ? Désirez-vous entendre la parole de Christ ? Êtes-vous touché par ses miracles et sa résurrection ? Voulez-vous que la Sagesse de Dieu demeure en vous ? Ou restez-vous au pas des Juifs qui ont endurci leur cœur et se sont attachés à leur propre justice ? Faites-vous partie des méchants, ou vous êtes-vous tourné vers le Dieu vivant comme les gens de Ninive qui, après avoir entendu l'appel, se sont repentis dans les larmes, ont cru en la parole de Dieu et ont été sauvés de sa colère ? De nos jours, certains affirment que **Christ n'est pas** resté **trois jours et trois** nuits dans le tombeau comme Jonas dans le ventre de la baleine. Ils disent que Christ est mort le **vendredi après-midi et qu'il est ressuscité le dimanche matin avant le lever du soleil.** C'est une question logique à laquelle nous répondons ceci ; il n'est pas inhabituel dans une langue de considérer une partie de la journée. Par exemple : si l'on vous demande le nombre de jours que vous avez passés hors de la ville, vous répondrez trois jours, même si vous avez quitté la ville le lundi soir et y êtes revenu le mercredi matin. En général, dans le calendrier hébraïque, un jour commence au coucher du soleil, qui marque le début des heures de la nuit ; puis se poursuit au lever du soleil indiquant les heures du jour. Le temps que Jésus a passé dans le tombeau correspond aux heures du jour de vendredi, la nuit et la journée de samedi, puis la nuit de samedi à dimanche. Une partie d'une journée selon le calendrier hébraïque équivaut à toute une journée ou peut être exprimée comme un jour et une nuit. Par conséquent, **« trois jours et trois nuits »** de façon idiomatique n'entre pas en contradiction avec le temps écoulé par Jésus au cœur de la terre. Voyons d'autres références à cette mention du jour et de la nuit en *1 Samuel 30 :12 :* « Il n'avait point pris de nourriture et point bu d'eau depuis trois jours et trois nuits. » Il ne s'agissait en fait pas de trois jours entiers, mais moins, car il a mangé le troisième jour. Dans le livre d'Esther, nous lisons : « Jeunez pour moi, sans manger ni boire pendant **trois jours, ni la nuit ni le jour**…Le troisième jour, Esther mit ses vêtements royaux et se présenta dans la cour intérieure de la maison du roi. » *(Esther 4 :16 et 5 :2).* C'est le troisième jour qu'elle a obtenu la faveur du Roi. *2 Chroniques 10 :5* dit : « Revenez vers moi dans trois jours », puis au verset 12, nous lisons que le peuple est venu auprès de **Roboam le troisième jour.** Cette troisième journée n'était pas encore terminée, mais la nation avait compris ses directives. En *Genèse 42 :17-18*, il est dit que les frères de **Joseph ont passé 3 jours en prison.** Alors que Joseph leur a parlé à la fin du premier jour, le deuxième jour a passé et il les a rappelés le lendemain, Si un homme meurt une demi-heure avant le coucher du soleil, il est mort ce jour-là, même s'il ne restait plus qu'une demi-heure avant la fin de la journée.

10   La parabole de l'ivraie

Matthieu 13 :24-30 et 36-43 : **24** Il leur proposa une autre parabole, et il dit ; Le royaume des cieux est semblable à un homme qui a semé une bonne semence dans son champ. **25** Mais, pendant que les gens dormaient, son ennemi vint, sema de l'ivraie parmi le blé, et s'en alla. **26** Lorsque l'herbe eut poussé et donné du fruit, l'ivraie parut aussi. **27** Les serviteurs du Maître de la maison vinrent lui dire ; Seigneur, n'as-tu pas semé une bonne semence dans ton champ. D'où vient donc qu'il y a de l'ivraie. **28** Il leur répondit ; C'est un ennemi qui a fait cela. Et les serviteurs lui dirent ; veux-tu que nous allions l'arracher ? **29** Non, dit-il, de peur qu'en arrachant l'ivraie, vous ne déraciniez en même temps le blé. **30** Laissez croitre ensemble l'un et l'autre jusqu'à la moisson, et à l'époque de la moisson, je dirai aux moissonneurs ; Arrachez d'abord l'ivraie et liez-la en gerbes pour la brûler, mais amassez le blé dans mon grenier *(Matthieu 3 :2 et 15 :13 ; Apocalypse 14 :15 ; Matthieu 13 :36).* Alors il renvoya la foule et entra dans la maison. Ses disciples s'approchèrent de lui et dirent ; Explique-nous la parabole de l'ivraie du champ. **37** Il répondit ; Celui qui sème la bonne semence, c'est le fils de l'homme ; **38** Le champ, c'est le monde ; la bonne semence, ce sont les fils du royaume ; l'ivraie, ce sont les fils du malin ; **39** l'ennemi qui l'a semée, c'est le diable ; La moisson, c'est la fin du monde ; les moissonneurs, ce sont les Anges. **40** Or, comme on arrache l'ivraie et qu'on la jette au feu, il en sera de même à la fin du monde. **41** Le fils de l'homme enverra ses anges, qui arracheront de son royaume tous les scandales et ceux qui commettent l'iniquité ; **42**, et ils les jetteront dans la fournaise ardente, où il y aura des pleurs et des grincements de dents. **43**, Alors les justes resplendiront comme le soleil dans le royaume de leur père. Que celui qui a des oreilles pour entendre entend – *(Daniel 12 ; 3, Zacharie 11 ; 17, Matthieu 24 :31 ; Jean 8 :44 ; 1 Corinthiens 3 :9).* Le monde entier est le champ de Dieu, Christ sème ses graines dans tous les pays. Ces graines ne sont ni un enseignement, ni un livre, ni des discours, mais des gens. Quiconque est né du Saint-Esprit est comparé à la graine dans la main de Christ. Il la jette dans son champ. La graine doit mourir spirituellement à sa nature corrompue et à ses désirs personnels afin que la puissance de Dieu puisse porter beaucoup de fruits en elle. Sans abnégation, il n'y aura pas de récoltes de ses ministres. Quelles que soient les bonnes graines qu'il y a dans le monde, elles viennent toutes de la main de Christ et de sa semence. Les vérités prêchées, les grâces plantées, les âmes sanctifiées sont une bonne semence, et toute la gloire revient à Christ pour semer de bonnes graines. Ils sont employés par lui et sous lui, et le succès de leur travail dépend purement de sa bénédiction. Dans la parabole de l'ivraie, Christ révèle les intentions du diable de corrompre la semence de Dieu. L'ivraie représente ceux qui sont nés de l'esprit de Satan, les méchants qui se sont dispersés parmi ceux qui sont nés de la parole de Dieu. Les deux catégories vivent souvent ensemble sous un même toit ou dans une même salle d'école. Ils peuvent partager les mêmes pensées scientifiques et culturelles. Il n'est pas évident, au début, de voir lesquels sont du diable et lesquels sont de Dieu, mais tôt ou tard, le fruit de l'esprit se manifestera clairement. L'amour, la haine, l'humilité et l'orgueil ne restent pas longtemps sans se manifester dans un individu ; le cœur du fruit finit par devenir visible. Nous devons discerner les esprits. Christ ne veut cependant pas d'une séparation brutale, puisque ce sera le travail des anges au jour du jugement. Jusqu'alors, nous devons supporter avec patience l'ivraie, même si elle nous blesse. Vu que l'ivraie domine sur le bon grain, le glorieux fils de l'homme enverra ses anges pour séparer les hommes (le bon grain) à la fin des temps. Les fils du malin (l'ivraie) sont influencés par le diable. Même s'ils ne portent pas son nom, ils transmettent son image, agissant selon ses désirs et reçoivent leur formation de lui. Il règne sur eux et agit en eux *(Ephésiens 2 :2)*. C'est de l'ivraie dans le champ de ce monde. Ils ne font aucun bien, à part blesser. Ils ne sont pas fructueux et causent du tort aux bonnes graines, en les tentant et en les persécutant. Bien qu'ils reçoivent la même pluie, le même ensoleillement et le même sol que les bonnes plantes, ce sont de mauvaises herbes qui ne sont bonnes à rien. Les fils de la désobéissance brûleront comme des malfaiteurs, et les enfants de Dieu recevront un nouveau corps et brilleront dans la paix. Voici une promesse merveilleuse ; alors les justes resplendiront comme le soleil dans le royaume de leur père *(Matthieu 13 :43)*. Réfléchissez attentivement à ce verset et vous vous tournerez humblement vers Dieu dans le but de devenir une bonne graine. Lorsque Satan accomplit de grands méfaits, il travaille dur pour se cacher. Ses plans risquent d'échouer s'il est reconnu. L'ivraie est passée inaperçue jusqu'à ce que les plantes soient sorties de terre et aient produit des épis. Il y a de la méchanceté secrète dans le cœur des hommes, bien cachée sous l'apparence d'un comportement correct, mais elle finit par éclater au grand jour. La bonne graine et l'ivraie poussent ensemble un moment et l'on ne peut pas les distinguer. Mais lorsque l'épreuve vient, lorsque le fruit se forme, lorsque le bien doit être fait, et qu'il y a une difficulté et un risque, alors regardez bien. Vous discernez entre les sincères et les hypocrites. Vous direz alors ; C'est du blé et ça de l'ivraie. Les ministres fidèles et zèles de Christ ne seront pas jugés par Christ. Par conséquent, ils ne devraient pas se sentir coupables pour le mélange du mal et du bien. Des hypocrites et des sincères. Dans le champ de l'Église, les reproches et les offenses des hommes ne manqueront pas. Cependant, s'ils accomplissent leur tâche fidèlement, même sans le succès escompté, Christ ne pourra rien leur reprocher. Malgré tous leurs efforts, l'ivraie sera semée. S'ils ne la semaient pas et ne l'arrosaient pas, la honte ne siègerait pas à leur porte. Personne ne peut distinguer de manière infaillible entre l'ivraie et le bon grain. Tout le monde peut se tromper. D'où la sagesse et la grâce de Christ qui préfère laisser l'ivraie pour ne pas mettre en danger le blé. Il est vrai que les offenseurs scandaleux doivent être blâmés, et nous devons nous séparer d'eux. Ce sont manifestement les enfants du mal et ils ne doivent pas être admis pour assumer des responsabilités au sein de l'Église. Une discipline mal exercée peut cependant s'avérer troublante pour les membres vraiment pieux et consciencieux. Il faut exercer la discipline avec beaucoup de prudence et de modération au niveau de **l'Église,** à moins que le blé ne soit piétiné ou déjà récolté.

11 Ministère et voyages de Jésus (Matthieu 14 :1-17 ; 27)

11. 1 La mort de Jean-Baptiste

Matthieu 14 :1-12 : ¹En ce temps-là, Hérode le tétrarque, ayant entendu parler de Jésus ; dit à ses serviteurs : C'est Jean-Baptiste. ²Il est ressuscité des morts, et c'est pour cela qu'il se fait par lui des miracles. ³Car Hérode, qui avait fait arrêter Jean, l'avait lié et mis en prison, à cause d'Hérodias, femme de Philippe, son frère, ⁴parce que Jean lui disait ; Il ne t'est pas permis de l'avoir pour femme. ⁵Il voulait le faire mourir, mais il craignait la foule, parce qu'elle regardait Jean comme un prophète. ⁶Or, lorsqu'on célébra l'anniversaire de la naissance d'Hérode, la fille d'Hérodias dansa au milieu des convives, et plut à Hérode, ⁷de sorte qu'il promit avec serment de lui donner ce qu'elle demanderait. ⁸À l'instigation de sa mère, elle dit : Donne-moi ici, sur un plat, la tête de Jean-Baptiste. ⁹Le roi fut attristé ; mais, à cause de ses serments et des convives, il commanda qu'on la lui donne, ¹⁰et il envoya décapiter Jean dans la prison. ¹¹Sa tête fut apportée sur un plat, et donnée à la jeune fille, qui la porta à sa mère. ¹²Les disciples de Jean vinrent prendre son corps, et l'ensevelirent. Et ils allèrent l'annoncer à Jésus *(Exode 6 :14-29 ; Matthieu 11 :2 ; 21 ; 26 ; Luc 3 : 19-20 ; et 9 : 7-9).* Les rois et les chefs subissent des tentations spéciales, puisqu'ils assument de lourdes responsabilités et ont l'autorité pour exécuter leurs plans. Ils baignent dans les mensonges, les flatteries et les louanges des hommes. Les devins et les sorciers leur annoncent l'avenir en consultant les esprits. Leur pouvoir et leur orgueil les tiennent souvent loin de Dieu, dans l'amertume et l'isolement de leurs péchés, ils vivent dans la peur, le trouble et la confusion. Après avoir ordonné le meurtre de Jean-Baptiste, Hérode répétait sans cesse : « Ce Jean que j'ai fait décapiter, c'est lui qui est ressuscité » *(Marc 6 :16).* Il était sous le contrôle des esprits et voyait partout un esprit à l'affut. En tuant Jean, Hérode pense pouvoir se débarrasser de ce gars gênant et continuer librement à pécher. À peine a-t-il ordonné la mort de Jean qu'il entend parler de Jésus et de ses disciples prêchant la même doctrine que Jean. De plus, les disciples l'ont confirmé en faisant des miracles au nom de leur maître. Les ministres peuvent être réduits au silence, emprisonnés, bannis et tués, mais la parole de Dieu ne peut pas être réduite au silence. Bien qu'innocent, Jean-Baptiste est en prion à cause des désirs charnels d'Hérode. Il avait épousé la femme de son frère avec l'accord de celle-ci en usant d'un subterfuge. Jean a dit que cet adultère était un horrible péché et un mauvais exemple pour le peuple. Hérodias, la femme adultère, complote contre Jean et réussit à le faire emprisonner. Le péché que Jean reproche à Hérode est d'avoir épousé la femme de son frère Philippe. Il n'a pas épousé la veuve de Philippe (cela était légal), mais son épouse. Philippe était encore en vie, et Hérode l'a trompé et lui a pris sa femme. À l'adultère, s'ajoutent la méchanceté, l'inceste et le mal fait à Philippe qui avait un enfant de cette femme. Pour aggraver les choses, Hérode et Philippe étaient des demi-frères par leur père. Jean reprouve ce péché : « Il ne t'est pas permis de l'avoir pour femme. » Il ne suggère pas que ce n'est pas honorable ou pas sûr, mais déclare clairement que c'est illégal. Les amis de Jean lui ont peut-être reproché d'avoir parlé ouvertement à Hérode. Ils pensaient qu'il aurait mieux valu se taire que de provoquer Hérode, célèbre pour son sale caractère. En conséquence, Jean a perdu sa liberté. Mais le fait de ne pas parler par peur d'empêcher les hommes de faire leur devoir de magistrats, de ministres ou par peur d'amis chrétiens devrait être aboli. Je crois que, dans son cœur, Jean savait qu'il avait eu raison d'agir ainsi, et le témoignage de sa conscience a rendu sa souffrance plus facile à supporter. Hérode craint Jean et sa franchise. Il a l'habitude de l'écouter *(Marc 6 :20).* Parce qu'il sent que ce prisonnier qui appelle les gens à la repentance est le seul qui ose lui parler franchement, sans le flatter, contrairement à ses serviteurs. Jean lui donne d'ailleurs de bons conseils. Cependant, le roi est esclave de ses désirs et des mauvais esprits, et Hérode n'a qu'un seul désir ; tuer Jean qui la gêne. Soudain, l'occasion se présente. Elle invite sa fille à danser devant son oncle, ivre, qui lui jure de lui donner tout ce qu'elle demanderait, jusqu'à la moitié du royaume. Influencée par sa mauvaise mère, la fille demande la tête de Jean-Baptiste. Malgré sa tristesse, le Roi ne peut pas refuser à cause du serment fait devant tous ses invités. Il ne trouve pas d'alternative. Il ne craint pas Dieu et fait décapiter Jean, son fidèle conseiller. Un cœur vaniteux et effronté a tendance à être grandement amoureux des désirs de la chair. « La convoitise, lorsqu'elle a conçu, enfante le péché » *(Jacques 1 :15)*. C'est ainsi que Satan prend possession du cœur et s'y installe. Qu'il est triste de voir que des parents conseillent à leurs enfants de faire le mal ; ils les enseignent et les poussent à pécher et leur donnent de mauvais exemples. Car la nature corrompue tombera plus vite dans l'anarchie suite à une mauvaise instruction qu'elle ne deviendra mesurée suite à une bonne. Ainsi, Jean-Baptiste, le plus grand des hommes et le messager de Christ, est mort en martyr, pour les péchés de ceux qu'il avait appelés à la repentance. Chérissez-vous votre sécurité plus que la vérité. Ne devriez-vous pas reprendre vos amis dans l'amour et l'humilité à cause de leurs péchés. La prédication n'implique pas seulement la démonstration et la transmission de la grâce, mais nécessite aussi le reproche pour les péchés et les offenses. Josèphe, l'historien juif, cite ce récit de Jean-Baptiste et ajoute que la destruction fatale de l'armée d'Hérode dans sa guerre contre « Arêtas », Roi de « Pétrée » (et père de l'épouse répudiée par Hérode pour laisser la place à d'Hérodias), était en général considérée par les juifs comme un juste jugement puisqu'il avait mis Jean-Baptiste à mort. On raconte aussi que la fille d'Hérodias marchait sur de la glace en hiver, lorsque la glace a cédé. Elle est tombée dans l'eau et a eu le cou coupé par un morceau tranchant de glace. Ce sont là les « hasards » de Dieu ; sa tête pour celle du Baptiste. Le monde qui vous entoure aspire au salut plus que vous ne l'imaginez. Avez-vous pitié d'eux ? La puissance de Dieu qui agit en vous vous qualifie pour le service si vous aimez les perdus. Votre témoignage sur le Sauveur peut amener les hommes à se tourner vers Christ. La bénédiction de Dieu peut faire une grande différence. Si Dieu ne bénit pas ce que nous avons, nous pouvons manger, mais n'être jamais rassasiés *(Aggée 1 :6)*. Remerciez-vous le Seigneur pour le peu qu'il a mis dans vos mains ? Mettez vos talents, votre temps et votre argent au service de Jésus. Soyez reconnaissant pour sa rédemption et vous serez alors étonnés de voir à quel point il fortifie le peu que vous avez. Croyez-vous que Dieu réponde à vos prières ? Ou avez-vous peur des esprits dans les difficultés et les problèmes. Christ vient près de vous-même si vous ne voyez pas. Croyez en lui et vous serez toujours protégé. Jésus se présente à ceux qui ont peur en disant : « c'est moi !». Cette déclaration est bien connue du peuple de l'Ancien Testament, car c'est ainsi que l'Éternel lui-même se présente *(Exode 3 :13-14)*. En plus de créer du pain à partir d'un peu, Christ se présente à ses disciples comme le Seigneur fidèle de l'alliance, les libérant de leur peur et les sauvant de leurs difficultés et incrédulité. « Viens ! », cet appel m'est adressé, il vous est aussi adressé. Venez vivre la communion de Christ, ne choisissez pas un autre but, et vous deviendrez plus fort que tous les éléments du monde. Pierre se lance malgré sa faiblesse et ses doutes. Il passe par-dessus bord et marche sur les eaux. Il regarde Christ tout étonné et réalise que l'eau est devenue aussi solide que la terre ferme. Sa foi est fortifiée par la puissance du tout-puissant Créateur. Tout en marchant, le pêcheur expérimenté se souvient soudain des dangers qui l'environnent, car il connait bien les profondeurs de la mer. Il ne pense plus à Christ, mais fait face au danger. Il quitte le but des yeux et regarde les vagues qui le fouettent. Il commence à couler. Cher ami, tout ce qui vous détourne de Christ et vous inquiète gagnera du pouvoir sur vous et vous corrompra. **Croyez en Christ seul. Considérez les hommes et les autorités comme rien.** En comparaison avec lui. **Regardez-le et ne détournez jamais vos regards de lui.** Par la force de Christ, nous sommes élevés au-dessus du monde, capables de le vaincre, gardés pour ne pas nous y noyer et fortifiés pour ne pas être écrasés. D'autres, comme Paul, ont suivi l'exemple de Pierre dans sa marche de foi ; d'une certaine façon, ils ont marché sur l'eau avec Jésus et sont devenus plus que vainqueurs par lui. Ils ont affronté toutes les vagues menaçantes, incapables qu'elles tentaient de les séparer de l'amour de Christ *(**Romains 8 :25)**. Ainsi, la mer du monde est devenue comme une mer de verre, assez solide pour supporter le poids de ceux qui ont obtenu la victoire et qui chantent *(**Apocalypse 15 :2-3)**. Les scribes et les Pharisiens entaient les responsables spirituels de la religion juive, des hommes censés gagner pieusement leur vie. Mais c'était de grands ennemis de l'évangile de Christ, ils cachaient leur opposition sous un prétendu zèle pour la loi de Moïse, alors qu'en fait, ils ne cherchaient qu'à renforcer leur tyrannie sur la conscience des hommes. C'était des hommes d'affaires orgueilleux. Dans l'accomplissement de l'adoration religieuse, un hypocrite fait semblant de se rapprocher de Dieu et semble l'honorer, mais son cœur est loin de lui. « Le Pharisien est allé au temple pour prier. » Il va bel et bien au Temple. Il ne reste pas à distance comme le font les gens du monde. De plus, il montre l'exemple et entraine les autres dans des pratiques religieuses traditionnelles. Les gens le suivent aveuglement, pensant honorer Dieu.

Cependant, il « a l'apparence de la piété, mais renie ce qui en fait la force. » *(**2 Timothée 3 :5)**. Les hypocrites enseignent des préceptes qui sont des commandements d'hommes. Les Juifs de l'époque, tout comme les catholiques romains, accordaient le même respect à la tradition orale qu'à la parole de Dieu avec la même affection pieuse et le même respect. Ils ne connaissaient pas la vérité du salut basée sur la grâce et la miséricorde de Dieu, et n'avaient pas un cœur renouvelé. Pourtant, ils essayaient de se justifier par des actes vides d'amour. Malgré leurs nombreuses prières et offrandes, Dieu a rejeté leur adoration, car elle était dépourvue d'amour. Si notre religion était une lourde cérémonie de récitations, de mouvements et d'offrandes inutiles, quelle grande vanité ? Qu'il est triste de vivre dans une culture hypocrite où les prières, les sermons et les sacrements « battent de l'air » en vain. C'est le cas si le cœur des hommes n'est pas soumis à Dieu : faire semblant ne vaut rien *(**Esaïe 1 :11)**. Les hypocrites « sèment le vent et moissonneront la tempête » *(**Osée 8 : 7)**. Ils se confient en la vanité et la vanité sera leur récompense. Réfléchissez à votre façon de prier. Votre cœur a-t-il été renouvelé, purifié par le sang de Christ et rempli d'amour ? Êtes-vous délivré de l'esclavage des traditions humaines et des coutumes pour entrer au service de Dieu. Faites-vous partie de ceux qui professent la piété. Aimez-vous vraiment Dieu de tout votre cœur et de toutes vos forces ? Cher ami, savez-vous que votre cœur est trompeur ? C'est la source des rêves impurs, des paroles arrogantes et des mauvaises actions. Vous souvenez-vous de vos péchés passés ? Ils sont une conséquence de votre caractère corrompu. Reconnaissez la source d'impuretés en vous. Présentez-vous à Jésus. Il vous guérira, délivrera et purifiera de tout péché. Vous êtes dans un combat spirituel, n'abandonnez pas. Veillez et priez pour ne pas céder à la tentation, car l'esprit veut, mais la chair est faible. **La plus grande tentation pour le pieux est l'hypocrisie basée sur une fausse pensée. Vous ne pouvez pas être plus Saint que Dieu.** Le Saint-Esprit vous protègera et vous aidera à résister à cette tentation.

Réponse : *Deutéronome 4 :2 :* À propos des commandements de Dieu, le prophète Moïse a écrit **: vous n'ajouterez rien à ce que je vous prescris, et vous n'en retrancherez rien ; mais vous observerez les commandements de l'Éternel, votre Dieu, tels que je vous les prescris.**
2 Timothée 3 :15-17 : **Dès ton enfance, tu connais les saintes lettres, qui peuvent te rendre sage à salut par la foi en Jésus-Christ.** Toute l'écriture est inspirée de Dieu et utile pour enseigner, pour convaincre, pour corriger, pour instruire dans la justice, afin que l'homme de Dieu soit accompli et propre à toute bonne œuvre. Le Dieu qui est décrit dans la Bible n'est pas silencieux, il n'agit pas comme s'il aveuglait par un sort. Non, il est vivant, et il parle. Il parle, répond, réagit, juge, ordonne, promet, encourage et console. Le Livre de la Bible n'est pas écrit par Dieu lui-même, mais par des personnes qui ont vécu avec Dieu. Dans leurs écrits, ils ont consigné, sous la direction du Saint-Esprit de Dieu, ce que Dieu leur a dit ; et ils ont décrit dans leur propre langage ce que Dieu a fait parmi eux. Si vous lisez la Bible et croyez à ce qu'elle vous dit, vous pourriez, aussi, devenir un témoin des paroles et des actions de Dieu. De cette façon, les premières actions de Dieu deviendront une réalité dans votre vie. Donc, la Bible n'est pas juste un livre d'histoire, mais c'est une Sainte-Écriture capable de changer votre vie. Mais pour que cela se produise, vous devez écouter les hommes de Dieu en lisant ce qu'ils ont écrit dans la Bible. Lisez ou écoutez la Bible ; ensuite, vous découvrirez vous-même si la Bible est faible. C'est ce que je fis moi-même. C'est pourquoi je crois en la Bible. J'ai découvert que les témoins de Dieu dans la Bible ont écrit d'importantes instructions et de profonds aperçus sur l'œuvre de Dieu, parlant d'eux-mêmes et dans le témoignage d'autres personnes sur ce que Dieu a fait. Ce sont certains d'entre eux que je voudrais vous présenter ici, ainsi vous pourrez vous introduire vous-mêmes dans la Bible et parviendrez à croire en elle. Toute personne qui croit en la parole de Dieu n'ose omettre ou changer quelque chose dans la Bible pour la corrompre. Dieu lui-même nous a donné le commandement de ne pas faire cela. Et il veut que nous obéissions aux commandements qu'il nous a donnés. À propos des paroles et des actions de Dieu, David, en tant que roi et prophète, écrivit : **« Car la parole de l'Éternel est droite, et toutes ses œuvres s'accomplissent avec fidélité »** **(Psaume 33 : 4).** Le Dieu dont il est fait mention dans la Bible a un nom qu'il a révélé à Moïse. Dans le langage Hébraïque, c'est JAHWE. Et par respect pour LUI, c'est habituellement rendu par le SEIGNEUR. Utilisant les lettres majuscules. JAHWE, le nom de Dieu dans la Bible, exprime qu'il est vrai et fidèle. Quand il dit quelque chose, que cela concerne ses amis ou ses ennemis, il ne déçoit pas, mais tout ce qu'il dit est vrai. En lui, il n'y a aucune trace de mensonge. Quand il promet quelque chose, il prend soin d'accomplir sa promesse. C'est ce que David a expérimenté, et donc a cru aux œuvres de Dieu et à sa parole dans la Bible. **La parole de l'Éternel me fut adressée, en ces mots : Que vois-tu, Jérémie ? Je répondis : je vois une branche d'amandier. Et l'Éternel me dit : Tu as bien vu ; car je veille sur ma parole pour l'exécuter (Jérémie 1 :11-19).** Nous apprenons deux choses de cette conversation avec Dieu ; les promesses de Dieu vont s'accomplir sans faille, et Dieu lui-même, dans son omnipotence et sa majesté, veille sur sa parole pour s'assurer qu'elle s'est accomplie. Dans la Bible, par conséquent, nous n'avons pas seulement à faire avec la parole de Dieu, mais à Dieu lui-même qui travaille et agit sur ce qu'il a dit et ce qu'il a promis. S'il me condamne à cause de mes péchés, je suis certainement perdu. S'il me pardonne à cause de son sacrifice rédempteur, donc il éloignera certainement ma condamnation. C'est ça la puissance cachée présente dans la Bible. Christ a été tenté par le diable quand il jeunait dans le désert pour combattre satan. Il a cru en la parole de Dieu dans la Tora et a affronté le diable avec elle. Il dit au diable : **« L'homme ne vivra pas de pain seulement, mais de toute parole qui sort de la bouche de Dieu » (Matthieu 4 :4).** En le faisant ainsi, Christ a combattu avec succès la tentation du diable. Si vous acceptez la parole de Dieu dans la Bible, vous vivrez et vous serez aussi capables de combattre les tentations de Satan. Christ, le messager de Dieu, est lui-même la parole de Dieu devenue chair. Donc il a dit : **« Le Ciel et la terre passeront, mais mes paroles ne passeront point (Matthieu 24 :35).** De la même manière que la parole de Dieu ne passera pas, c'est de la

même manière que les paroles du Christ ne passeront pas, elles aussi, puisque Christ est lui-même la parole de Dieu. Les paroles du Christ sont préservées dans l'Évangile. L'Apôtre Paul a écrit ; Car je n'ai point honte de l'Évangile de Christ ; c'est la puissance de Dieu pour le salut de quiconque croit *(Romains 1 :16)*. Crois-en l'Évangile du Christ, et tu seras sauvé du péché, du diable, de la mort et de la colère de Dieu, et tu feras l'expérience de la puissance de la Bonne Nouvelle qu'il offre. Jean, le prophète et apôtre, a parlé de la révélation qu'il a expérimentée et l'a consignée dans son livre. Je déclare à quiconque entend les paroles du prophète de ce livre. Si quelqu'un y ajoute quelque chose, Dieu le frappera des fléaux décrits dans ce livre ; et si quelqu'un retranche quelque chose des paroles du livre de ce prophète, Dieu retranchera sa part de l'arbre de la vie et de la ville sainte décrits dans ce livre *(Apocalypse 22 :18-19)*. Cette menace de Jean est la raison pour laquelle les Chrétiens ne falsifient jamais leurs Saintes-Écritures. Toute personne qui falsifie la parole de Dieu manquera le Ciel et recevra l'enfer. Qui agirait ainsi intentionnellement ? *(Deutéronome 12 : 32 ; Proverbes 30 : 6 ; Jean 5 : 39 ; 2 Pierre 1 : 20 ; 1 Corinthien 2 : 4-5 ; Apocalypse 22 : 18-19)*.

13 Pourquoi Jésus Est-Il Mort Pour Tes Péchés ?

Réponse : *1 Corinthiens 15 :3 :* **Je vous ai enseigné avant tout, comme je l'avais aussi reçu, que Christ est mort pour nos péchés, selon les Écritures**. Dans la version la plus courte de l'Évangile, nous lisons : pourquoi Jésus est-il mort pour nos péchés. Il est mort dans le but de prendre sur lui-même le châtiment de nos péchés, pour nous absoudre de notre culpabilité devant Dieu, nous libérer de l'esclavage du péché, nous purifier de nos péchés, nous ressusciter de la mort et nous offrir une nouvelle vie. Il est aussi mort en expiation pour nos péchés. Cette dernière description de la raison de la mort de Jésus provient de la Tora de Moïse. Cela résume suffisamment les autres effets de la mort de Christ. **L'expiation dans la Tora**. Les commandements de Dieu dans la Tora prescrivent ce qui suit : celui qui péché d'une manière délibérée doit mourir *(Nombres 15 :30)*. C'est uniquement celui qui aura péché d'une façon non intentionnelle qui sera épargné et ne sera pas exécuté, mais seulement si une expiation est faite pour le pécheur *(Nombre 15 : 22-25)*. Dans le but de recevoir une telle expiation pour le péché qui est commis de façon non intentionnelle, le pécheur, d'après la Tora, doit faire la chose suivante : Voir par exemple *(Lévitique 4 : 27-31)*. Il doit apporter un animal au sanctuaire Tabernacle ou Temple ; ensuite, poser sa main sur la tête de l'animal, pour signifier que ce dernier meure à sa place ; et ensuite, il doit le sacrifier à l'autel du sanctuaire. Donc, le prêtre du sanctuaire prend avec ses doigts du sang de l'animal sacrifié et l'applique sur les cornes de l'autel. En le faisant, le prêtre effectue une expiation pour le pécheur. Ceux qui ont péché sont ainsi pardonnés. Que signifient ces actes. Dans la réalité, le pécheur devait être tué pour les péchés qu'il a commis de façon non intentionnelle. Mais Dieu a ordonné de laisser l'animal mourir comme substitut à sa place, afin qu'il puisse rester vivant. Quand le pécheur pose sa main sur la tête de l'animal, il dit ainsi : ce qui arrive à l'animal est semblable à ce qui m'était arrivé. L'âme de l'animal est dans son sang *(Lévitique 17 :11)*. Et puisqu'il est mort substitutivement pour le pécheur, l'âme du pécheur à travers la substitution est dans le sang de l'animal. Le sanctuaire est le lieu où Dieu demeure parmi son peuple *(Exode 40 : 34-35)*. L'autel dans le sanctuaire se tient ainsi dans la présence de Dieu. Les cornes de l'autel sont les symboles de la puissance de la présence de Dieu. Quand le prêtre met le sang de l'animal sacrifié sur les cornes de l'autel, l'âme du pécheur vient substitutivement en contact avec la puissance de la présence de Dieu. La présence et la puissance lui donnent la vie, mais uniquement à travers la mort de l'animal sacrifié. Le fait que l'animal doit mourir comme substitut pour le pécheur prouve combien Dieu prend au sérieux le péché ; tout péché conduit à la mort et à la séparation avec Dieu. Qu'il soit permis au pécheur de continuer de vivre, quand le prêtre effectue l'expiation pour lui [à travers le sang de l'animal sacrifié sur l'autel], montre que Dieu a vaincu le péché ; l'expiation renouvelle le contact du pécheur avec Dieu et lui donne une vie nouvelle. L'expiation est le seul moyen par lequel la nature mortelle de notre péché peut être dévoilée et simultanément vaincue.

14   L'expiation dans l'Évangile

Ces commandements de Dieu dans la Tora concernant l'expiation sont repris dans l'Évangile lorsque la mort de Christ est expliquée ; Christ est mort en expiation pour nos péchés *(1 Jean 2 :2 et 4 : 10)*. Pas uniquement pour les péchés non intentionnels. La différence entre l'expiation des animaux sacrifiés dans la Tora et l'expiation en la mort de Christ sur la croix dans l'Évangile est ceci : Les trois éléments qui sont mutuellement séparés dans l'expiation des animaux sacrifiés, l'animal sacrificiel lui-même, le prêtre et l'autel. Ces trois éléments sont unis dans l'expiation en la mort de Christ sur la croix. **A**= Christ est le sacrifice, qui meurt substitutivement pour le pécheur, versant ainsi son sang *(Hébreux 9 : 12-14)*. **B**= Christ est simultanément le Prêtre envoyé par Dieu pour faire une expiation pour le Pêcheur à travers le sang du sacrifice, *(Hébreux 2 : 17 et 9 : 11)*, etc., Christ, en tant que fils de Dieu, pareillement simultanément, est le lieu où Dieu est présent, comme l'autel dans le tabernacle à partir duquel procède la nouvelle vie pour le pécheur, *(Romains 3 : 24-25 ; Hébreux 9 : 24)*. Si vous croyez que Christ est mort sur la Croix pour vos péchés, vous obtiendrez simultanément deux choses ; **1.** Vous confessez votre péché, et vous acceptez à cause de cela que vous avez gouté la mort d'après les commandements de Dieu dans la Tora et l'Évangile ; et vous confessez aussi que Christ en tant que substitut a pris sur lui-même votre mort pendant qu'il est mort sur la croix. À travers cela, vous déclarez la nature mortelle de votre péché. **2.** À travers cela, vous admettez simultanément que Dieu a vaincu la nature mortelle de votre péché sur la Croix. Pour : **a]** vous confessez que votre âme est dans le sang de Christ qui a été versé, qui est mort à votre place en sacrifice substitutif ; et **b]** vous confessez que Christ, en tant que Grand Prêtre ordonné par Dieu, a apporté ce sang dans la présence de Dieu pour expier votre péché ; et **c]** finalement, vous confessez que Christ, en tant que Fils de Dieu, est Lui-même la présence de Dieu, et puisque votre âme dans le sang de Jésus vient en contact avec la présence de Dieu en Christ, la nouvelle vie vous est accordée. Si de cette manière vous mettez votre vie sous la couverture du sang de Christ, aucune puissance dans le ciel, sur la terre, sous la terre ne peut vous séparer de Dieu. La mort expiatoire substitutive de Jésus pour vos péchés est plus forte que le péché, le diable, et la colère de Dieu. Si vous proclamez cette mort sur la croix pour vous-même, le tréfonds de votre âme, à travers l'expiation dans le sang de Jésus, est inséparablement lié à Dieu lui-même, et ni le péché, ni le diable, ni la mort ne sont plus puissants que Dieu. Par conséquent, les démons n'ont pas de puissance au-dessus de vous si vous croyez que Jésus est mort pour vos péchés *(Esaïe 53 : 7-8 ; Daniel 9 : 24-26 ; 1 Pierre 2 : 24)*.

15 Les Promesses Concernant La Mort Expiatoire Du Messie Dans L'ancien Testament

Beaucoup de musulmans croient à la prédestination de toutes choses. Quiconque peut leur montrer le fait que le rédempteur promis ait dû mourir sur la croix à notre place dans la Torah, les Psaumes et les livres des prophètes, précisant leur accomplissement dans la vie de Christ, peut aider les musulmans à croire à Jésus en train de mourir sur la croix. Nous devons étudier les **333** promesses dans l'Ancien Testament et leur accomplissement dans le Nouveau Testament afin de nous ajuster à la croyance des musulmans à la décision. Jésus lui-même a vaincu Satan et les doutes des disciples plusieurs fois avec ces paroles : **« Il est écrit »** *(Matthieu 4 : 4, 6-7 ; Luc 18 :31 et 21 :22 et 24 :26 ; Jean 5 :46 et d'autres)*.

15. 1. Moise élevant le Serpent

Jésus a expliqué la nécessité inévitable et l'objectif de sa mort sur la croix à Nicodème, un membre de la cour religieuse Juive [Sanhedrin], qui craint Dieu, en se référant à la Torah [Pentateuque]. **"Et comme Moïse éleva le serpent dans le désert, il faut de même que le fils de l'homme soit élevé, afin que quiconque croit en lui ait la vie éternelle"** *(Jean 3 : 14-15)*. Dans cet exemple, Jésus faisait allusion au serpent d'airain que Moise a dû élever sur un poteau sur l'ordre de Dieu. Chacun de ces gens qui étaient dans l'horreur et qui regardait ce symbole du mal était immédiatement guéri même s'il était mordu par un serpent. Pourquoi Jésus s'est comparé au serpent qui est toujours considéré comme un modèle parfait du mal *(Genèse 3 : 1-5)* ? Dans son amour, Jésus s'est chargé des péchés de tous les pécheurs, pour qu'il paraisse comme étant le mal, cependant en demeurant saint, comme Paul l'a écrit dans sa lettre aux Corinthiens : "Celui qui n'a point connu le péché, il l'a fait devenir péché pour nous, afin que nous devenions en lui justice de Dieu" *(2 Corinthiens 5 : 21)*. Jésus a mis l'accent sur le fait qu'il n'y a pas de possibilité de Salut pour ceux qui ont été induits en erreur par le Malin, si ce n'est à travers sa mort à leur place. II a voulu et a dû souffrir pour les péchés de tous les pécheurs sur la Croix comme notre substitut.

15. 2. Jésus, l'Agneau pascal :

Notre Seigneur a fait la Pâque traditionnelle avec ses disciples pour révéler qu'il était lui-même un agneau pascal donné par Dieu. II a étendu la liturgie du repas et a expliqué à ses disciples que les promesses des Pâques s'accompliront par sa mort imminente *(Matthieu 26 : 26)*. Tout comme le sang du premier agneau pascal fut appliqué, après son immolation, sur la porte de chaque maison des Israélites esclaves en Égypte, pour que la colère et le jugement de Dieu passent par-dessus, de même, chaque homme qui se mettra lui et sa famille sous la protection du sang de Christ sera sauvé de la colère et du jugement de Dieu. Les musulmans ont une idée vague de ce secret, car ils croient que les sangs des animaux immolés peuvent les protéger *(Exode 12 :7 et 13 et 22-23 ; Actes 16 ;31)*. Tout comme les enfants de Jacob ont dû manger de la viande rôtie de l'agneau pascal en tant que familles dans leurs maisons, pour avoir de la force en vue de leur exode de l'esclavage, de même Jésus-Christ, le vrai Agneau pascal, veut demeurer en ceux qui le suivent, leur donnant la force de fuir l'esclavage du péché et Satan *(Exode 12 :3-6 et 8-11 et 43-48 ; Jean 6 :35 et 48-49)*. Comme il n'y a pas de pardon sans l'effusion de sang *(Lévitique 17 :11 ; Hébreux 9 :22)*, l'un des objectifs de l'Agneau pascal éternel, qui est Jésus, demeure l'expiation totale de tous les péchés de ceux qui s'ouvrent à la purification à travers son sang, s'ils se confient dans son sacrifice et le remercient pour la puissance de son sang *(Hébreux 10 : 14)*. Jésus a appelé le sang qu'il a versé **"sang de l'alliance"** *(Genèse 24 : 4-8 ; Matthieu 26 : 27-28)*, dans laquelle il s'est toujours lié à son Église. Quiconque entre dans cette relation scellée par le sang par la foi doit être saint, comme Dieu est saint *(**Lévitique 11 :44**)*. Il doit aimer comme Jésus a aimé *(**Jean 13 :34**)*. Et pardonner chacun comme Dieu lui a pardonné *(**Matthieu 6 :12 et 14-15**)*. Nous devons aider les musulmans à comprendre que la Saint-Cène est l'accomplissement du repas de Pâques dans l'Ancien Testament. Quiconque croit à l'Agneau de Dieu sera purifié de tous ses péchés et expérimentera Jésus vivant en lui.

15. 3. Le Psaume de souffrance :

Psaume 22 est une prophétie détaillée décrivant le Christ sur la croix. Ces versets furent inspirés à travers David vers l'an **1000** avant Christ ; ses prédications et accomplissements précis montrent qu'il y a un objectif divin et une nécessité inévitable derrière la crucifixion de Jésus. Il y a plus de dix promesses de la souffrance de Christ sur la croix dans ce Psaume. Toute personne ayant la volonté peut trouver de guide pour comprendre et croire en comparant ces versets et leurs accomplissements dans la mort de Jésus sur la croix.

Psaumes 22	Mathieu 27	Marc 15	Luc 23	Jean 19
7 : L'opprobre des hommes et le méprisé du peuple	33 et 41-44	29	36-37	-
8a : Tous ceux qui me voient se moquent de moi,	33 et 41-44	29	36-37	-
8b : Ils ouvrent la bouche, secouent la tête	39	29	-	-
9 : Recommande-toi a l'Éternel, le Sauveur. Il le délivrera, puisqu'il l'aime.	43	-	-	-
12 : Personne ne vient à mon secours	42	30-31	37	-
16 : Ma langue s'attache à mon palais	-	-	-	28
17a : Une bande de scélérats rodent autour de moi,	41-43	31-32	-	-
17b : Ils ont percé mes mains et mes pieds	-	24	33	19 : 18 20 : 20
18 : Ils observent, ils me regardent	-	-	35	-
19a : Ils se partagent mes vêtements	-	-	34	23
19b : Ils tirent au sort ma tunique,	35	24	-	24
2 : Mon Dieu ! Mon Dieu ! Pourquoi Tu m'as abandonné ?	46	31	-	-

Quiconque considère ces prophéties de l'Ancien Testament sur la mort de notre Seigneur Jésus-Christ sur la Croix comprendra :

- Combien l'âme aimante et sensible de Jésus a souffert quand les siens même ne l'ont pas reconnu, mais ils le méprisèrent et se moquèrent de Lui ! Être méprisé au Moyen-Orient est souvent considéré comme étant pire que la mort !
- Combien son corps a été presque déchiqueté dans l'agonie de la douleur, mais il n'a pas gémi.
- Combien son esprit a souffert lorsque Dieu, son Père, l'a abandonné à cause de nos péchés. Nous ne pouvons pas percer le mystère des profondeurs de son cri : **"Mon Dieu ! Mon Dieu ! Pourquoi m'as-tu abandonné ?"** *(Psaume 22 :2)*.

Il semble inconcevable à certains commentateurs que Dieu puisse abandonner son Fils bien-aimé. Mais Jésus ne ment pas. Il a dit : Tu m'as abandonné. La logique humaine proteste : si Dieu l'a laissé, ce serait un signe que Jésus a commis un péché. La Bible riposte : celui qui est sans péché a porté nos péchés. Le péché du monde entier pesait sur lui. À cause de nos péchés, Dieu l'a abandonné. Certains essaient de compromettre et disent : « Le père a caché sa face au fils et est apparu comme juge à cause de nos péchés ». Pourtant la Bible dit : Il l'a réellement abandonné. L'unité de la Sainte Trinité fut divisée et brisée. Ceci veut dire l'enfer. C'est le commencement de la fin et l'entrée dans l'obscurité. Matthieu et Marc rapportent seulement ceci des sept paroles de Jésus sur la Croix. Ce cri demeure une pierre d'achoppement à l'église. Cependant, ce mot exprime plus que toutes les autres paroles de Jésus que notre salut a été accompli. Jésus confessa d'abord : **"Mon Dieu ! Mon Dieu !"** Jacob lutta avec le Seigneur au gue de Jabbok, et le Seigneur voulait le quitter. Mais Jacob ne l'a pas laissé aller, malgré qu'il soit coupable. Il s'écria : **"Je ne te laisserai aller que tu ne m'aies béni"**. Par sa foi, Jacob surmonta le jugement de Dieu et obtint sa bénédiction *(Genèse 32 : 23-32)*. À un niveau plus élevé, Jésus n'a pas laissé le Dieu qui juge s'en aller. Il s'accrocha à son père, bien que son père l'ait déjà abandonné. Mais par la foi, il n'a pas laissé aller son père. Il s'écria et pria, "Mon Dieu. Tu demeures mon Dieu, même si je ne peux pas te voir. Je ne te laisserai pas aller à moins que tu sauves mes disciples ! ". La foi du fils dans l'amour et la fidélité de son père a surmonté le jugement de Dieu. Sa foi est la victoire qui a triomphé du monde *(1 Jean 5 :4)*. Nous sommes sauvés à travers sa foi *(Jean 16 :33)*. Après sa lutte avec le Seigneur Tout-puissant, Jacob a reçu un nom nouveau : Israël ! Ce nom dit : il a lutté avec Dieu et a vaincu. Jésus est le vrai Israël, il a lutté avec Dieu pour le salut de l'humanité et il a gagné à travers sa foi. Il s'est attaché à son père, même dans le désespoir quand il était loin de Lui. Il pria avant sa mort : **"Père, je remets mon esprit entre tes mains"** *(Luc 23 : 46)*. Bien qu'il ne pouvait voir le père. Si vous méditez sur ces promesses de l'Ancien Testament et voyez leurs accomplissements dans le Nouveau Testament, vous pouvez déjà réaliser que l'Ancien Testament contient le Nouveau Testament.

15. 4. Le serviteur de Dieu souffrant :

Probablement, la promesse la plus importante concernant la mort substitutionnelle de Jésus dans l'Ancien Testament fut révélée à Esaïe, le prophète de la rédemption. Nous suggérons à tous les lecteurs de ce livret de mémoriser l'unique texte de cette révélation. Vous pouvez gagner une grande force pour votre âme, un réconfort éternel et trouver une réponse parfaite au rejet de la croix par l'Islam. **"Cependant, ce sont nos souffrances qu'il a portées, c'est de nos douleurs qu'il s'est chargé, et nous l'avons considéré comme puni, frappé de Dieu, et humilié. Mais il est blessé pour nos péchés, brisé pour nos iniquités. Le châtiment qui nous donne la paix est tombé sur Lui, et c'est par ses meurtrissures que nous sommes guéris. Nous étions tous errants comme des brebis, chacun suivait sa propre voie, et l'Éternel a fait retomber sur Lui l'iniquité de nous tous"** *(Esaïe 53 : 4-6)*. Ces trois versets constituent le noyau de tout le chapitre. On avait demandé à un étudiant musulman à Casablanca de lire ce passage à ses condisciples et il fut interrogé de donner son opinion sur cette personne. Il répondit, après une réflexion : "Si cette histoire est vraie, l'homme doit avoir eu un grand amour. Le jeune a compris le secret de l'Évangile. Pourquoi ce musulman n'a pas rejeté cette description distillée de la souffrance de Jésus et de sa mort. La raison est qu'il n'a pas trébuché sur les mots "croix" et "fils de Dieu". Il ne sont pas écrits dans ce texte. Voilà pourquoi il pouvait objectivement comprendre ce qui s'est passé sur la croix. *Ésaïe 53* parle du serviteur de Yahweh qui a souffert et est mort dans le jugement de Dieu comme un substitut pour son peuple coupable. *Philippines 2 : 7* confirme ce témoignage, renvoyant à la confession de Jésus, qui s'est appelé Serviteur de tous *(Matthieu 10 :28 ; 2 Corinthiens 8 : 9 ; Hébreux 2 :14, 17)*.

15. 5.   Que peut nous dire Esaïe 53 et à tous les Musulmans :

Jésus s'est humilié et a pris sur Lui nos maladies, nos mauvaises actions, nos péchés, nos crimes, notre égoïsme et a enduré notre punition dans le jugement de Dieu. Le Seigneur Lui-même a jeté tous nos péchés sur Lui. Il fut battu, torturé, blessé et finalement crucifié et tué à cause de nos péchés. En retour, nous avons reçu la paix avec Dieu et la guérison de toutes nos blessures parce qu'il les a prises sur Lui. Son sacrifice substitutionnel est accompli, garanti, sécurisant et valable éternellement. L'Agneau de Dieu torturé aura beaucoup de descendants et accomplira le plan de Dieu pour le salut, y compris le salut des Musulmans et des Juifs. Il sauvera beaucoup d'entre eux de leurs péchés et il peut même briser les plus forts. Si vous mémorisez tout le chapitre **53 d'Esaïe**, du verset un à Jésus sur l'Islam. Ce texte doit être distribué, soigneusement présenté et imprimé comme un poster (sans une croix et sans la phrase "Fils de Dieu"). De cette manière, ça peut déborder même dans le reniement de la crucifixion de Christ.

15. 6.   D'autres versets concernant la crucifixion du Messie dans l'Ancien Testament :

En cherchant d'autres promesses et prophéties sur la mort de Jésus dans la Torah pentateuque, les Psaumes et les livres prophétiques, vous pouvez trouver plusieurs versets et leur accomplissement dans le Nouveau Testament : Dieu a immolé des animaux et versé leur sang au paradis pour couvrir la nudité d'Adam et d'Ève *(Genèse 3 :21)*. Le fils d'Ève écrasera la tête du serpent avec ses pieds et en sera empoisonné *(Genèse 3 : 21 ; Apocalypse 12 : 4-5 et 15-17)*. Quiconque est pendu au bois est sous la malédiction de Dieu *(Deutéronomes 21 : 22-23 ; Actes 5 : 30)*. On lui a donné du vinaigre à boire *(Psaumes 69 : 22 ; Matthieu 27 : 33 ; Jean 19 : 29)*. Je remets mon esprit entre tes mains *(Psaumes 31 :6 ; Luc 23 :46)*. Le rideau du temple fut déchiré *(Exode 26 : 31-33 ; Matthieu 27 : 51)*. Aucun de ses os ne sera brisé *(Exode 12 :46 ; Jean 19 :33-34)*. Ils verront celui qu'ils ont percé *(Zacharie 12 :10 ; Jean 19 :37 ; Apocalypse 1 :7)*.

15. 7.   Les trente pièces d'argent dans l'Ancien Testament :

Dans le dernier livre prophétique, il y a une description particulière des trente pièces d'argent que Judas a accepté lorsqu'il a trahi le Seigneur *(Matthieu 26 : 14-16)* : **"Je leur dis : si vous le trouvez bon, donnez-moi mon salaire ; sinon, ne le donnez pas. Et ils pesèrent pour mon salaire trente sicles d'argent. Et l'Éternel me dit : jette-le au potier, ce prix magnifique auquel ils m'ont estimé"**, Zacharie 11 :12-13. Dans ce texte, **Yahweh**, le Seigneur de l'Alliance, a dit : "Les trente sicles d'argent auquel ils m'ont estimé" Jésus est-il Yahweh. Le Seigneur de l'Alliance est-il devenu homme en Jésus-Christ *(Esaïe 43 :3-5 ; Luc 2 : 11 et d'autres)* ? Sa trahison par Judas pour trente sicles d'argent fut révélée depuis longtemps à **Zacharie**. Une vérité éternelle est cachée dans les textes de l'Ancien Testament et dans les versets correspondants du Nouveau Testament, qui témoignent de la mort de Jésus sur la croix. Quiconque veut l'apprendre pourra le comprendre. L'appel spécial dans le dernier livre est adressé aux musulmans et aux Juifs : **"Que celui qui a des oreilles entende ce que l'Esprit dit aux Eglises : A celui qui vaincra je donnerai à manger de l'arbre de vie, qui est dans le paradis de Dieu."** *(Apocalypse 2 :7)*.

16. La crucifixion de Jésus-Christ Dans Le Nouveau Testament

Malheureusement, beaucoup de musulmans hésitent à accepter les récits de la souffrance de Christ et de sa mort sur la croix comme vérité historique. Ils sourient et pensent, pauvres chrétiens, ils ont les meilleures intentions du monde, mais ils sont perdus dans leurs imaginations et leurs illusions. Ils croient en trois Dieux au lieu d'un et ils imaginent que l'un d'eux a été crucifié. La plupart des musulmans sont convaincus que Christ n'a jamais été crucifié. Cependant, ce ne sont pas tous les musulmans qui pensent ainsi d'une manière radicale, certains sont prêts à écouter les récits sur la crucifixion de Jésus ou à les observer. Deux musulmans ont visualisé le film de la vie de Jésus projeté lors de la croisade du campus. Après, l'un dit à l'autre : "Pourquoi nos **Cheiks** déclarent-ils toujours que Christ n'a jamais été crucifié ? Avec mes propres yeux, je l'ai vu pendu à la croix et en train de mourir !". À chaque occasion, nous devons ouvrir l'un des quatre rapports de la crucifixion de Christ et mettre le livre sur les mains du musulman intéressé, pour qu'il le lise lui-même et rencontre Jésus dans ces paroles.

16. 1. Jésus s'introduit Lui-Même :

Le Fils de l'homme n'est pas venu pour être servi, mais pour servir et donner sa vie pour la rançon de plusieurs *(Matthieu 18 : 11 ; 20 : 28 ; 26 : 63-64)*. Environ 80 fois dans les Évangiles, Jésus s'est appelé "Le fils de l'homme". Bien que, par cette expression, il apparaisse comme Seigneur et Juge du monde selon *Daniel 7 : 13-14*, Il a mis l'accent sur son humanité et son rôle en tant que serviteur humble. En faisant ainsi, il a renversé les standards de toutes les cultures : le premier sera le dernier et le dernier sera le premier. Le plus élevé sera abaissé et le plus humble sera élevé par l'amour de Dieu *(Matthieu 20 : 26-27 ; 23 : 11-12 ; Marc 9 : 35 ; 10 :44 ; Luc 22 : 26-27)*. Quiconque suit Jésus sera un serviteur, et non un maître. C'est une nouvelle piste de réflexion, complètement opposée à la pensée islamique. Notre Dieu est un Dieu humble, mais AIlah est orgueilleux, **Sourate al-Hashr 59 :23**. La ligne islamique s'exalte continuellement, la ligne de croix de Christ exige un changement d'attitude, sinon elle sera une pierre d'achoppement pour l'homme. Dans l'Islam, un terroriste qui est toujours prêt à sacrifier sa vie afin de libérer son pays se donne souvent le nom de "rédempteur". Christ est le vrai rédempteur qui a sacrifié sa vie pour libérer tous ceux qui le suivent du jugement de Dieu, de la puissance du péché, des astuces de Satan et de la mort éternelle. Jésus a payé pour que nous soyons libérés des puissances qui nous lient. Il est le serviteur des méprisés et le rédempteur des esclaves de Satan. L'amour et l'humilité de Christ sont la clé pour la compréhension de Sa mort sur la croix.

16. 2. La nécessité absolue de la souffrance de Christ

Certains passages de l'Évangile qui critiquent la croix peuvent être une aide aux musulmans critiques, après le témoignage de Pierre *(Matthieu 16 :16)*. Jésus a honoré le porte-parole de ses disciples, mais voulait approfondir son opinion sur le Messie qui va régner à la réalité du serviteur de Dieu souffrant. Il lui a révélé qu'il doit monter à Jérusalem, pour souffrir et y mourir et être ressuscité le troisième jour *(Matthieu 16 :21)*. Cependant, Pierre était horrifié. Il pensait que Jésus souffrait d'une dépression et il l'encouragea ; **" A Dieu ne plaise, Seigneur ! Cela ne t'arrivera pas"** *(Matthieu 16 :22)*. Jésus le regarda sévèrement et l'appela Satan (!) en disant : **"Arrière, de moi Satan.** Tu m'es un scandale ; car tes pensées ne sont pas les pensées de Dieu, mais celles des hommes *(Matthieu 16 :23)*. Comment ça s'est passé dans la conversation de Jésus et le porte-parole de ses disciples. Pierre a essayé de contrarier la crucifixion de Jésus, l'objectif pour lequel il était devenu un homme. Jésus a tout de suite distingué la voix de Satan dans les paroles de l'apôtre, parce que Satan hait beaucoup la croix du Fils de Dieu, le lieu de sa défaite totale. Les mêmes paroles de reproche pouvaient être adressées à Muhammad, qui laissa AIIah faire tout pour sauver le fils de Marie de la crucifixion. Deux fois, Jésus a expliqué à ses disciples que la raison de sa venue était de réaliser sa souffrance et sa mort inévitable *(Matthieu 17 :22-23 ; 20 :17-18)* : **"Voici, nous montons à Jérusalem, et le fils de l'homme sera livré aux principaux sacrificateurs et aux scribes. Ils le condamneront à mort, et ils Le livreront aux païens, pour qu'ils se moquent de Lui, le battent de verges, et le crucifient, et le troisième jour il ressuscitera !"** *(Matthieu 20 :18-19)*. Plus Jésus s'approchait de Jérusalem, plus II devenait conscient des détails de sa souffrance et de sa mort, y compris sa résurrection. II était plus qu'un prophète. II était la Parole de Dieu personnifiée. II parlait toujours à son père au ciel, qui lui ne révèle avec personne. Qui réfléchit pourrait dire : "Si Jésus savait tout cela, pourquoi n'a-t-il pas fui à l'étranger ou émigré, comme Muhammad a fui de la Mecque pour la Médine ? Pourquoi Jésus ne s'est-il pas caché ou déguisé ?" Une nécessité divine le conduisait, II savait qu'il n'y aurait pas de salut pour l'humanité sans sa mort expiatoire. II a obéi à la volonté de Son père qui est au ciel jusqu'à la mort. La nécessité apparait bizarre et répulsive aux musulmans !

16. 3. Jésus à Gethsémané

Jésus hésita, se lamenta amèrement et fut profondément troublé par sa mort qui s'approchait, lorsqu'il pria dans le jardin sous les murailles de Jérusalem. Ses disciples dormaient et ne pouvaient l'aider avec leurs supplications. Pourtant, II pria : **"Mon père, s'il n'est pas possible que cette coupe s'éloigne sans que Je la boive, que ta volonté soit faite"** *(Matthieu 26 :42)*. L'homme Jésus avec son âme se sont rétrécis au jugement de Dieu à travers sa mort. Mais le Fils de Dieu en lui-même a vaincu la volonté de la chair et s'est soumis fidèlement à la volonté de Celui qui l'a aimé. La croix de Jésus n'était pas un pique-nique ni une occupation simple, c'était la lutte du ciel contre l'enfer. Jésus accepta la volonté illimitée du père et pria une deuxième et une troisième fois : **"Mon Père, s'il n'est pas possible que cette coupe s'éloigne sans que Je la boive, que Ta volonté soit faite."** *(Matthieu 26 :42)*. Le vrai "Islam" ou soumission totale devient visible dans la prière combattante de Jésus. Personne ne l'a forcé à se soumettre à la volonté de Son père ; II était poussé par l'amour inébranlable, se confiant dans la parfaite direction spirituelle de Son père.

16. 4. L'échec des disciples et la patience de Jésus

Les disciples étaient passés à travers le meilleur institut biblique dans le monde avec une formation pratique à la présence du meilleur professeur. Quand vient l'épreuve lorsque Jésus fut arrêté, ils ont échoué à l'examen final. Ils ont disparu dans l'obscurité de la nuit. Pierre coupa l'oreille d'un serviteur avec son épée, et nia de connaitre son Maître et son Seigneur, avec serment *(Matthieu 26 : 56 et 69-75)*. Comment Jésus a-t-il réagi ? Comment a-t-II soigné l'échec de ses bien-aimés. Pendu à la croix, II pria pour eux : **"Tout est accompli"** *(Jean 19 :30)*. À ce moment, II a aussi établi la justification de ses disciples tombés sans qu'ils le sachent. II a sauvé le monde entier, tous les Juifs et tous les Musulmans, avec son salut. Jésus n'a pas besoin de mourir encore pour les Musulmans ou les Juifs. II aime tout le monde, y compris ceux qui le haïssaient. II s'attend à ce qu'ils viennent à Lui. Le responsable officier romain voulait s'assurer que le **"Roi des Juifs"** était définitivement mort et enfonça la lance dans sa côte. Ce coup de lance aurait suffi pour faire mourir Jésus. Pourtant, les tortures de la Croix ont dû avoir lieu d'abord. Le coup de lance a servi de preuve à la mort finale de Jésus. Comment Muhammad peut-il dire : **"ils ne l'ont pas tué, ils ne l'ont pas crucifié, II leur est apparu ainsi seulement ?"** **Sourate al-Nisa' 4 :157**. Quand Jésus fut ressuscité des morts et apparut dans son corps spirituel à ses disciples craintifs qui se cachaient derrière les portes fermées, Il ne les a pas reprochés pour leur peur, mais les salua : **"Que la paix soit avec vous"** *(Jean 20 :19)*. Quand ils ne comprenaient pas que c'était réellement Lui, Il leur montra ses blessures dans ses mains et pieds percés, et la plaie de son côté *(Jean 20 :20)*. Alors ils reconnurent que le Jésus crucifié et enterré était réellement vivant, se tenant au milieu d'eux. Après cela, le Sauveur ressuscité commença à leur enseigner le plan de salut dans l'Ancien Testament. Pendant ces **40 jours,** Il leur montra la Torah, le Pentateuque. Les Psaumes et les prophètes que le Christ devrait souffrir pour entrer dans Sa gloire *(Luc 24 :26-27)*. Il leur ouvrit l'intelligence pour qu'ils puissent comprendre les Écritures et les assura : **"Et Il leur dit : Ainsi il est écrit que le Christ souffrirait, et il ressusciterait des morts le troisième jour"** *(Luc 24 :46)*. Jésus nous guide vers la meilleure méthode de service parmi les Musulmans. Après un temps d'intérêt réel, comme l'ont fait les disciples, quand ils ne demeurent pas dans la foi, mais commencent à s'enfuir, notre tâche est après tout de les rassembler de nouveau et de recommencer les leçons bibliques.

16. 5. La grande découverte

Après que Jésus ait préparé ses apôtres à être oints du Saint-Esprit comme conséquence de sa mort sacrificielle sur la croix, les disciples Lui demandèrent **"Seigneur, est-ce en ce temps que Tu rétabliras le royaume d'Israël"** Ils visaient toujours un royaume politico-religieux. Ils n'avaient pas compris le message de Jésus sur le Royaume spirituel. Après **40 jours** de formation spéciale donnée par le Seigneur ressuscité Lui-même, ils ont encore raté l'examen. Ils pensaient encore en termes mondains, politiques et humains. Alors, au moment où ils ont reçu la puissance du Saint-Esprit, leur vision et leur prédication ont changé radicalement. Ils reçurent le courage pour exprimer la vérité dans l'amour. Ils ont déclaré aux auditeurs horrifiés qu'ils étaient tous des meurtriers, qu'avec le soutien des soldats envahisseurs romains, ils avaient pendu Jésus, le Messie, sur la Croix *(Actes 2 :23)*. Qu'est-ce que la foule des Juifs choqués a répondu : Rien. Pas même un mot. Personne de la foule n'a crié : « Taisez-vous ». Nous ne l'avons pas tué, nous ne l'avons pas crucifié. Plutôt, ils se turent. Le silence des Juifs est une preuve du fait historique que Jésus a été crucifié. S'ils avaient la moindre chance de nier la culpabilité de cette crucifixion, ils auraient crié et protesté à haute voix. Cependant, ils demeurèrent tous silencieux. Ils ont eux-mêmes crié : **"Crucifié-le, crucifié-Le"** *(Matthieu 27 :22-26 ; Jean 19 :15)*. Pierre et les apôtres répétèrent leur appel à la repentance à plusieurs occasions et témoignèrent de la vérité frappante du Messie crucifié devant la foule dans le temple, après la guérison du paralytique, et devant le Sanhedrin. Aucun des souverains sacrificateurs et des docteurs de la loi ne pouvait nier leur témoignage, car ils avaient tous participé à la crucifixion de Jésus en tant que témoins oculaires *(Actes 2 :36 ; 3 :13-15 ; 4 :10 ; 5 :30 ; 7 :52 et d'autres)*. Quiconque connait les conséquences du témoignage des apôtres dans les sept versets des Actes et comprend la raison pour laquelle les Juifs sont abasourdis peut trouver une forte évidence de la réalité de la crucifixion de Jésus. Les Musulmans ne comprennent qu'aucun homme ne peut être appelé meurtrier à moins qu'il soit clairement convaincu du meurtre. Ces sept versets prouvent le fait de la crucifixion de Jésus-Christ. Nous devons aussi reconnaitre que les apôtres ne pouvaient témoigner la crucifixion de Jésus, sa résurrection comme une grande victoire de Dieu, si ce n'est après que le Saint-Esprit vienne illuminer leurs pensées, comme l'a écrit le **Docteur Martin Luther** : "Je crois que je ne peux pas croire en Jésus-Christ, mon Seigneur, ou venir à Lui par ma propre logique ou la puissance de ma volonté, mais c'est le Saint-Esprit qui m'a appelé à travers l'Évangile, m'a illuminé avec ses dons, m'a purifié, et m'a gardé dans la foi, comme il appelle et rassemble tous les croyants chrétiens sur terre, les garde dans l'unité de la foi". La prière et la préparation pour l'ouverture des pensées des Musulmans et le renouvellement de leurs cœurs à travers le Saint-Esprit est aussi importante qu'un témoignage sage par le Sauveur ressuscité, spécialement préparé pour satisfaire le contexte des Musulmans.

17. Des Sources particulières sur La crucifixion de Jésus

Beaucoup de musulmans n'ont pas la volonté d'écouter un témoignage biblique parce qu'on leur a dit que la Bible est falsifiée. Pour de tels intellectuels ou amis à mauvais escient, nous devons faire de notre mieux pour trouver des arguments sur la crucifixion de Christ dans les sources séculières, en dehors de l'enseignement chrétien. Deux célèbres historiens romains ont fait les récits de la mort de Jésus, le fils de Joseph de Nazareth. L'un d'eux est Tacite dans son livre Annales, et l'autre, c'est Flavius Joseph, dans son livre : « La guerre Juive ». Josephus raconte en détail sur Jésus et sa crucifixion sous Pilate dans le **volume VIII, chapitre 3 :3.** Toutes les deux œuvres historiques sont reconnues sur le plan international et peuvent bien aider les musulmans à repenser (réfléchir) la réalité de la mort de Jésus. La même chose est vraie avec le Belge Talmud. Les Juifs ont vécu pendant un temps en Belgique parmi les chrétiens et ont dû répondre quand on les a blâmés pour la crucifixion de Jésus. Ils ont écrit que Jésus, le fils de Joseph, mourut. Cette note dans le Talmud est en contraste avec le rejet de Jésus par les fanatiques orthodoxes qui décidèrent que son nom sera oublié et effacé de toutes les mémoires. Il ne faut jamais que son nom soit mentionné parmi nos gens. Une note ridicule sur Jésus fut trouvée inscrite au bas du Palladium à Rome. Une grande croix était gravée au mur et un homme à la tête d'âne y était pendu. Sous la Croix, un soldat romain était agenouillé et adorait celui qui était crucifié, tandis que les autres soldats romains se moquaient de Lui. Cette image de Jésus montre clairement que la crucifixion de Jésus était déjà connue parmi les Romains et qu'on en discutait publiquement, qu'ils avaient exécuté. Il y a davantage d'indications sur le fait historique de la crucifixion de Jésus qui peuvent faire réfléchir le musulman. Pendant le règne de Jamal Abd al-Nasser en Égypte, le **pape Jean XXIII** essaya d'innocenter les Juifs qui vivent aujourd'hui avec la culpabilité d'avoir tué Jésus. Le président Egyptien, réagit furieusement et répondit au Pape par **TV** et d'autres médias : "Nous avons compris votre plan. Vous voulez innocenter les Juifs et Israël. Nous n'allons jamais permettre cela. Nous savons qui a tué Jésus : Ce sont les Juifs qui l'ont crucifié et personne d'autre." Les dirigeants musulmans, les évêques chrétiens, les prêtres, les pasteurs et d'autres personnes responsables ont souri. C'était évident que pour condamner Israël, Jamal Abd al-Nasser était prêt à admettre que le Coran s'était trompé. Selon la loi de la Charia, les juristes théologiques de l'Université Al-Ahar au Caire ou les autres islamiques devraient protester et corriger la déclaration de Nasser dans un mois, sinon cela recevrait une validité générale. Cependant, les intellectuels craignaient le dictateur ou bien ils ne voulaient pas qu'Israël soit justifié. Les dignitaires islamiques demeurèrent silencieux, et, par le principe de la Charia, ils reconnurent indirectement que Christ avait été crucifié réellement. Mais ils ne pouvaient admettre cela de manière franche, parce que cela contredirait le verset du Coran. De toute façon, pour condamner Israël, ils acceptèrent le moindre mal. Aujourd'hui, les Juifs libéraux et modérés, qui se sont dissociés du fanatisme des Juifs orthodoxes, vivent dans un État d'Israël. Plusieurs d'entre eux essayèrent d'explorer le phénomène Jésus pour ramener à leur peuple ce frère grand et perdu. Ils ont confirmé la naissance de Jésus à Nazareth, cependant se demandant si c'était un cas de viol par un soldat de la puissance romaine occupante, ils discutèrent sur ses enseignements et ses miracles. Mais qu'est-ce qu'ils ont écrit au sujet de sa mort ? Ont-ils nié sa crucifixion comme Muhammad. Quelle était leur réponse à cette question embarrassante ? Ils ont décrit la crucifixion de Jésus comme : "Une erreur légale". Ils n'ont pas questionné le fait de sa crucifixion. Tous les Juifs, d'une seule voix, voudront nier la crucifixion de Jésus pour se libérer du fardeau de **2000 ans** dans leur histoire, s'il y avait une petite possibilité. Mais ils savent que les faits historiques ne peuvent jamais changer et parleront pour eux-mêmes.

18. Confession de foi associée à l'accomplissement de la Loi

L'amour du Christ conduit les Chrétiens à ne plus vivre pour eux-mêmes, mais à montrer librement la justice du Christ à tous les hommes. Parler de Jésus aux hommes, dans l'amour et le service, est un des premiers signes de l'amour de Jésus en nous. Ses disciples sont allés dans le monde entier prêcher l'accomplissement de la loi par l'Évangile. La loi prouve la culpabilité de l'homme méritant le jugement et la condamnation, tandis que l'Évangile nous présente Jésus comme seul Sauveur. L'Évangile nous assure que la grâce de Jésus nous a déjà sauvé du jugement de la loi. Jésus a accompli toutes les exigences de la justice divine à notre place et nous a donné Sa propre justice de Sa compassion illimitée. Nous pouvons donc aller vers les perdus et les désespérés et leur offrir gracieusement l'Espérance éternelle. Nous nous approchons des Musulmans aussi bien que des Juifs et les encourageons ; Ne soyez pas dans la peine, car la joie du SEIGNEUR, voilà votre force *(Néhémie 8 : 10)*.

Comprenez et croyez que le Salut est aussi pour vous. Acceptez-le simplement. Vous ne serez plus désespéré comme ceux qui vivent sous la malédiction de la loi. L'enfer n'a aucun pouvoir sur celui qui croit au Christ. Jésus a pris sur Lui toute malédiction et accusation, et même la colère de Dieu. Le Seigneur, c'est lui notre justice *(Jérémie 23 : 6)*. Venez à Lui. Croyez-en Lui, soyez uni à Lui. Il est la Loi incarnée. Son sang nous purifie de tout péché. Il nous donne son amour renouvelé et nous donne sa force pour aimer Dieu le Père et tous les hommes également. L'amour est donc le plein accomplissement de la loi *(Romains 13 :10 ; Deutéronome 33 :28-29). Ezéchiel 34 :18-23 ; Exode 20 :13-17 ; Deutéronome 5 :16-121 ; Lévitique 19 :16-19 ; Matthieu 19 :18-19 ; 22 ; 39 ; Galates 5 :14-15 ; Jacques 2 :8-12)*.

CHAPITRE IV

Dans Les Derniers Temps

Apocalypse 1 :1-20 : Révélation de Jésus-Christ, que Dieu lui a donnée pour montrer à ses serviteurs ce qui doit arriver bientôt et qu'il a fait connaitre par l'envoi de son ange à son serviteur Jean. *À lire le reste jusqu'au verset 20 et aussi, Apocalypse 2 :1-22 : Lettres aux sept Églises.*

Matthieu : 24 :15-25 : [15]C'est pourquoi, lorsque vous verrez l'abomination de la désolation dont a parlé le prophète Daniel, établie dans le lieu saint, que le lecteur fasse attention ! Alors, que ceux qui seront en Judée fuient dans les montagnes ; [17]que celui qui sera sur le toit ne descende pas pour prendre ce qui est dans sa maison ; et que celui qui sera dans les champs ne se retourne pas en arrière pour prendre son manteau. [19]Malheur aux femmes qui seront enceintes et à celles qui allaiteront en ces jours-là ! Priez pour que votre fuite n'arrive pas en hiver, ni un jour de sang. [21]Car alors, il y aura une grande tribulation telle qu'il n'y en a pas eu depuis le commencement, du monde jusqu'à maintenant, et qu'il n'y en aura jamais plus. [24]Car il s'élèvera de faux Christs et de faux Prophètes, ils opèreront de grands signes et des prodiges au point de séduire, si possible, même les élus *(1 Jean 2 :18-19, Matthieu 10 :21-24).*

Marc 13 :5-13 : [5]Jésus se mit alors à leur dire ; prenez garde que personne ne vous séduise. [6]Car plusieurs viendront sous mon nom et diront ; C'est moi, et ils séduiront beaucoup de gens. **Lisez tout le verset et** *Joël 1 :4.*

Apocalypse 13 :2-10 : La bête que je vis était semblable à un léopard, ses pattes étaient comme celles d'un ours et sa gueule comme la gueule d'un lion. Le dragon lui donna sa puissance, son trône et un grand pouvoir. *À lire le reste jusqu'au verset 10 !*

Daniel 7 : 9-14 : Je regardai, pendant que l'on plaçait des trônes, L'Ancien des jours s'assit. Son vêtement était blanc comme la neige, Et les cheveux de sa tète purs comme de la laine ; Son trône était comme des flammes de feu, Et les roues comme un feu ardent. *À lire le reste jusqu'au verset 14 et aussi Daniel 7 :15-23.*

Romain 5 :3 : Bien plus, nous nous glorifions même dans les tribulations, sachant que la tribulation produit la persévérance *(Matthieu 24 :42-44).*

1. La Femme, L'enfant Et Le Dragon

Apocalypse 12 :1-18 : [1]Un grand signe apparut dans le ciel ; une femme revêtue du soleil, la lune sous les pieds, et une couronne de douze Etoiles sur la tête. [2]Elle était enceinte et elle criait dans le travail et les douleurs de l'enfantement. [3]Un autre signe apparut dans le ciel ; et voici, un grand dragon rouge qui avait sept têtes et dix cornes, et sur ses têtes sept diadèmes. [4]Sa queue entrainait le tiers des Etoiles du ciel et les jetait sur la terre. Le dragon se tint debout devant la femme qui allait enfanter, afin de dévorer son enfant, dès qu'elle l'aurait enfanté. [5]Elle enfanta un fils, un mâle qui doit faire paitre toutes les nations avec un sceptre de fer. Et son enfant fut enlevé vers Dieu et vers son trône. [6]Et la femme s'enfuit au désert, où elle avait un lieu préparé par Dieu, afin d'y être nourrie pendant **1260** jour. [7]Il y eut une guerre dans le ciel. Michel et ses anges combattirent le dragon. Le dragon combattit, lui et ses anges, [8]mais il ne fut pas le plus fort, et il ne se trouva plus de place pour eux dans le ciel. [9]Il fut précipité, le grand dragon, le serpent ancien, appelé le diable et Satan, celui qui séduit toute la terre habitée ; il fut précipité sur la terre, et ses anges furent précipités avec lui. [10]Alors j'entendis dans le ciel une voix forte qui disait ; maintenant est arrivé le salut, ainsi que la puissance et le règne de notre Dieu, et l'autorité de son Christ. Car il a été précipité, l'accusateur de nos frères, celui qui les accusait devant notre Dieu jour et nuit. [11]Il l'ont vaincu à cause du sang de l'agneau et à cause de la parole de leur témoignage, et ils n'ont pas aimé leur vie jusqu'à craindre la mort. [12]C'est pourquoi réjouissez-vous, cieux et vous qui habitez les cieux, malheur à la terre et à la mer Car le diable est descendu vers vous, animé d'une grande colère sachant qu'il a peu de temps. [13]Quand le dragon vit qu'il avait été précipité sur la terre, il poursuivit la femme qui avait mis au monde l'enfant mâle. [14]Alors, les deux ailes du grand aigle furent données à la femme pour s'envoler au désert, vers son lieu, où elle est nourrie un temps, des temps et la moitié d'un temps, loin de la face du serpent. [15]De sa gueule, le serpent lança de l'eau comme un fleuve derrière la femme, afin de la faire entrainer par le fleuve. [16]Mais la terre secourut la femme, elle ouvrit sa bouche et engloutit le fleuve que le dragon avait lancé de sa gueule. [17]Le dragon fut irrité contre la femme, et il s'en alla faire la guerre au reste de sa descendance, à ceux qui gardent les commandements de Dieu et qui retiennent le témoignage de Jésus. [18]Et il se tint debout sur le sable de la mer. ***Genèse 3 :1-6 :*** Le serpent était le plus rusé de tous les animaux des champs que l'Éternel Dieu avait fait. II dit à la femme ; Dieu a-t-il réellement dit : Vous ne mangerez pas de tous les arbres du jardin ?

Lire aussi : ***Daniel 9 :20-27 ; 1 Corinthiens 15 :24 :*** Ensuite viendra la fin, quand il remettra le royaume à celui qui est Dieu et Père, après avoir aboli toute principauté, tout pouvoir et toute puissance.

2. Recommandations à Timothée

1 Timothée 4 :1-5 : [1]Mais l'Eprit dit expressément que, dans les derniers temps, quelques-uns abandonneront la foi, pour s'attacher à des esprits séducteurs et à des doctrines de démons, [2]par l'hypocrisie de faux discoureurs marqués au fer rouge dans leur propre conscience. [3]II prescrivent de ne pas se marier et de s'abstenir d'aliments que Dieu a créé pour qu'ils soient pris avec actions de grâces par ceux qui sont fidèles et qui connaissent la vérité. [4]Or, tout ce que Dieu a créé est bon, et rien n'est à rejeter, pourvu qu'on le prenne avec actions de grâces, [5]car tout est sanctifié par la parole de Dieu et par la prière.

2 Timothée 3 :1-7 : [1]Sache que, dans les derniers jours, surgiront de temps difficiles. [2]Car les hommes seront égoïstes, amis de l'argent, fanfarons, orgueilleux, blasphémateurs, rebelles à leurs parents, ingrats, sacrilèges, [3]insensibles, implacables, calomniateurs, sans frein, cruels, ennemis des gens de bien. [4]Traitres, impulsifs, enflés d'orgueil, aimant leur plaisir plus que Dieu. [5]Ils garderont la forme extérieure de la piété, mais ils en renieront la puissance. Eloigne-toi de ces hommes-là. [6]II en est parmi eux qui s'introduisent dans les maisons et qui captivent certaines femmes chargées de péchés, et agitées par des passions variées. [7]Elles apprennent toujours sans pouvoir jamais arriver à la connaissance de la vérité.

2 Timothée 4 :3-4 : [3]Car il viendra un temps où les hommes ne supporteront plus la saine doctrine ; mais au gré démangeaison d'écouter, ils se donneront Maîtres sur Maîtres ; [4]ils détourneront leurs oreilles de la vérité et se tourneront vers les fables. [5]Mais toi, sois sobre en tout, supporte les souffrances, fais l'œuvre d'un évangéliste, remplie bien ton service.

2 Pierre 2 :1-5 : [1]II y a eu de faux prophètes parmi le peuple ; de même, il y a parmi vous de faux docteurs qui introduiront insidieusement des hérésies de perdition et qui, reniant le Maître qui les a rachetés, attireront sur eux une perdition soudaine. [2]Beaucoup les suivront dans leurs dérèglements et, à cause d'eux, la voie de la vérité sera calomniée. [3]Par cupidité, ils vous exploiteront au moyen de paroles trompeuses, mais depuis longtemps leur condamnation est en marche et leur perdition n'est pas en sommeil. [4]Car, si Dieu n'a pas épargné les anges qui avaient péché, mais les a livrés et précipités dans des abîmes de ténèbres où ils sont retenus en vue du jugement ; [5]s'il n'a pas épargné le monde ancien, mais s'il a préservé huit personnes, dont, Noé, prédicateur de la justice, lorsqu'il fit venir le déluge sur un monde d'impies.

2 Pierre 3 :1-7 : [1]Voici déjà, bien-aimés, la seconde lettre que je vous écris. En toutes deux, je fais appel à des souvenirs, pour éveiller en vous une claire intelligence, [2]afin que vous vous souveniez des prédictions des saints prophètes et du commandement du Seigneur et Sauveur transmis par vos apôtres. [3]Sachez avant tout, que, dans les derniers jours, il viendra des moqueurs pleins de raillerie, qui marcheront selon leurs propres convoitises. *À lire le reste jusqu'au verset 7.*

3. La grande prostituée

Apocalypse 17 :1-18 : [1]Puis l'un des sept anges qui tenaient les sept coupes vint et m'adressa la parole ; Viens, je te montrerai le jugement de la grande prostituée, assise sur les grandes eaux. [2]C'est avec elle que les rois de la terre se sont livrés à l'inconduite, et les habitants de la terre se sont enivrés du vin de son inconduite. [3]Il me transporta en esprit dans un désert. Et je vis une femme assise sur une bête écarlate, pleine de noms de blasphèmes, et qui avait sept têtes et dix cornes. [4]Cette femme était vêtue de pourpre et d'écarlate, et parée d'or, de pierres précieuses et de perles. Elle tenait à la main une coupe d'or, remplie d'abominations et des impuretés de son inconduite. [5]Sur son front était écrit un nom, un mystère ; Babylone la grande, la mère des prostituées et des abominations de la terre. [6]Je vis cette femme ivre du sang des saints et du sang des témoins de Jésus. A sa vue, je fus frappé d'un grand étonnement. [7]Et l'ange me dit ; pourquoi t'étonner ? Je te dirai le mystère de la femme et de la bête qui la porte, et qui a les sept têtes et les dix cornes. [8]La bête que tu as vue était, et elle n'est plus. Elle va monter de l'abîme et s'en aller à la perdition. Et les habitants de la terre, dont le nom n'a pas été inscrit dès la fondation du monde dans le livre de vie, s'étonneront à la vue de la bête, parce qu'elle était, qu'elle n'est plus et qu'elle reparaitra. [9]Il faut ici l'intelligence qui a de la sagesse ; les sept têtes sont sept montagnes, sur lesquelles la femme est assise. [10]Ce sont aussi sept rois ; cinq sont tombés, l'un existe, l'autre n'est pas encore venu, et quand il sera venu, il doit rester peu de temps. [11]La bête, qui était et qui n'est plus, est elle-même un huitième roi ; elle est aussi l'un des sept, et elle s'en va à la perdition. [12]Les dix cornes que tu as vues sont dix rois, qui n'ont pas encore reçu de royaume, mais qui reçoivent le pouvoir comme rois pendant une heure avec la bête. [13]Ils ont un même dessein et donnent leur puissance et leur pouvoir à la bête. [14]Ils combattront l'Agneau, et l'Agneau les vaincra, parce qu'il est Seigneur des Seigneurs et Roi des rois et les appelés, les élus et les fidèles qui sont avec lui, les vaincront aussi. *A lire le reste jusqu'au verset 18 et aussi Nahum 3 :4-7.*

Esaïe 4 :1 : Sept femmes saisiront en ce jour-là un seul homme pour lui dire ; Nous mangerons notre pain, et nous nous vêtirons de notre manteau ; fais-nous seulement porter ton nom, enlevé notre honte *(Esaïe 23 :17-18 ; Esaïe 24 :1-9 ; Daniel 7 :24-28).*

4. Dissimulation

Luc 23 :30 : Alors ils se mettront à dire aux montagnes ; Tombez sur nous et aux collines ; Couvrez-nous.

Ésaïe 2 :19-22 : On entrera dans les cavernes des rochers et dans les profondeurs de la poussière, Loin de la terreur de l'Éternel, De l'éclat de sa majesté, Quand il se lèvera pour épouvanter la terre. *À lire le reste jusqu'au verset 22.*

OSEE 10 : 8 : Les hauts lieux de Beth Aven, où Israël a péché, seront détruits ; les chardons et la ronce croîtront sur leurs autels. Ils diront aux montagnes ; couvrez-nous, et aux collines ; Tombez sur nous.

Apocalypse 6 :12-15 : Je regardai, quand il ouvrit le sixième sceau ; il y eut un grand tremblement de terre ; le soleil devint noir comme un sac de crin ; la lune entière devint comme du sang. *À lire le reste jusqu'au verset 15.*

Apocalypse 6 :16-17 : [16]Et ils disaient aux montagnes et aux rochers ; Tombez sur nous, et chez-nous loin de la face de celui qui est assis sur le trône, et de la colère de l'Agneau, [17]car le grand jour de leur colère est venu, et qui pourrait subsister.

Apocalypse 9 :1-6 : [1]Le cinquième ange sonna de la trompette. Je vis une Étoile qui était tombée du ciel sur la terre. La clé du puits de l'abîme lui fut donnée. [2]Elle ouvrit le puits de l'abîme, il monta du puits une fumée comme la fumée d'une grande fournaise, et le soleil et L'air furent obscurcis par la fumée du puits. [3]De la fumée, des sauterelles sortirent et se repentirent sur la terre, et ils leur furent donné un pouvoir pareil au pouvoir des scorpions de la terre, [4]Il leur fut dit de ne pas toucher à l'herbe de la terre, ni aux verdures, ni à aucun arbre, mais seulement aux hommes qui n'ont pas le sceau de Dieu sur le front. [5]Ils leurs fut donné, non de les tuer, mais de les tourmenter pendant cinq mois, et le tourment qu'elles causaient était comme le tourment causé par un scorpion lorsqu'il pique un homme. [6]En ces jours-là, les hommes chercheront la mort et ne la trouveront point. Ils désireront mourir, et la mort fuira loin d'eux.

Mathieu 24 :23-31 : [23]Si quelqu'un vous dit alors ; Le Christ est ici, ou ; Il est là, ne le croyez pas. [24]Car il s'élèvera de faux Christs et faux prophètes, ils opèreront de grands signes et des prodiges au point de séduire si possible même les élus [25]Je vous l'ai prédit. [26]Si donc on vous dit ; Voici ; il est dans le désert, n'allez pas ; voici ; il est dans les chambres, ne le croyez pas. *À lire le reste jusqu'au verset 31 et aussi, Mathieu 24 :32-41.*

5. Annonce De La Destruction Du Temple

Luc 21 :8-19 : [8]Jésus répondit : prenez garde d'être séduits. Car beaucoup viendront sous mon nom et diront ; C'est moi, et le temps est proche. Ne les suivez pas. [9]Quand vous entendrez parler de guerres et de désordre, ne vous effrayez pas, car cela doit arriver premièrement. Mais ce ne sera pas tout de suite la fin. *À lire le reste jusqu'au verset 19.*

Luc 21 :25-28 : [25]Il y aura des signes dans le soleil, dans la lune et dans les Étoiles ; et sur la terre, une angoisse des nations qui ne sauront que faire au bruit de la mer et des flots ; [26]les hommes rendront l'âme de terreur dans l'attente de ce qui surviendra pour la terre, car les puissances des cieux seront ébranlées. *À lire le reste jusqu'au verset 28.*

Ésaïe 34 :4 : Toute l'armée des cieux se dissout ; Les cieux sont roulés comme un livre, Et toute leur armée tombe, Comme tombe la feuille de la vigne, Comme tombe celle du Figuier. *Ésaïe 2 :11 :* L'homme au regard hautain sera abaissé, et l'orgueil des hommes sera courbé ; l'Éternel seul sera élevé ce jour-là.

6. Abomination

Marc 13 :14-28 : [14]Lorsque vous verrez l'abomination de la désolation établie là où elle ne doit pas être que le lecteur fasse attention alors, que ceux qui seront en Judée fuient dans les montagnes ; [15]que celui qui sera sur la terrasse ne descende pas et ne rentre pas pour prendre quelque chose dans sa maison ; [16]et que celui qui sera dans les champs ne retourne pas en arrière pour prendre son manteau. *À lire le reste jusqu'au verset 28.*

Daniel 12 :11-13 : [11]Depuis le temps où sera interrompu le sacrifice perpétuel et où sera dressée l'abomination du dévastateur, il y aura **1 290 jours**. [12]Heureux celui qui attendra, et qui arrivera jusqu'à **1 335 jours** ! [13]Et toi, marche jusqu'à la fin ; tu te reposeras et tu te lèveras pour l'héritage à la fin des jours !

7. Puissance des témoins jusqu'à la fin de leur travail

Apocalypse 11 :3-14 : [3]J'accorderai à mes deux témoins le don de prophétiser, revêtus de sacs, pendant **1 260 jours**. [4]Ce sont là les deux osiers et les deux chandeliers qui se tiennent devant le Seigneur de la terre. [5]Si quelqu'un veut leur nuire, du feu sort de leur bouche et dévore leurs ennemis. Oui, si quelqu'un veut leur nuire, il faut qu'il soit tué de cette manière. [6]Ils ont le pouvoir de fermer le ciel, afin qu'il ne tombe pas de pluie pendant les jours de leur prophétie, et ils ont le pouvoir de changer les eaux en sang et de frapper la terre de toute espèce de plaie, chaque fois qu'ils le veulent. [7]Quand ils auront achevé leur témoignage, la bête qui monte de l'abîme leur fera la guerre, les vaincra et les tuera. [8]Et leurs cadavres resteront sur la place de la grande ville, qui est appelée dans un sens spirituel Sodome et Égypte, là même où leur Seigneur a été crucifié. [9]Des hommes d'entre les peuples, les tribus, les langues, et les Nations verront leurs cadavres pendant trois jours et demi, et ils ne permettront pas qu'on mette leurs cadavres dans une tombe. [10]Les habitants de la terre se réjouiront à leur sujet et seront dans l'allégresse. Ils s'enverront des présents les uns aux autres, parce que ces deux prophètes ont tourmenté les habitants de la terre. [11]Après les trois jours et demi, un esprit de vie venant de Dieu entra en eux, et ils se tinrent sur leurs pieds ; une grande crainte fondit sur ceux qui les voyaient. [12]Ils entendirent du ciel une voix forte leur dire ; montez ici, ils montèrent au ciel dans la nuée, et leurs ennemis les virent.[13]À cette heure-là, il y eu un grand tremblement de terre, et la dixième partie de la Ville s'écroula. Sept mille hommes furent tués dans ce tremblement de terre, les autres furent effrayés et donnèrent gloire au Dieu du ciel. [14]Le second malheur est passé. Voici que le troisième vient bientôt.

Genèse 19 :24-25 : [24]Alors l'Éternel fit pleuvoir du ciel sur Sodome et sur Gomorrhe du soufre et du feu venant de l'Éternel. [25]Il bouleversa ces villes, toute la plaine, tous les habitants des villes et les plantes du sol.

Lévitique 10 :2 : Alors le feu sortit de devant l'Éternel et les consuma ; ils moururent devant l'Éternel.

2 Pierre 3 :10-13 : Le jour du Seigneur viendra comme un voleur. En ce jour-là, les cieux passeront avec fracas, les éléments embrasés se dissoudront, et la terre, avec les œuvres qu'elle renferme, sera consumée. [11]Puisque donc toutes ces choses doivent se dissoudre, quelles ne doivent pas être la sainteté de votre conduite et votre piété, [12]tandis que vous attendez et hâtez l'avènement du jour de Dieu, à cause duquel les cieux enflammés se dissoudront et les éléments embrasés se fondront ! [13]Mais nous attendons, selon sa promesse, de nouveaux cieux et une, une nouvelle terre où la justice habitera. *Lire aussi, 2 Thessaloniciens 2 :1-12.*

8. La Bête Qui Monte De La Terre

Apocalypse 13 :11-18 : [11]Puis je vis monter de la terre une autre bête, elle avait deux cornes semblables à celles d'un agneau, et elle parlait comme un dragon. [12]Elle exerce tout le pouvoir de la première bête en sa présence, et elle fait que la terre et ses habitants se prosternent devant la première bête, dont la blessure mortelle a été guérie. [13]Elle opère de grands signes jusqu'à faire descendre le feu du ciel sur la terre, à la vue des hommes. [14]Elle séduit les habitants de la terre par les signes qu'il lui fut donné d'opérer devant la bête, en disant aux habitants de la terre de faire une image de la bête qui a été blessée par l'épée et qui a survécu, ¹⁵Il lui fut donné d'animer l'image de la bête, afin que l'image de la bête parle et fasse mettre à mort tous ceux qui ne se prosterneraient pas devant l'image de la bête. ¹⁶Elle fait que tous, les petits et les grands, les riches et les pauvres, les hommes libres et les esclaves, reçoivent une marque sur la main droite ou sur le front, ¹⁷et que nul ne puisse acheter ni vendre, sans avoir la marque, le nom de la bête ou le chiffre de son nom. ¹⁸C'est ici la sagesse. Que celui qui a de l'intelligence calcule le chiffre de la bête. Car c'est un chiffre d'homme, et son chiffre est **666**. ***Daniel 7 :21-22 :*** ²¹Je regardai cette corne faire la guerre aux saints et l'emporter sur eux, ²², jusqu'à ce que vienne l'Ancien des jours pour rendre justice aux saints du Très-Haut ; et le temps arriva où les saints furent en possession du royaume.

Proverbes 26 :26-27 : ²⁶Sa haine peut se cacher sous la dissimulation, sa méchanceté se révèlera dans l'assemblée. ²⁷Celui qui creuse une fosse y tombe, Et la pierre revient sur celui qui la roule. ***Lire aussi, 2 Thessaloniciens 2 :9-12.***

9. Le Jour De L'éternel

Zacharie 14 :1-11 : ¹Voici qu'un jour arrive, pour l'Éternel, tes dépouilles seront partagées au milieu de toi. ²Je regrouperai toutes les nations à Jérusalem pour le combat ; La ville sera prise, les maisons seront mises à sec et les femmes violées ; La moitié de la ville partira en déportation, mais le restant du peuple ne sera pas retranché de la ville. ³L'Éternel sortira et combattra ces nations, comme au jour où il combat, au jour de la bataille. ⁴Ses pieds se placeront en ce jour-là sur le mont des oliviers, qui est vis-à-vis de Jérusalem, du côté de l'Orient ; Le mont des oliviers se fendra par le milieu, vers l'est et vers l'Ouest, en une très grande vallée ; Une moitié de la montagne reculera vers le nord, Et l'autre moitié vers le sud. ***À lire le reste jusqu'au verset 11.***

Zacharie 14 :12-15 : ¹²Voici la plaie dont l'Éternel frappera tous les peuples qui auront dirigé leurs armées contre Jérusalem ; La chair de chacun tombera en pourriture tandis qu'il sera sur pied, ses yeux tomberont en pourriture dans sa bouche. ¹³En ce jour-là, se produira parmi eux un grand bouleversement causé par l'Éternel ; L'un prendra l'autre par la main, Et chacun lèvera la main sur l'autre. ¹⁴Juda combattra aussi dans Jérusalem, et l'on amassera les richesses de toutes les nations d'alentours, L'or, l'argent et des vêtements en très grand nombre. ¹⁵La plaie frappera de même les chevaux, les mulets, les chameaux, les ânes et toutes les bêtes qui seront dans ces camps : Cette plaie sera semblable à l'autre. ***Lire aussi, Ezéchiel 38 :22-23 ; Malachie 3 :5.***

10. La royauté divine de Roi

Apocalypse 4 :1-11 : **Le trône divin et les êtres célestes.** ***A lire tout le passage.***

Zacharie 14 :16-18 : ¹⁶Alors tous ceux qui subsisteront de toutes les nations venues contre Jérusalem monteront chaque année pour se prosterner devant le roi, l'Éternel des armées, et pour célébrer la fête des Huttes. ¹⁷Alors s'il y a des familles de la terre qui ne montent pas à Jérusalem pour se prosterner devant le roi, l'Éternel des armées, la pluie ne tombera pas sur elles. ¹⁸Si la famille égyptienne ne monte pas, si elle ne vient pas, la pluie ne tombera pas sur elle ; Ce sera la plaie dont l'Éternel frappera les nations qui ne monteront pas pour célébrer la fête des Huttes. ***Apocalypse 5 :1-14 :*** Puis je vis dans la main droite de celui qui était assis sur le trône un livre écrit en dedans et en dehors, scellé de sept sceaux. ***À lire le reste jusqu'au verset 14.***

Ésaïe 60 :12 : Car la Nation et le royaume qui ne te serviront pas périront, ces nations-là seront entièrement ruinées.

Jérémie 14 :3-6 : [3]Les puissants envoient les petits chercher de l'eau, Ceux-ci vont aux citernes, ne trouvent pas d'eau et retournent avec leurs cruches vides ; Dans leur honte et leur confusion, IIs se voilent la tête. [4]En effet, la terre est crevassée, parce qu'il n'y a plus eu de pluie dans le pays, alors les laboureurs, dans leur honte, se voilent la tête. [5]Même la biche dans la campagne met bas et abandonne sa portée, parce qu'il n'y a pas de verdure. [6]Les ânes sauvages se tiennent sur les crêtes, aspirant l'air comme des chacals ; Leurs yeux languissent, parce qu'il n'y a point d'herbe.

Matthieu 24 :42-44 : [42]Veillez donc, puisque vous ne savez pas quel jour votre Seigneur viendra. [43]Sachez-le bien, si le maître de la maison savait à quelle veille de la nuit le voleur doit venir, il veillerait et ne laisserait pas percer sa maison. [44]C'est pourquoi, vous aussi, tenez-vous prêts, car le Fils de l'homme viendra à l'heure où vous n'y penserez pas.

Apocalypse 19 :11- 21 : Puis Je vis le ciel ouvert, et voici un cheval blanc. Celui qui le monte s'appelle fidèle et véritable, il juge et combat avec justice. *À lire le reste jusqu'au verset 21.*

Apocalypse 20 :1-10 : [1]Puis je vis descendre du ciel un ange qui tenait la clef de l'abîme et une grande chaine à la main. [2]II Saisit le dragon, le serpent ancien, qui est le diable et Satan, et il le lia pour mille ans. [3]II le jeta dans l'abîme, qu'il ferma et scella au-dessus de lui, afin qu'il ne séduise plus les nations, jusqu'à ce que les mille ans soient accomplis. Après cela, il faut qu'il soit délié pour un peu de temps. [4]Je vis des trônes. À ceux qui s'y assirent fut donné le pouvoir de juger. Et je vis les âmes de ceux qui étaient morts sous la hache à cause du témoignage de Jésus et de la parole de Dieu, et de ceux qui ne s'étaient pas prosternés devant la bête ni devant son image et qui n'avaient pas reçu la marque sur le front ni sur la main. IIs revinrent à la vie et ils régnèrent avec Christ, pendant mille ans. *À lire le reste jusqu'au verset 10.*

11. Le Jugement Dernier

Apocalypse 20 :11-15 : [11]Puis je vis un grand trône blanc, et celui qui y était assis. Devant sa face s'enfuirent la terre et le ciel, et il ne fut plus trouvé de place pour eux. [12]Et je vis les morts, les grands et les petits, debout devant le trône. Des livres furent ouverts, et un autre livre fut ouvert, qui est le livre de vie. Les morts furent jugés d'après ce qui était écrit dans les livres, selon leurs œuvres. [13]La mer donna les morts qui s'y trouvaient, la mort et le séjour des morts donnèrent les morts qui s'y trouvaient, et ils furent jugés chacun selon ses œuvres. [14]La mort et le séjour des morts furent jetés dans l'étang de feu. [15]Quiconque ne fut pas trouvé inscrit dans le livre de vie fut jeté dans l'étang de feu *(Daniel 7 :10-14 ; Apocalypse 18 :8-16).*

2 Corinthiens 5 :10 : Car il nous faut tous comparaitre devant le tribunal du Christ, afin qu'il soit rendu à chacun d'après ce qu'il aura fait dans son corps, soit en bien, soit en mal. *Actes 17 :31 :* Parce qu'il a fixé un jour où il va juger le monde selon la justice, par un homme qu'il a désigné, et il en a donné à tous une preuve digne de foi en le ressuscitant d'entre les morts. *Apocalypse 11 :18-19 :* [18]Les nations s'étaient irritées ; ta colère est venue, ainsi que le temps de juger les morts, de récompenser tes serviteurs, les prophètes, les saints et ceux qui craignent ton nom, les petits et les grands, et détruire ceux qui détruisent la terre. [19]Le temple de Dieu dans le ciel fut ouvert, et l'arche de son alliance apparut dans son temple. II y eut des éclairs, des voix, des tonnerres, un tremblement de terre et une forte grêle.

Ésaïe 13 :6-13 : [6]Lamentez-vous, car le jour de l'Éternel est proche ; II vient comme le ravage du Tout-puissant. [7]C'est pourquoi toutes les mains s'affaiblissent, et le cœur manque à tout homme.

Daniel 12 :1-10 : [1]En ce temps-là se lèvera Michel, le grand chef, Celui qui tient bon en faveur des fils de ton peuple. Et ce sera un temps d'affliction, Tel qu'il n'y en a pas eu depuis que les nations existent jusqu'à ce temps-ci. En ce temps-là ton peuple échappera, quiconque sera trouvé inscrit dans le livre. [2]Beaucoup de ceux qui dorment dans la poussière de la terre se réveilleront, les uns pour la vie éternelle, et les autres pour la honte, pour l'abjection éternelle. [3]Ceux qui auront été des clairvoyants resplendiront comme la splendeur de l'étendue céleste, et ceux qui auront enseigné la justice à la multitude comme des étoiles, à toujours et à perpétuité. [4]Toi, Daniel, tiens secrètes ces paroles et scelle le livre jusqu'au temps de la fin. Beaucoup alors le liront, et la connaissance augmentera. [5]Et moi, Daniel, je regardai, et voici que deux autres hommes se tenaient debout, l'un en deçà du bord du fleuve, et l'autre au-delà du bord du fleuve. [6]L'un d'eux dit à l'homme vêtu de lin, qui se tenait au-dessus des eaux du fleuve ; Quand viendra la fin de ces prodiges. [7]Et j'entendis l'homme vêtu de lin, qui se tenait au-dessus des eaux du fleuve ; il leva vers les cieux sa main droite et sa main gauche, et il jura par celui qui vit éternellement que ce sera dans un temps, des temps et la moitié d'un temps, et que tous ces évènements s'achèveront quand la force du peuple saint sera entièrement épuisée. [8]J'entendis, mais ne compris pas ; et je dis ; Mon seigneur, quelle sera l'issue de ces évènements. [9]Il répondit ; Va, Daniel, car ces paroles seront secrètes et scellées jusqu'au temps de la fin. [10]Beaucoup seront purifiés, blanchis et épurés ; les méchants feront le mal et aucun des méchants ne comprendra, mais ceux qui auront de l'intelligence comprendront.

Matthieu 25 :31-46 : [31]Lorsque le Fils de L'homme viendra dans sa gloire, avec tous les anges, il s'assiéra sur son trône de gloire. [32]Toutes les nations seront assemblées devant lui. Il séparera les uns d'avec les autres, comme le berger sépare les brebis d'avec les boucs. [33]Et il mettra les brebis à sa droite, et les boucs à sa gauche. [34]Alors le roi dira à ceux qui seront à sa droite ; Venez, vous qui êtes bénis de mon père ; recevez en héritage le royaume qui vous a été préparé dès la fondation du monde. **Jude 1 :14-15 :** [14]C'est aussi pour eux qu'Hénoch, le septième [patriarche] depuis Adam, a prophétisé en ces termes ; voici que le Seigneur est venu avec ses saintes myriades, [15]pour exercer le jugement contre tous et pour faire rendre compte à tous les impies de tous les actes d'impiété qu'ils ont commis, et de toutes les paroles dures qu'ont proférées contre lui les pécheurs impies. **Mathieu 13 :40-43 :** [40]Or comme on arrache l'ivraie pour la jeter au feu, il en sera de même à la fin du monde. [41]Le Fils de l'homme enverra ses anges, qui arracheront de son royaume tous les scandales et ceux qui commettent l'iniquité. [42]Et ils les jetteront dans la fournaise de feu, où il y aura des pleurs et des grincements de dents. [43]Alors les justes resplendiront comme le soleil dans le royaume de leur père. Que celui qui a des oreilles entende.

12. Convoitise Condamnée

Genèse 35 :2 : Jacob dit à sa famille et à tous ceux qui étaient avec lui ; ôtez les dieux étrangers qui sont au milieu de vous, purifiez-vous et changez de vêtements. *Apocalypse 21 :8 :* Mais pour les lâches, les incrédules, les abominables, les magiciens, les idolâtres et tous les menteurs, leur part sera dans l'étang brûlant de feu et de soufre ; cela, c'est la seconde mort. *Apocalypse 22 :15 :* Dehors les chiens, les magiciens, les débauchés, les meurtriers, les idolâtres et quiconque aime et pratique le mensonge.

1 Corinthiens 6 :9-10 : [9]Ne savez-vous pas que les injustes n'hériteront pas le royaume de Dieu. Ne vous y trompez pas ; ni les débauchés, ni les idolâtres, ni les adultères, [10]ni les dépravés, ni les homosexuels, ni les voleurs, ni les cupides, ni les ivrognes, ni les insulteurs, ni les accapareurs n'hériteront le royaume de Dieu. *Galates 5 :19-21 :* [19]Or, les œuvres de la chair sont évidentes, c'est-à-dire inconduite, impureté, débauche, [20]idolâtrie, magie, hostilités, discorde, jalousie, fureurs, rivalités, divisions, partis pris, [21]envie, ivrognerie, orgies et choses semblables. Je vous préviens comme je l'ai déjà fait ; ceux qui se livrent à de telles pratiques n'hériteront pas du royaume de Dieu. ***Ephésiens 5 :5 :*** Car sachez-le bien, aucun débauché, ou impur, ou cupide, c'est-à-dire idolâtre, n'a d'héritage dans le royaume du Christ et de Dieu. ***Colossiens 3 :5 :*** faites donc mourir votre nature terrestre ; l'inconduite, l'impureté, les passions, les mauvais désirs et la cupidité qui est une idolâtrie. ***2 Pierre 2 :14 :*** ils ont les yeux pleins d'adultère et, insatiables de péché, ils séduisent les âmes mal affermies ; ils ont le cœur exercé à la cupidité ; ce sont des enfants de malédiction. ***Psaume 10 :3-7 :*** Car le méchant se loue de sa convoitise. ***Lire aussi, Esaïe 33 :14 ; Matthieu 15 :19.***

13. Les nouveaux Cieux, et la nouvelle Terre

Apocalypse 21 :1-8 : ¹Je vis un nouveau ciel et une nouvelle terre ; car le premier ciel et la première terre avaient disparu, et la mer n'était plus. ²Et je vis descendre du ciel, d'auprès de Dieu, la ville sainte, la nouvelle Jérusalem, prête comme une épouse qui s'est parée pour son époux. ³J'entendis du trône une forte voix qui disait ; Voici le tabernacle de Dieu avec les hommes ! Il habitera avec eux, ils seront son peuple, et Dieu lui-même sera avec eux. Verset 4, Il essuiera toute larme de leurs yeux, la mort ne sera plus, et il n'y aura plus ni deuil, ni cri, ni douleur, car les premières choses ont disparu. ⁵Celui qui était assis sur le trône dit ; Voici, je fais toutes choses nouvelles. Et il dit ; Écris, car ces paroles sont certaines et vraies. ⁶Il me dit ; C'est fait. Je suis l'alpha et l'Omega, le commencement et la fin. A celui qui a soif, je donnerai de la source de l'eau de la vie, gratuitement. ⁷Tel sera l'héritage du vainqueur ; je serai son Dieu, et il sera mon fils. ⁸Mais pour les lâches, les incrédules, les abominables, les meurtriers, les débauches, les magiciens, les idolâtres et tous les menteurs, leur part sera dans l'étang brûlant de feu et de soufre ; cela, c'est la seconde mort.

Apocalypse 22 :10-15 : ¹⁰Puis il me dit ; Ne ferme pas d'un sceau les paroles de la prophétie de ce livre. Car le temps est proche. ¹¹Que celui qui est injuste soit encore injuste, que celui qui est souillé se souille encore, que le juste pratique encore la justice, et que celui qui est Saint soit encore sanctifié. ¹²Voici ; je viens bientôt, et j'apporte avec moi ma rétribution pour rendre à chacun selon son œuvre. ¹³Je suis l'alpha et l'Omega, le premier et le dernier, le commencement et la fin. ¹⁴Heureux ceux qui lavent leurs robes, afin d'avoir droit à l'arbre de vie, et d'entrer par les portes dans la ville. ¹⁵Dehors les chiens, les magiciens, les débauches, les meurtriers, les idolâtres et quiconque aime et pratique le mensonge.

Ésaïe 65 :17 : Car je crée de nouveaux cieux et une nouvelle terre ; on ne se rappellera plus les évènements du début. Il ne remonteront plus à la pensée.

Zacharie 8 : 8 : Je les ramènerai, et ils demeureront au milieu de Jérusalem ; ils seront mon peuple, et je serai leur Dieu dans la vérité et la justice.

Ésaïe 65 :17-19 : Car je crée de nouveaux cieux Et une nouvelle terre ; on ne se rappellera plus des évènements du début, Ils ne remonteront plus à la pensée.

Ésaïe 25 : 8-9 : Il anéantit la mort pour toujours ; Le Seigneur, l'Éternel, essuie Les larmes de tous les visages, Il fait disparaitre de toute la terre le déshonneur de son peuple ; Car l'Éternel a parlé.

1 Corinthiens 15 :54-58 : Lorsque ce corps corruptible aura revêtu l'incorruptibilité, et que ce corps mortel aura revêtu l'immortalité, alors s'accomplira la parole qui est écrite ; la mort a été engloutie dans la victoire.

14.   Lumière de la Ville

Apocalypse 21 :24-27 : [24]Les nations marcheront à sa lumière, et les rois de la terre y apporteront leur gloire. [25]Ses portes ne se fermeront point pendant le jour, car là-il n'y aura pas de nuit. [26]On y apportera la gloire et l'honneur des nations. [27]II n'y entrera rien de souillé, ni personne qui se livre à l'abomination et au mensonge, mais ceux-là seuls qui sont inscrits dans le livre de vie de l'Agneau.

Apocalypse 22 : 5 : La nuit ne sera plus, et ils n'auront besoin ni de la lumière d'une lampe, ni de la lumière du soleil, parce que le Seigneur Dieu les éclairera. Et ils règneront aux siècles de siècles.

Ésaïe 66 :22-23 : [22]En effet, comme les nouveaux cieux et la nouvelle terre que je fais subsisteront devant moi, oracle de l'Éternel, Ainsi subsisteront votre descendance et votre nom. [23]De nouvelle lune en nouvelle lune, Et de sabbat en sabbat Toute chair viendra se prosterner devant moi, dit l'éternel ***(Luc 13 :29-30)***.

Apocalypse 3 :4-5 : [4]Cependant tu as à Sardes quelques hommes qui n'ont pas souillé leurs vêtements ; ils marcheront avec moi en vêtements blancs parce qu'ils en sont dignes. [5]Celui qui vaincra sera revêtu ainsi de vêtements blancs ; je n'effacerai point son nom du livre de vie, et je confesserai son nom devant mon Père et devant ses anges.

Apocalypse 7 :13-17 : [13]Alors l'un des anciens prit la parole et me dit ; Ceux qui sont vêtus de robes blanches, qui sont-ils et d'où sont-ils venus. [14]Je lui répondis ; Mon seigneur, tu le sais. Et il me dit ; Ce sont ceux qui viennent de la grande tribulation. II ont lavé leurs robes et les ont blanchies dans le sang de l'Agneau. [15]C'est pourquoi ils sont devant le trône de Dieu et lui rendent un culte jour et nuit dans son temple. Celui qui est sur le trône dressera sa tente sur eux ; [16]ils n'auront plus faim, ils n'auront plus soif, et le soleil ne les frappera plus, ni aucune chaleur. [17]Car l'Agneau qui est au milieu du trône les fera paître et les conduira aux sources des eaux de la vie, et Dieu essuiera toute larme de leurs yeux.

Apocalypse 22 :14 : Heureux ceux qui lavent leurs robes, afin d'avoir droit à l'arbre de vie, et d'entrer par les portes dans la ville.

Psaume 84 :12 : Car l'Éternel Dieu est un soleil et un bouclier, L'Éternel donne la grâce et la gloire, II ne refuse pas le bonheur à ceux qui marchent dans l'intégrité.

L'invitation Suprême ; que la Grâce du Seigneur Jésus soit avec Tous.

Amen !

Printed by Books on Demand GmbH, Norderstedt / Germany